기업별 경영개선 전략과 사례

기업경영의 로지스틱스

Logistics

박명섭 · 박우진 공저

우용출판사
1997
www.choolpansa.com

Logistics of
Corporate
Management

기업경영의 로지스틱스

초판2쇄 인쇄 2014년 2월 29일
초판2쇄 발행 2014년 3월 03일
저자 박명섭·박우진
발행인 고우용
발행처 우용출판사
출판등록 제 2001-1호
등록일 1997년 11월 25일
주소 서울특별시 마포구 망원1동 338-53
전화 02)324-6577
팩스 02)324-6177
홈페이지 www.choolpansa.com
정가 17,000원
ISBN 978-89-87951-95-9

저자서문

언제부터인가 고속도로를 질주하는 트럭이나 도심외곽 창고에 '로지스틱스'라고 적힌 글자를 흔히 볼 수 있게 된 것처럼, 오늘날의 기업경영에 있어서도 '로지스틱스'라는 용어는 대단히 일상적인 대상이 되었다. 그도 그럴 것이, 로지스틱스는 기업시설의 입지선정에서부터 수주처리, 재고관리, 하역, 가치의 제공, 조달, 포장, 창고관리, 수송, 폐기, 정보관리에 이르기까지 기업 비즈니스활동 전반을 포함하고 있기 때문이다.

한편에서는, 국경을 초월한 IT가 전세계에 파급되어, 경제활동의 세계화를 급속하게 촉진시켰다. 이러한 IT의 발달로 정보의 대중화가 진전되고 정보의 흐름이 빨라지면서 비즈니스의 속도와 환경도 더욱 변해 가고 있다. 경영에 필요한 다양한 자원들이 더 이상 시간과 공간의 제약을 받지 않게 되었다고는 하나 로지스틱스의 발전이 동반되지 않는다면 e-commerce, 더 나아가 e-business는 그 실행력을 잃을 수밖에 없다.

그래서 기업들은 로지스틱스 업무의 끊임없는 개선을 추진하고 있다. 그렇지만 로지스틱스의 비중 증가와 더불어 그 비용도 꾸준히 증가하는 추세에 있다. 업종에 따른 차이는 있지만 로지스틱스 비용은 기업전체 비용의 약 10~15%에 이른다. 기업이 아무리 리드타임 단축, 원가절감, 리엔지니어링, 기업통합 및 정보화에 많은 비용을 투자하여도 로지스틱스의 성공 없이는 경쟁력 제고와 고객만족, 나아가 재무적 결과물로까지 이어지지 않는 것이 현실이다.

요사이 '샌드위치 코리아'라는 암울한 전망이 우리 앞에 드리우고 있다. 일본과 중국 사이에 끼어서 꼼짝할 수 없는 우리의 한계를 냉정하게 지적한 것이다. 하지만 양쪽에 끼어 있는 지정학적 현실 속에서 오히려 '로지스틱스 코리아'의 가치는 더욱 빛을 발하게 될 것이다. 향후 우리나라와 우리기업이 살 길이 물류에 있다고 하는 이유가 여기에 있다.

본서는 IT와 연계되어 진화해가고 있는 로지스틱스의 개념, 문제점 및 전망에 대해 설명하고 있으며 기업별 경영개선 전략과 사례를 통하여 실무적인 면에 대한 이해와 도움을 주고자 하였다. 끝으로 이 책의 출간을 맡아주신 우용출판사의 고종식 사장님과 편집진 여러분에게 심심한 감사의 말씀을 전한다.

2008년 2월

저자일동

차례

Chapter 1 물류의 개념

Chapter 2 물류관리

Chapter 3 국내외 현황과 비전

Chapter 4 디지털경제와 전자거래

Chapter 5 물류의 개념

Chapter 6 Supply Chain Management

Chapter 7 정보를 통합하는 로지스틱스

Chapter 8 e-로지스틱스와 e-SCM

Chapter 9 글로벌 e-로지스틱스 시스템

Chapter 10 e-물류계약

Chapter 11 전자 선화증권

Chapter 12 제3자 물류

Chapter 13 기업경영상의 전략적 측면

Chapter 14 사례연구 연습

Chapter 15 관련 인터넷 사이트

Chapter 1

물류의 개념

1 유통의 역할과 활동

1) 유통의 역할[1) :

생산과 소비의 장소적, 공간적, 시간적, 양적인 격차를 해소한다. 즉, 유통은 생산과 소비와의 gap을 조정하는 역할이 있다고 할 것이며 다음과 같은 세 가지 기능으로 정리해 볼 수 있다.

장소적 조정기능	생산지와 소비지의 공간적, 거리적 격차를 메우기 위한 유통 기능
시간적 조정기능	장소적인 조정을 위해 생산지와 소비지를 운송활동이 연결하고 있거나, 생산된 상품이 소비되기까지의 시간을 조정하기 위해 상품은 당분간 보관
수급 조정기능	생산량(공급량)과 소비량(수요량)을 조정하는 경제적 성격을 지닌 유통기능

2) 유통의 주요활동 :

유통활동은 생산된 상품을 소비자에게 도달하게 하기 위한 것으로 크게 두 가지로 나누어 볼 수 있다.

【그림 1-1】 유통의 주요활동

1) 宮下正房·中田信哉(2004), 「物流の知識(第3版)」, 日本經濟新聞社, pp.13～15.

① 거래 · 판매(상적유통 활동) : 세일즈, 마케팅, 구입, 판매촉진, 수주처리 등
② 상품의 물리적 이동 · 관리(물적유통 활동) : 보관, 운송 · 배송, 포장, 하역, 재고관리 등

- 과거 : 판매활동을 중심으로 한 상적 유통활동이 완료되면서부터, 판매부문의 지시에 의하여 물류활동 개시. 물류활동은 판매활동의 후방에 그림자와 같은 활동으로서 존재했다.
- 최근 : 상적유통 활동(판매활동)과 물적유통 활동은 하나의 전체적인 시스템으로서 유기적으로 연계. 로지스틱스 시스템은 유통 시스템이라는 개념보다 더욱 전체적인 개념.
- 컴퓨터 정보시스템의 발달 : 상적유통 활동과 물적유통 활동을 하나의 유통 시스템으로 결합시킴.

2 물류의 의미와 목표[2)]

1) 물류의 의미

Logistics라는 용어가 문헌상에 최초로 나타난 것은 1897년으로 프랑스어인 logistique에서 파생된 단어이며, 그 어원은 loger로서 영어의 quarter, lodge와 똑같은 宿營을 의미하는 군대용어이다.

(1) 스마이키와 론데(E. W. Smykey & B. J. La Londe)교수의 정의

시카고 대학의 스마이키 교수와 오하이오 주립대학의 라 론데 교수는 현재 미국의 물류이론을 리드하고 있는 학자들로서 1970년 저서인 『물류(Physical Distribution)』

2) 장융남(2002), 전략적 물류관리론, 두남, 송계의 (2000), 물류경영연습, 문영사, 추창엽 외(1997), 물적유통론, 형설출판사, 및 KSA한국표준협회 (2002), 물류관리론, pp.4~11.

에서 '물류란 제조 면에서의 노력이 판매의 최종목표에 합치되도록 필요한 측면적 원조를 행하는 활동으로서 제품을 적절한 가격에, 적절한 장소에 공급하는데 있다. 이를 위해서는 창고의 장소, 수송방법, 보관방법 및 통신 등의 적절한 조합이 필요하다'라고 설명하고 있다.

(2) 미국 로지스틱스 관리협의회의 정의 (1985, NCLM : National Council of Logistics Management)

물류란 재화의 기점(起點)으로부터 소비점(消費點)에 이르기까지 원재료 · 중간재 · 완성재 그리고 관련정보를 이동시키는 것과 관련된 흐름과 저장을 효과적으로 계획 · 수행 · 통제하는 과정이다'라고 정의. 이 같은 정의는 원료생산자로부터 생산라인까지 원료이동 및 운송 · 보관 · 하역 · 하역 · 포장뿐만 아니라 주문처리, 시장예측 및 고객서비스까지 포괄하고 있으며, 교환개념에 입각한 마케팅 정의를 수용하여 고객서비스의 트레이드 오프(trade-off)관계에 있는 비용 최소화의 개별기업의 입장을 반영하여 물류관리측면의 계획 · 수행 · 통제과정을 강조하고 있다.

이상과 같은 용어의 정의의 특징은 첫째로 물류의 범위와 영역이 협의로는 생산라인에서 소비자까지 판매물류 그리고 광의로는 생산라인의 생산물류와 원재료의 조달물류까지 포함한다는 점이다. 둘째로 물류를 기능별로 구분할 때 기본요소 외에도 주문처리, 시장예측 및 고객서비스 등 기업과 소비자 간의 인간관계(人間關係)의 향상을 통한 서비스 제고까지 포괄하고 있다는 점이다.

2) 물류의 목표

① 시간적 서비스 : 「필요한 타이밍에 보내어 준다」
② 가능한 비용을 삭감 : 「운송비용과 배송비용을 줄인다」

비용이란 상품을 보관하는 비용이나 포장 · 하역하거나 운송하는 비용 등으로, 물류과정에서 발생하는 전체의 물류비용을 의미한다. 여기에서 특히 즉, 보내는 비용이 중심이 된다.

가능한 빨리, 가능한 타이밍이 맞게 라고 하는 매수인 측의 요청에 부응하여 시간적 서비스를 향상시킬수록, 매도인의 보내는 비용은 상승한다. 더욱이 최근에 매수인은 「소량 다빈도 납품」 의 서비스를 요청하는 경향이 있다. 따라서 물류활동은 한편에서 서비스 향상을 목표로 하지 않으면 안 되지만, 서비스 향상이라는 목표를 고수준으로 실현할수록 비용은 상승한다. 비용 상승은 당연히 매도인의 수익을 압박한다.

오늘날 물류환경은 물류비용을 상승시키는 방향으로 변화하고 있으며, 물류비용 삭감은 물류활동에 있어서 시급한 과제이다. 이와 같이 오늘날 물류의 목표는 서비스의 향상과 비용 삭감이라는 이율배반적인 목표를 물류혁신에 의해 동시에 실현하는 것이다. 여기에 물류혁신의 어려움이 있다.

3) 물류의 역할

(1) 물류는 마케팅의 절반을 차지한다.

물류가 마케팅 기능으로서 간주되기 시작한 것은 미국의 경우 1950년대부터이다. 특히 마케팅학자 Paul Converse가 "물류는 마케팅의 절반이다 (The Other Half of Marketing)"라고 발표하고 나서부터 물류는 마케팅의 중요한 요소로 취급되어 왔다.

지금은 고객조사 · 가격정책 · 판매조직화 · 광고 선전만으로는 마케팅을 실현하기 힘들고, 결품방지나 즉납서비스 등의 물리적인 고객서비스가 수반되지 않으면 안 되는 시점이라고 할 수 있다.

(2) 물류는 판매기능을 촉진한다.

물류는 고객서비스를 향상하고 물류코스트를 절감하여 기업이익을 최대화하는데 그 목표가 있다. 판매기능은 물류의 7R 기준을 충족할 때 비로소 달성될 수 있다. 7R 이란 Right Commodity, Right Quality, Right Quantity, Right Time, Right Place, Right Price, Right Impression 이다.

7R

- Right Commodity
- Right Quality
- Right Quantity
- Right Time
- Right Place
- Right Price
- Right Impression

(3) 물류는 제3의 이익원이다.

기업의 이익을 높이기 위한 첫 번째 방법은 매출의 증대이며, 두 번째는 원가를 절감시키는 것이다. 물류는 이익을 높일 수 있는 세 번째 방법이 될 수 있다. 예를 들어 매출액 대비 순이익률이 5% 이고, 물류비가 매출액의 20%를 차지하고 있을 때 (예: 매출액 100억, 물류비 20억, 순이익 5억), 물류비를 10% 절감하면 (20억→ 18억) 순이익이 40% 증가하는 결과가 된다 (5억→ 7억).

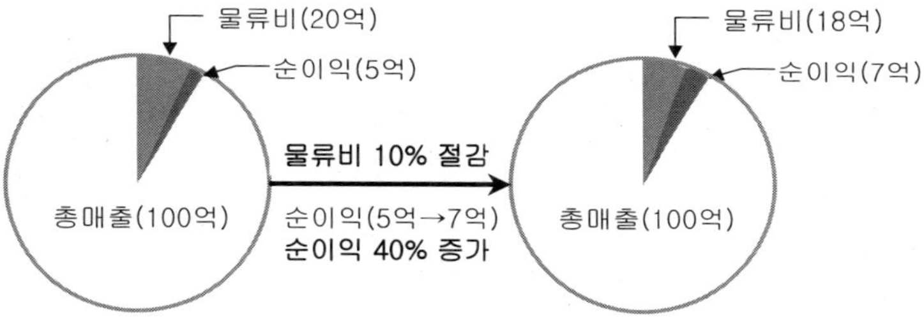

【그림 1-2】 물류비 절감에 따른 순이익 증가

(4) 물류는 적정재고의 유지로 재고비용 절감에 기여한다.

재고는 유동자산으로 평가되기 때문에 재무비율에는 긍정적인 영향을 미치게 된다. 그러나 과다한 재고의 보유는 재고유지비용을 증가시킴은 물론 현금과 달리 유동성이 부족하기 때문에 불황일 경우 자칫 흑자도산의 원인이 되기도 한다. 그러나 물류 합리화를 이루게 되면 불필요한 재고를 보유하지 않아도 되므로 재고비용을 절감할 수 있다.

(5) 상물분리는 유통합리화에 기여한다.

유통경로상의 여러 경로기관의 유통 흐름은 크게 나누어 다음과 같은 5가지 유형의 흐름에 의하여 연결되어 있다.

① 물적 흐름 : 생산자로부터 최종소비자에 이르기까지의 제품의 이동

② 소유권 흐름 : 유통기관으로부터 다른 기관으로의 소유권의 이전
③ 지급 흐름 : 고객이 대금을 지급하거나, 판매점이 생산자에게 송금
④ 정보 흐름 : 유통기관 사이의 정보의 흐름
⑤ 촉진 흐름 : 광고, 판촉원 등 판매촉진 활동의 흐름

이중에서 물적 흐름, 즉 물적유통을 제외한 나머지 4가지의 흐름을 상적유통(Commercial Distribution)이라 하며, 이렇게 유통경로상에는 크게 물적유통과 상적유통의 두 가지의 흐름이 있다.

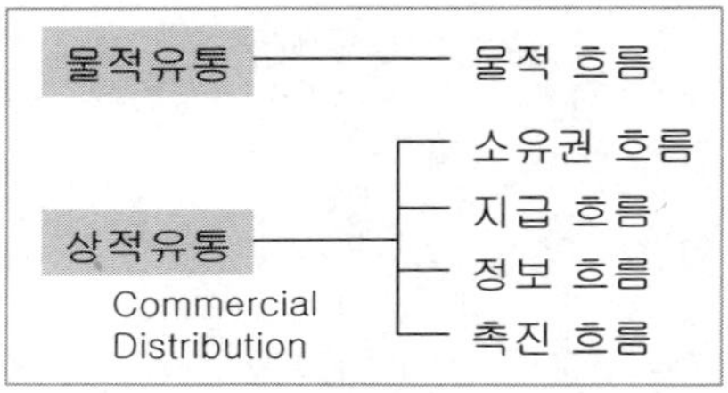

【그림 1-3】 유통경로

그런데 상물분리가 효과적으로 이루어지기 위해서는 상품과 상거래가 표준화되어야 한다. 따라서 청과물의 경우처럼 상품을 일일이 보지 않으면 값을 매길 수 없는 상품은 상물분리를 할 수 없다. 또한 즉각적인 정보전달을 가능하게 하는 물적 정보시스템이 선행되어야 하며, 판매량도 너무 작아서는 안 되고 일정 수준 이상이 되어야 한다.

4) 물류의 영역

물류는 일반적으로 로지스틱스(logistics)와 동의어로 사용되고 있지만, 로지스틱스가 물류보다 광의의 상위 개념이라고 말할 수 있다. 물류활동에 따라 영역별로 다음과 같이 분류할 수 있다.

(1) 조달물류

물류의 시발점으로 물자가 조달처로부터 운송되어 매입자의 물자 보관창고에 입고, 관리되어 생산공정(또는 공장)에 투입되기 직전까지의 물류활동이다.

① 의의 - 기업이 필요로 하는 각종 원자재를 구두나 전화 등의 수단을 통하여 도착하기까지의 전과정을 관리하는 것으로, 협력업체의 입장에서는 판매(납품)

물류가 되고, 구입처의 입장에서는 조달물류가 되는 양면성을 가지고 있다.

② 역할 - 조달물류는 전체물류의 출발점으로서 조달물류의 양부는 후속되는 모든 물류과정에 영향을 미치므로 신중하게 관리해야 한다. 즉, 바로 다음에 이어지는 생산부서에 대응하기 위해 협력회사의 조건을 충분히 검토하여 결품방지나 적기납품에 대응하는 것이다.

- 생산부서의 니즈 : 재고압축, 다빈도납입, 단납기, 조달비용 삭감, 다품종화 대응 등
- 협력회사측 제약 : 다빈도납품에 따른 보관비 및 수송비 증대, 생산롯트 증대 등

③ 주요업무 - 조달된 물품은 원가구성상 재료비에 해당되므로, 재료비의 구성비율이 70~80%에 이르는 조달관련 코스트의 절감에 관심을 기울어야 할 것이다.

포장의 표준화, 규격화, 임시보관 장소 폐지, 팔레트나 용기 등의 표준화, 규격화, 협력업체와의 공동화, JIT납품, 공차율 감소, 수송루트 적정화, 차량회전률 증대

(2) 생산물류

물자가 생산공정에 투입될 때부터 완제품의 생산에 이르기까지의 물류활동이다.

① 의의 - 조달된 원자재를 고객에 대한 판매가 최종적으로 확정되기까지의 전과정을 관리한다.

② 역할 - 조달된 원자재를 일시에 한꺼번에 처리할 수 없기 때문에 제품생산과정에서 발생하는 원자재, 반제품, 재공품, 제품 등의 다양한 형태를 관리한다.

③ 주요업무 - 물자는 정지되어 있는 순간부터 보관비 등의 손실이 발생하므로 정확한 공정분석을 통하여 공정을 단축하고 재고를 삭감하도록 노력한다.

작업교체 및 생산사이클 단축, 중간품, 반제품 등의 그룹화, 적정재고의 제로화, 내부작업 및 외주의 적정화 (사내물류 - 생산업자의 생산된 완제품 출하 시부터 판매보관창고에 이르기까지의 물류활동) 등이 주요 업무이다.

(3) 판매물류

판매물류는 완제품의 판매로 출고되어 고객에게 인도될 때까지의 물류활동이다.

① 의의 - 판매물류란, 공장에서 생산한 제품을 소비자에게 전달하기까지 일체의 과정을 관리한다.

② 역할 - 생산된 제품을 고객의 요구에 따라 제품창고에서 출고하는 과정과 배송센터 내에서 유통가공, 분류, 배송 등의 유통과정에서 발생하는 물류활동을 관리한다.

③ 주요업무 - 제품은 판매되어야 다시 돈으로 환산되어 기업에 돌아오게 되므로 잠시도 창고에서 머무르게 할 수는 없다. 따라서 기업에서 만든 제품을 효과적으로 소비자에게 전달하는 모든 과정의 내용들이 관리대상이 된다.

수배송시스템화를 위한 수배송센터의 설치, 유통가공에서의 콜드체인화, 공동물류센터 구축 등을 행한다.

(4) 반품물류

소비자에게 판매된 제품이나 상품자체의 문제점(상품자체의 파손이나 이상)의 발생으로 상품의 교환이나 반품을 위한 물류활동이다.

① 의의 - 판매 또는 제공된 물품의 반환과 관련된 물류로, 반환된 물품을 회수, 운반, 분류, 정리, 보관, 처리하는 업무가 이에 해당되며, 최근에 확산되고 있는 리콜제의 확산과 함께 중요한 문제가 되고 있으므로, "팔면 끝이다!"라고 하는 관념의 수정을 요구하고 있다.

② 반품 발생원인 - 판매자 실수에 의한 것, 구매자 실수에 의한 것, 관행상 팔고 남은 물품의 반환 등

③ 반품물류의 중요성 - 물품이 반환되는 것은, 물품의 공급처로부터 소비자를 거쳐 다시 공급처로 돌아오는 과정에서 발생하는 물류경비가 과다하게 소요

될 뿐만 아니라, 품질의 저하에 따른 부대비용의 발생으로 가격상승을 부채질하고 있는데도 불구하고, 실제 판매가격은 더 떨어지고 이익을 잠식하는 경우가 많기 때문이다. (땡처리물건, 가격인하판매, 폐기처리 등)

④ 반품대책수립 - 반품은 처음부터 발생하지 않는 것이 바람직하지만, 환경 조건의 변화에 따라 다양한 형태의 반품이 발생하게 되므로, 회사의 전사적인 입장에서 고객의 요구를 파악한 후, 제품설계부터 관련부문이 서로 협조하여 반품의 소지를 없애는 것이 바람직하다. 예를 들면, 다음과 같은 조처를 취함으로써 기업내부에서부터 보다 완벽한 품질관리 등을 통하여 이중비용이 발생되지 않도록 하는 것이다.

물류거점별 품질보증체계 확립, 매출예측정밀도 향상으로 반품을 감소시키고, 반품에 대한 페널티제도를 실시한다.

(5) 폐기물류

파손 또는 진부화 등으로 제품이나 상품, 또는 포장용기 등이 기능을 수행할 수 없는 상황이나 기능을 수행한 후 소멸되어야 할 상황일 때 제품 및 포장용기 등을 폐기하는 물류활동이다. 이는 특히 유럽의 RoHS (Restriction of Hazardous Substances)나 WEEE (Waste Electrical and Electronic Equipment)를 필두로 환경문제가 기업경영의 주요이슈가 되는 현실 속에서 더욱 중요시될 전망이다.[3)]

① 의의 - 제품 및 포장재, 수송용기류 등 각종의 물품에 의해 발생된 폐기물을 관리하기 위한 물류를 말한다. 이들은 조달, 생산, 판매 등의 과정을 거치면서 매일 대량으로 폐기물화하고 있다

② 폐기물의 처리 - 폐기물은 일반폐기물과 특정폐기물로 구분되는데, 물류와 관련된 사항으로는, 가정이나 기업 등에서 발생된 폐기물을 폐기물처리업자 등

3) 박우진 외 (2007), 중소기업의 그린마케팅과 국제경쟁력 제고 효과, 「해양비즈니스」 제9호, 한국해양비즈니스학회, pp.220~226.

이 수집, 운반, 보관, 매립, 소각하거나, 재활용 등의 방법으로 처리하고 있다.

③ 폐기물류 대처방안 - 물자는 자연에서 와서 자연으로 돌아가게 되는데, 많이 조달한 것은 많은 쓰레기를 생산하고, 쓰레기는 다시 자연으로 되돌려 보내게 된다. 하지만, 자연의 복원력에도 한계가 있어 쓰레기처리에 따른 환경문제가 전세계적인 문제점으로 되고 있으므로, 환경친화적인 물품생산을 통하여 폐기물류의 감소를 유도하여야 할 것이다.

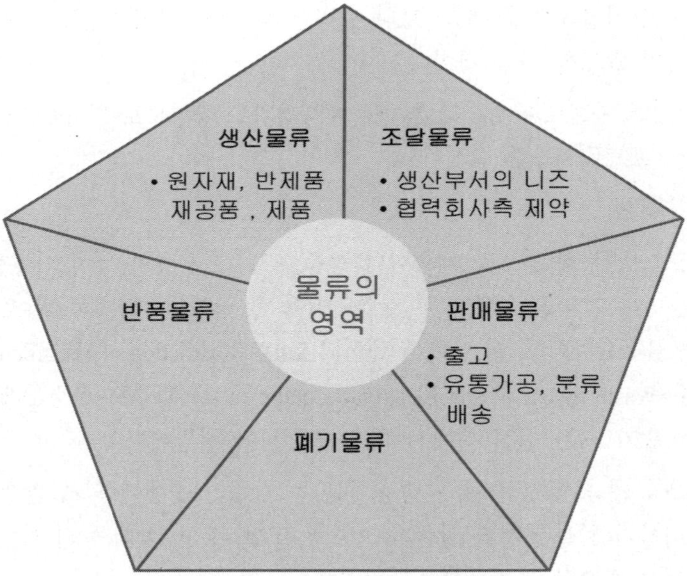

【그림 1-4】 물류의 영역

3 물류와 로지스틱스의 차이점[4)]

1) 세 가지 해석의 차이점

① 제1의 설 : 로지스틱스는 물류를 근사하게 바꾸어 말하는 것뿐이라는 해석이다. 이 설은 상당히 뿌리 깊게 자리 잡고 있지만 물론 잘못된 설이다.

② 제2의 설 : 로지스틱스 쪽이 물류보다 영역이 넓다는 설. 이것도 신봉자가 많은 해석.

물류는 공장에서 완성된 제품 또는 매입한 상품을 고객에게 배달하는 활동

로지스틱스는 원자재·부품, 상품 등의 조달에서 고객납품까지를 일관된 시스템으로 보는 개념이 된다. 이 제2의 설은 틀린 것은 아니다. 하지만 유감스럽게도 이것은 왜 지금 로지스틱스가 커다란 관심을 모으고 있는가라는 점에 대한 설명으로는 조금 미흡하다. 그래서 제3의 설이 등장한다.

③ 제3의 설 : 현재 실무세계에서 다루어지고 있는 로지스틱스는 이러한 '시장과 생산·매입의 동기화(同期化)를 도모하기 위한 관리'를 말한다. 이러한 제3의 설에 따라 로지스틱스라고 하는 관리 하에 생산·매입, 물류가 있게 되고 물류는 로지스틱스의 하위개념으로 이해된다.

4 물류의 활동담당자와 제품가치

1) 물류 활동의 담당자

① 화주 그룹 : 상품의 소유권을 지니고 있는 생산자(메이커), 도매업자 및 소매업자

② 물류전업 그룹 : 화주로부터 운수활동을 위탁받은 트럭 운송회사, 철도회사, 선박회사, 항공회사 등의 운수업자, 그리고 화주로부터 보관을 위탁받은 창고업자 등

▸ 물류활동은 화주 기업이 독자적으로 수행하거나, 물류 전업기업에게 완전 위

4) 박명섭 외(2003), 물류관리의 이해, 우용출판사, pp.28∼31.

탁하거나, 독자와 위탁의 병용 등 여러 가지 방식으로 수행

- 운수업이나 창고업 : 화주 기업으로부터 물류활동을 위탁받는, 소위 물류의 대리행위자

물류는 기능적으로는 화주 기업이 수행자이고, 활동적으로는 운수 기업이 수행자

- 화주 기업측면에서 유통 기능은 일반적으로 메이커, 도매업자, 소매업자의 3자에 의해 수행되고 있다. 따라서 물류기능도 이 3자의 분업에 의해 수행되고 있는 것이 일반적이다.

2) 물류와 제품가치

제품의 가치가 공장에서만 만들어진다고 하는 것은 낡은 사고방식이다

이 방식에 의하면 판매부문과 물류부문은 단지 경비를 사용할 뿐 아무런 가치창출도 없고 기업의 이익창출에 직접 공헌하는 것은 아니라는 것이다. 단 물류활동을 합리화함으로써 물류비를 삭감할 수 있으면, 그 감소분만큼 이익을 증가시킬 수 있다고 생각한다. 이는 물류를 「제3의 이윤원」으로 설명하는 근거로서 물류를 아주 소극적인 태도에서 보고 있다.

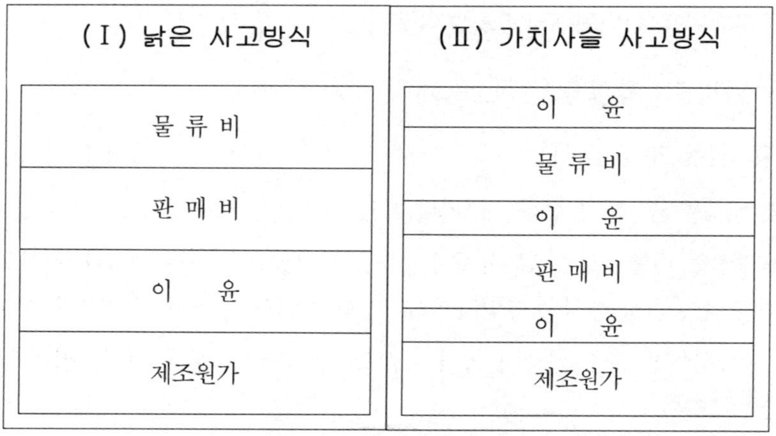

이 방식에서 진보한 것이 가치사슬 사고방식이다. 이 설에서는 물류활동이 단지 물류비를 소비는 것만 아니라 가치도 창출하고 있으므로 기업 이익의 창출에 공헌하고 있다고 생각한다. 즉 장소적인 격리를 극복하고(운송업무), 시간적인 격리를 극복함으로써(보관업무) 가치를 창출하게 된다. 또한 부분적인 형질의 효용창출이라고 하는 것은 유통가공을 가리키는 것으로 유통과정에서 재포장이나 약간의 손질을 통해 고객의 니즈(needs)에 맞춰 조정함으로써 가치를 부가한다.

이와 같이 물류의 가치창출의 주요한 부분은 공간과 시간의 격리를 극복함으로써 이루어지고 있으므로 이 설은 「격리이론(gap theory)」이라고도 부른다. 그리고 이 설은 원재료 ➜ 중간재 ➜ 제품 ➜ 도매업 ➜ 소매업 ➜ 고객으로 순차적으로 제품이 만들어지고, 유통업자의 손을 거쳐 고객에게까지 도달되는 과정에서 점점 가치가 증가해 간다고 하는 설과 근거를 같이하고 있다.

Chapter 2

물류관리[5)]

5) 박명섭 (2003), 국제물류의 이해, 법문사, pp.43~76 및 육근효(1998), 물류원가관리의 혁신, 풀빛.

1 물류관리의 의의

1) 정의

물류활동에 대한 전반을 계획, 조정, 통제하는 활동이다. 소비자에게 고도의 물류서비스를 제공하기 위해 원자재 및 부품의 조달에서부터 생산과정을 거쳐 상품이 최종 고객에 이르기까지의 전체 흐름을 용이하게 하는 물자의 운송 · 보관 · 하역 · 포장 · 유통가공 · 정보활동과 이를 수행하는 인력에 관한 모든 사항들을 계획. 조정, 통제하여 하나의 독립된 시스템으로 관리함으로써 기업 효율을 극대화하는 것이다.

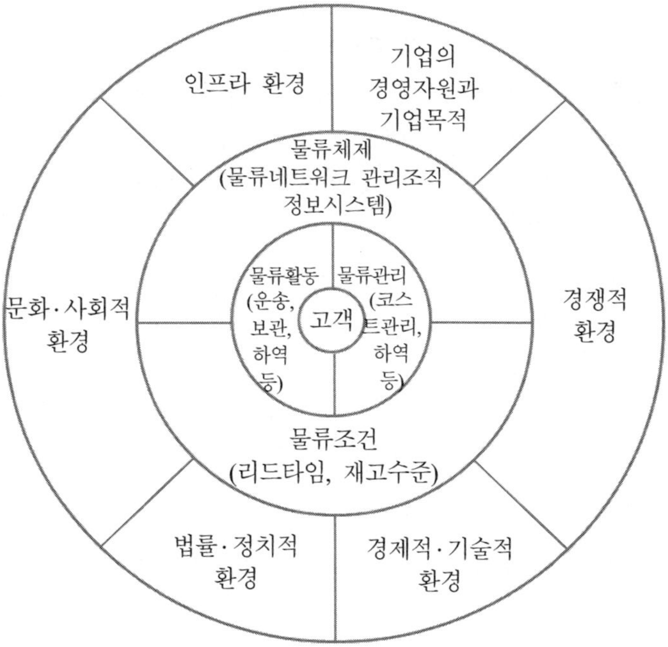

【그림 2-1】 물류관리의 모델

출처 : 宮下正房·中田信哉(1996), 「物流の知識(第2版)」, 日本經濟新聞社, p. 41.

2) 목적

- ▸ 물류비용의 삭감
- ▸ 고객서비스 향상

① 고객과 약속한 물류서비스를 틀림없이 제공하는 것이다.

납입률 : 고객의 주문에 대한 충족도 지표로, 주문한 상품 중 계약대로 배달된 상품의 비율

납입률을 떨어뜨리는 원인

- 물품부족
- 작업실수(상품 및 납품의 숫자를 잘못 파악, 상품의 파손)

② 동일 서비스를 가능한 저비용으로 행하는 것이다. 물품부족을 초래하지 않으면서도 재고는 가능한 적게 하면서 운영하고, 실수가 없는 작업을 효율적으로 하는 것이 요망된다. 저비용물류를 위해 로지스틱스화 및 물류의 시스템화 등의 도모가 작업의 효율화에 연결된다.

2 물류시스템

1) 정의

협의 : 물류활동에 대한 관리(물류활동을 조합하여 하나의 경영기능체로서 본 것)

광의 : 물류체제, 물류활동, 물류관리의 모든 것을 구성요소로 한 것

2) 물류 관리의 3영역

① 어떠한 체제로 물류 활동이 행해져야만 하는가.

▸ 물류관리 조직의 자세 혹은 물류 채널과 물류거점의 배치 등

② 물류 활동을 어떠한 기준으로 해야만 하는가.

▸ 생산과 구입 · 판매의 요구에 의거하여 「물류 서비스 정도의 설정」 과 「물류 비용의 원가계산」, 「물류예산 관리」 혹은 「물류효율 관리」 등

③ 계속적인 흐름으로서의 물류를 어떻게 전체적으로 관리하는가.

한편, 물류시스템이라는 용어가 비교적 광범위하게 사용되게 된 배경

① 물류의 기능별로 각각 단독으로 발휘해 왔던 기기와 장치의 기능이 최근 들어 현저하게 고도화되고 복잡해졌다. 기술의 진보 · 환경 조건의 변화에 수반한 설비 · 기기가 진부화하고, 취급상품의 변화가 빠르기 때문에 물류시스템의 수명주기가 단축되는 경향이 있다.

② 통신기술, 제어기술, 컴퓨터 기술 등에 힘입어, 기기 · 장치 등이 상호 연결됨으로써 단독으로 발휘했던 기능보다 더욱더 고도화, 대규모화, 광역화, 최적화되었다.

③ 물류기지의 집약화 등 대규모화의 요청에 대해, 새로운 시스템으로서의 사고방식 없이는 개발관리가 어렵고 혼란이나 효율저하 등의 문제가 발생한다.

3) 물류 네트워크

물류 네트워크는 수급의 시간적 · 공간적 격차를 메우거나 혹은 생산 지점에서 시장으로 재화를 보내기 위해서는 기능적으로 분업화되거나 혹은 공간적으로 분산된 거점(node)을 네트워크로써 연결할 필요가 있으며, 그러한 구조가 있어야 비로소 물류의 기능이 발휘되기 때문이다.

생산 거점에서 시장까지의 간선 운송은 철도나 선박 등의 대량 운송기관을 이용하고, 시장에서의 역내 운송은 영업활동에 부수한 활동으로서 존재하고 있다. 하지만 물류라는 기능이 통합되고 물류 시스템화가 진전되면 **商物**의 분리가 전제가 된다. 당연히 물류거점과 영업거점이 분리된다. 그 때 물류센터를 핵으로 한 물류거점망을 어떻게 형성하는가 하는 문제가 발생한다.

(1) 상물(商物)분리

물류합리화의 관점에서 상류경로와 물류경로를 분리하여 운영하는 것을 말한다.

상류와 물류와는 표리일체의 관계에 있기 때문에 종래에는 동일경로로 흐르는 일이 많았다. 하지만 로트(lot)화 화물을 최단 경로로 수송하는 일이 유리한 물류에 있어서 복잡다기한 상류경로는 합리화를 방해하는 요인이 되는 경우가 많이 보여졌다.

- 기업 활동을 활성화시키기 위해서는 상류와 물류의 흐름을 분리시켜 지점이나 영업소 등에서 처리하고 있던 물류 활동은 배송센터나 공장의 직배송 등을 통하여 수행하는 것이 효과적이다.
- 최근 물류 합리화의 하나로서 상품 판매력의 강화와 물류관리의 효율화를 위하여 상(商) · 물(物) 분리가 중요시되고 있는데, 그 이유는 대량 수송 및 수 · 배송 시간의 단축화와 재고의 집약화를 통해 최소 재고화를 달성함으로써 고객 서비스를 향상시키고, 총물류비를 절감할 수 있기 때문이다.

- 상류와 물류를 분리하더라도 양자 간의 횡적인 연계성은 물류정보 시스템의 구축을 통하여 충분히 의사소통이 가능하게 된다.

이러한 물류합리화에 대한 상류측의 장애를 제거하기 위한 한 가지 방책이 상물분리이다. 상류와 물류의 상반된 현상(trade-off)을 해결하기 위하여 상물분리를 함으로써 기업 전체의 효율성을 제고시키는 것으로 각 영업소의 물류기능을 통합하여, 물류는 물류부서에서 전담하고 상류는 영업부서에서 담당하게 하는 것이다.

(2) 상(商)·물(物) 분리의 원칙

상류와 물류는 상호 유기적인 관련을 맺으면서 마케팅의 양면을 이루고 있는데, 유통면에서의 판매확대는 거래지역을 광범위하게 하는 반면 물류면에서는 운송거리의 연장, 보관시설, 재고 등의 증가를 가져온다. 즉, 매출확대는 상거래에서는 바람직하지만 상품단위당 물류비의 증가를 가져와 이익을 저하시키게 된다. 이 같은 상반된 원리의 문제점을 극복하기 위한 방편으로 상·물류분리를 분업적으로 시행할 때 이를 상·물 분리의 원칙이라 한다.

(3) 상물 분리의 경제적 효과

수송단계에서는 물류 거점을 통하여 운송이 이루어지므로 지금까지 여러 지점 및 영업소를 경유하게 된 단계를 통합할 수 있고, 또 대형 차량의 이용이 가능하기 때문에 운임을 할인 받을 수도 있다.

- 물류거점과 고객 간의 배송단계에서는 여러 지점 및 영업소의 수주를 통합할 수 있으므로 배송차량의 적재율 향상과 유효기한 이용이 가능하다.
- 물류 거점의 재고단계에서는 재고의 집약과 재고관리의 철거 등으로 인하여 재고의 편재 및 과부족이 해소된다.
- 물류 거점은 물류 활동을 편리하게 수행할 수 있는 규모를 갖추고 있기 때문에 창고의 자동화, 하역의 기계화, 공동 수·배송 등 물류합리화를 추진할 수 있다.

- 지점, 영업소의 수주 통합으로 효율적 물류관리와 Lead-Time이 단축된다.
- 정산화로 사무 처리의 경감, 영업부는 판매활동에만 전념하여 도·소매업의 매출증대, 제조업자는 유통경로 전체에서 물류효율화를 실현할 수 있다.

(4) 물류 네트워크의 두 가지 측면

통상 고객은 지역적으로 분산되어 있다. 이들 고객에 대해 요구된 납기 내에 상품을 보내기 위해서는 시장 구역 내에 일정 재고를 분산 배치해 두지 않으면 안 되는데, 여기에 전방의 물류거점이 배치된다. 이어서 생산거점과 전방의 거점간을 연결한다. 대체로 하나의 생산거점에서는 시장의 요구를 만족시킬 수 없기 때문에, 복수의 생산거점과 복수의 전방 물류거점을 연결하는데, 이 사이에 소수의 집약 거점을 설치하면 효율이 올라간다. 이때 이 후방 거점을 데포(depot)라고 한다. 물류센터와 데포는 물류에서 역할이 다르다. 이것은 물류단계의 측면에서 본 것이다. 한편 물류센터도 데포도 어떤 구역 내에 분산 배치되므로 위치의 측면에서 볼 수도 있는데, 이들 거점을 연결한 것이 물류 네트워크이다.

이들 거점 형성의 본질은 재고배치에 있다. 고객과의 거래조건을 만족시키면서도 재고를 적극적으로 압축하고자 하는 재고배치를 추구할 때에, 물류 네트워크의 본질이 분명해진다.

물류 네트워크는 조달, 생산, 판매 등의 거점을 포함한 네트워크이다.

- 원재료 등을 어디에서 조달하고, 그것을 위한 거점을 어디에 배치하는가?
- 생산을 어디에서 행하고, 그것을 위한 거점(공장)을 어디에 배치하는가?
- 시장을 어디에 설정하고, 그것을 위한 물류거점을 어디에 배치하는가?

이렇게 생각하면 물류 네트워크라고 하는 것은 「조달 네트워크」, 「생산 네트워크」, 협의의 「물류 네트워크」가 조합된 것임을 알 수 있다. 물론 이것들이 개별적으로 설정되는 것은 아니고, 세 가지의 네트워크가 통합된 형으로 완성된다.

이 통합의 연결에 기본이 되는 것은 원재료 · 부품 · 제품에 관해, 이들의 채널을 횡단한 형태로 이루어지는 재고의 배분이다. 전체로서 가장 효율적이고 동시에 시장 전략상 효율적이고 또한 기업의 전략에 적합하도록 배분시키지 않으면 안 된다. 이해를 돕자면 다음의 【그림 2-2】 와 같다.

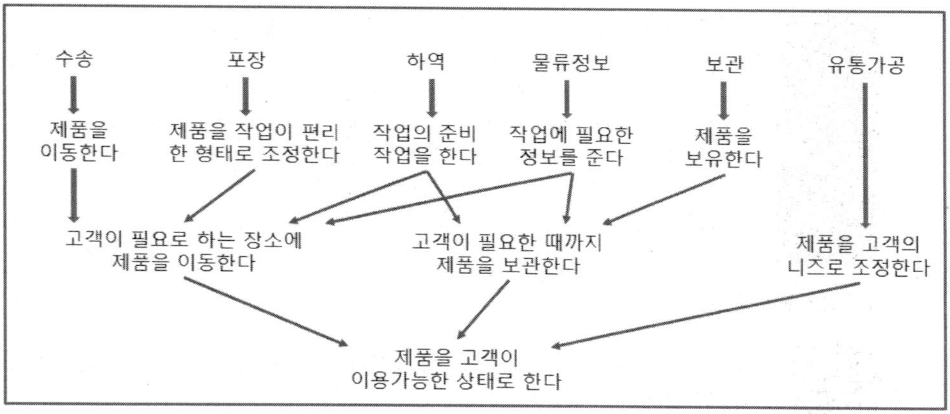

【그림 2-2】 물류네트워크

출처 : 阿保榮司 (1996), 「物流からロジスティクスへ」, 稅務經理協會, p.33.

3 물류활동의 구성 요소

1) 운송·배송활동

(1) 철도 운송

구분	내용
장점	① 대량의 상품을 일시에 효율적으로 운송하는데 적합 ② 대량의 운임부담력이 작은 상품의 중·장거리 운송시 운임이 싸고 경제적 ③ 기후의 영향을 비교적 받지 않는 운송 가능 ④ 궤도 운송이기 때문에 사고가 적고, 안전도가 높음 ⑤ 거점간 직행 운송 방식이므로 거점과 그 주변 지역에서 유지
단점	① 근거리운송의 운임은 비교적 높음 ② 긴급시 배차관계로 운송이 불가능한 경우가 있음

(2) 자동차 운송

구분	내용
장점	① 문전에서 문전까지의 일관서비스에 적합하며, 언제라도 이용할 수 있어 적시성과 융통성이 높음 ② 소·중량 상품의 근거리 운송에서는 운임이 싸고 경제적 ③ 운송도중 하역이 거의 필요 없고, 운송중 충격이 경미하여 하역포장은 비교적 간단
단점	① 대량 운송에 부적절 ② 장거리 운송은 운임이 일반적으로 높음

(3) 선박 운송

구분	내용
장점	① 운임부담력이 작은 대량 상품의 원거리 운송에 적합하며, 싸고 경제적 ② 원재료 등 벌크 화물을 대량 운송하는 경우, 특히 전용선에 의한 운송 및 하역의 합리화가 가능하고 효과적
단점	① 운송속도가 타 기관에 비해 느림 ② 항만에서 하역비 등이 비교적 높음 ③ 기후에 의해 하역이나 항행이 좌우되기 쉬움 ④ 운송의 안정성과 정확성 면에서 철도나 자동차에 비해 떨어짐

(4) 항공 운송

장점	① 운송속도가 아주 빠름 ② 운임부담력이 큰 소량 상품의 중·원거리 운송에 적합 ③ 포장이 비교적 간단
단점	① 운임이 높기 때문에, 저가격 상품의 운송에는 부적합 ② 중량 제한이 있음 ③ 공항에 가까운 도시 이외에는 이용이 어려움

(5) 운송방식의 선택

운송방식 선택은 비용편익 분석으로써 정확성을 기할 수 있다. 즉 특정 운송방식의 영향을 검토할 때 물류의 다른 요소에 미치는 효과를 고려해야 한다. 운송기관이 빠를수록 유통재고는 저수준에서 확보되고, 빠른 재고보충은 원격지 시장에서의 재고를 크게 감소시킬 수 있는 등 운송기관의 결정은 시스템 내의 재고 수준에 큰 영향을 미친다. 마찬가지로 운송기관의 신뢰성이 높을수록, 고객의 재고 보유량도 작아진다. 마지막으로 운송기관의 선택은 창고나 배송 센터의 요건과 유니트(unit)화의 가능성에 영향을 미친다. 이들 모든 요인을 고려할 때 비용편익 분석에 의거한 최소비용의 운송방식이 무엇인지를 알 수 있다.

2) 보관

(1) 의의

생산과 소비(혹은 판매) 사이에는 많든 적든 시간적 격차가 있게 마련이며 이 수요공급의 시간적 조정이 보관활동의 주요 기능이다.

보관은 시간조정과 가격조정의 두 가지 기능을 가지고 있다

보관활동은 계획적으로 생산된 제품을 일시적으로 보관함과 동시에 원활한 유통을 위해 포장 혹은 간단한 가공 등 소위 유통가공을 행하거나, 고객의 주문에 부응하여 즉시 출고, 배송하는 체제로 나아가고 있다.

한편 상품의 적절한 재고관리를 위한 배송의 작업이나 유통가공 업무 등 상품의

유통과정에 있어서 창고는 주요 거점, 고객 서비스를 위한 기지로서의 중요성이 증가하고 있다. 이들은 유통센터 또는 배송센터라고 불리운다.

(2) 창고의 기능과 재고관리

① 창고 업무의 진화

역사적으로 공장은 원재료 조달지 가까이에 배치되어 있었는데 이는 제조시설 가까이에 제품을 보관하는 창고가 필요했기 때문이다. 그러나 철도 노선의 확장으로 제조시설에서 먼 곳에 독자적으로 제품을 보관하거나 소비인구가 증대하는 도시 가까이에 보관하는 방식이 도입되었다. 또한 도로망이 보급되고 트럭의 운송능력이 증대되면서 주요 시장으로 통하는 고속도로 가까이에 창고가 입지하게 되었으며, 일부 회사(도매업자와 소매업자)는 주요 대도시권 내부 가까이에 있는 판매시장의 중심지에 창고를 설치하였다.

트럭 운송이 증대함과 동시에 판매기능과 마케팅 기능이 회사 발전 방향을 지배하기 시작하였다. 물류비가 회사 제품을 판매하기 위한 주요한 비용항목이면서 관리·통제가 가능한 것으로 인식됨에 따라 판매와 시장 침투력을 최대한으로 확보하면서 운송비와 재고 유지비를 최소한으로 억제할 수 있는 장소에 창고와 배송 센터를 배치하고자 하는 변혁이 추가되었다.

오늘날에는 다각적인 목적(시장진출 목적과 화물 혼재 목적)에서 창고의 입지를 결정하는 것이 현실문제로 인식되면서 기업들은 최적 형태의 창고 업무를 실현하고자 부단히 노력하고 있다.

② 창고기능

창고비는 중요한 비용이며 더구나 회피 가능한 원가이기 때문에, 모든 회사는 창고 업무를 필요로 하는 이유와 창고 업무를 실시하는 방법을 중시해야 한다. 즉 일부의 창고작업을 중지하면 제품 원가의 일부를 삭감할 수 있고 완성품을 조립공장에서 고객까지 직송하면 공장창고와 중간창고의 쌍방에서 요구하는 창고비를 삭감할 수 있다.

<표 2-1> 창고 활동의 요약

투입	처리				산출
입고	입고이동	보관	오더피킹	포장·마킹 출고준비	출고
• 운송기관에서 화물을 내림 • 제품의 파손 여부를 점검	• 제품의 보관 장소를 식별하고, 재고기록을 갱신	• 제품을 물리적으로 보관	• 제품을 보관 장소에서 꺼냄. 재고 기록을 갱신	• 제품을 적절하게 포장하거나 레이블을 붙여 출구로 옮김	• 운송기관에 적재 • 화물인도중 출하통지서 작성

(3) 재고관리

재고관리란 일반적으로 유통과정에서의 상품의 수량적인 관리를 말한다. 현실의 유통과정에서 재고관리는 유통재고 전체가 아니라 각 거점의 관리가 중심이 된다.

재고관리는 상품의 보관활동과 밀접하게 관련하고 있기 때문에, 물류활동의 일환으로서 대처하고 대응하게 된다. 유통업자가 재고기능을 충분히 달성하는 것은 최종적으로 소비자의 물자 부족을 발생하지 않도록 하기 위한 조건이기 때문에 사회적으로도 중요하다. 또한 수급을 조정하여 가격안정을 도모하는 의미에서도 재고기능은 중요하다.

재고량은 많을수록 비용이 증가하므로 가능한 한 제로에 가깝게 하는 것이 바람직하다. 그러나 작은 재고량으로는 고객으로부터 급격한 주문증가에 대처하지 못하게 되고 품절이나 판매기회의 손실 등의 문제가 발생하게 되어 재고기능, 수급 조정기능이라는 사회적으로 요청되는 기능도 수행하지 못하게 된다.

따라서 적정량의 재고확보가 중요한데 오늘날에는 컴퓨터를 이용하여 재고관리뿐만 아니라 수주처리, 발주처리, 배송처리 등 다른 활동과 연계된 정보 시스템하에서 재고관리가 행해진다. 컴퓨터에 의한 재고관리의 목표는 제품 하나하나의 재고를 컴퓨터로 관리하는 수준까지 고도화시키는 것으로 이를 단품관리 시스템이라 부른다.

슈퍼마켓과 같은 대형 소매점에서는 POS[6] 시스템의 도입으로 단품관리 시스템을 많이 도입하고 있다. 컴퓨터에 의한 재고관리의 고도화는 단지 상품의 재고상태 파악뿐만 아니라 각종 전략계획과 합리화계획 등에 활용되고 있다.

3) 하역 활동

상품의 운송, 보관의 활동에 수반되어 발생하는 반출입 작업을 하역이라고 한다.

하역은 그 발생장소에 의해 창고 하역, 항만 하역으로 구분되고, 운송수단에 의해 화차 하역, 선박 하역 등으로 구분되며, 화물 형태에 따라 벌크화물 하역, 팔레트 하역, 컨테이너 하역 등으로 구분되는 등 다양한 형태를 취하면서 운송, 보관 및 유통가공 등을 연결하는 역할을 한다.

하역을 효율적으로 행하기 위해서는 팔레트화(palletization)나 컨테이너화(containerisation) 같은 유니트 로드(unit load)화를 도모하고, 하역의 기계화와 성력화를 실현하는 것이 바람직하다.

유니트화의 목적
① 취급단위를 어느 정도 크게 해서 작업 능률 높임. ② 운반의 간편성 제고 ③ 취급단위를 균일하게 하여 작업 표준화 도모 ④ 개별화물에 손이 닿지 않도록 물품의 보호 효과 향상

4) 포장 활동

포장은 내용물의 보호, 하역의 편의, 유니트화, 상품이 구분 표시 등을 목적으로 한다. 많은 경우 포장은 생산 공정의 최후에 위치하고, 그 이후는 물류 공정이므로 생산

---

6) 이것은 Point of Sales의 약어로 「판매시점 정보」로 번역된다. POS의 대표적인 예는 슈퍼마켓이나 편의점의 계산대에서 볼 수 있다. 상품에 붙어 있는 바코드의 태그를 '삐삐...'라는 소리와 함께 읽어 들이는 것이 POS 사용의 현장이다. 3,000점 내지 4,000점의 다수 품목을 판매하는 슈퍼 등에서는 재고를 보유하지 않고 언제 구입하는가를 정하는 것이 아주 중요하다. 확실히 POS는 유통에 있어서의 JIT (Just In Time)이라 할 수 있다.

과 물류의 접점에 있다.

상업포장	공업포장
개장(unitary packing)에 해당되며 상품보호라는 물리적 기능보다는 마케팅적 기능을 중시	운송포장이라고도 하며 생산거점에서 마지막 판매거점까지 상품을 정리하여 안전하고 확실하게 보내기 위한 포장이다. 외장이 여기에 해당되며 내장도 공업포장의 일부로 볼 수 있다.

포장기술 혁신과 함께 물류 합리화의 기수인 unit load system[7]의 도입으로 포장비용의 삭감, 인건비의 삭감에 의해 물류비용의 삭감을 가능하게 하고 있다.

한편 포장은 폐기와 회수의 문제도 충분히 고려해야 한다. 비용절감 및 환경오염 방지를 고려하여 재활용 가능한 용기와 자연 환경에 용이하게 환원되도록 포장 재료를 개발하고, 그러한 포장재를 적극적으로 선택해야 한다.

5) 유통가공

유통가공이란 유통단계에서 행해지는 제품의 간단한 가공이나 조립, 재포장, 주문에 맞추는 조정 등의 작업을 의미한다.

유통가공 활동은 고객의 니즈(needs)에 보다 적합하도록 하기 위한 것으로 그 결과 상품의 부가가치가 증대하고 고객의 편리성은 향상한다. 그러한 의미에서 기업으로서는 마케팅 활동과 깊은 관련을 지닌다.

<표 2-2> 유통가공의 목적 및 종류

구분	내용
목적	① 판매촉진(고객 니즈에의 적합) ② 생산효율지원(계획, 대량생산지원) ③ 물류합리화(운송 로트화, 타이밍 조정, 식별정보 부가)
종류	소분류, 가격표 부착, 레이블 부착, 선별, 마킹, 조립분해, 설치, 배선, 절단, 표면가공, 열처리, 가열, 냉각 등

7) 상품을 일정한 단위, 예컨대 팔레트 단위, 컨테이너 단위로 통합하고, 문전에서 문전까지 일관운송하고 보관하는 시스템.

4 물류비용관리

1) 물류비용 관리의 의의

(1) 물류비용의 산정 : 물류관리의 기본

- 물류는 기업 가운데 어떤 위치에 있는지를 파악
- 물류활동이 어떻게 행해지고 있는지를 파악
- 한 가지의 물류 개선이 물류비용 전체를 어느 정도 인하시키는가를 파악
- 어떤 물류 분야에서 인건비와 운임 등이 비용 증가를 초래하고 있는지를 파악

(2) 매출액 대비 물류비

- 기업물류비 수준을 나타내는 주요 지표의 하나.
- 운송·하역·보관·포장 등 물류활동으로 지출된 비용이 매출액에서 차지하는 비율
- 기업의 물류활동이 얼마나 합리적이고 경제적으로 운영되고 있는가를 보여준다.

  대한상공회의소가 전국 923개 제조·유통업체를 대상으로 한 기업 물류비 실태조사 (격년)
- 2001년의 매출액 대비 물류비는 11.1%로 지난 1999년의 12.5%보다 1.4%가 낮아짐
- 매출액대비 물류비 11.1%는 일본(5.45%)이나 미국(9.17%) 기업보다는 1.2~2 배 이상

(3) 물류비의 분류체계

발생형태별 : 자가물류비, 지불물류비

영역별 : 조달 · 사내 · 판매

기능별 : 포장 · 운송 · 보관

관리목적별 : 변동물류비 · 고정물류비

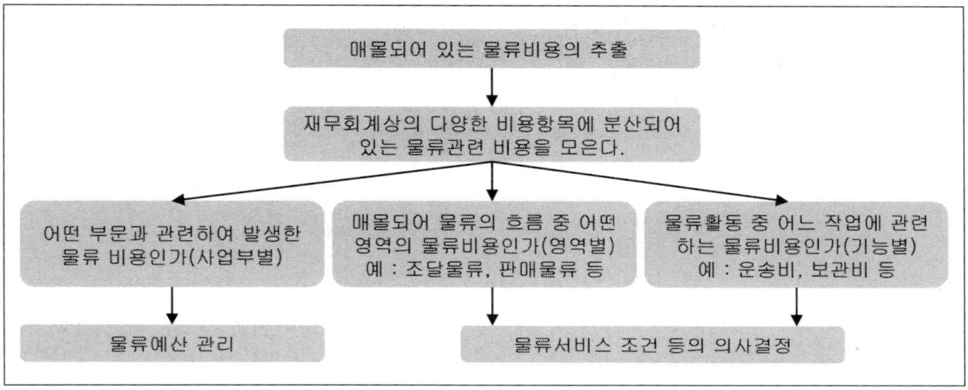

【그림 2-3】 물류비용의 정확한 파악

2) 물류원가 계산

① 물류비의 정의 : 물류활동을 수행하기 위하여 발생하거나 소비한 경제가치로, 물류활동에 사용된 재화나 서비스를 원가 또는 비용으로 파악하는 것

② 물류비 관리의 목적 : 물류활동에 대한 비용정보 즉 어떠한 곳에 얼마만큼의 돈이 누구에 의해 사용되고 사용될 것인지에 대한 회계자료를 수집, 기록, 정리하여 사내·외의 정보이용자가 합리적인 의사결정을 하는데 유용한 회계정보를 제공하는데 있다.

③ 물류비를 산정하여 관리하는 목적

- 물류활동을 화폐적 가치로 파악하기 위하여
- 물류관련 인건비의 파악을 위해서
- 모든 기업 활동 및 프로세스에 연관된 물류 관련 비용을 파악하기 위하여
- 물류의 중요성을 인식하고 물류활동의 문제점을 파악하기 위하여
- 제품가격 결정을 위한 물류비정보를 입수하기 위하여

- 물류예산을 편성하고 통제하기 위하여

3) 물류비용의 트레이드 오프

물류활동에서는 총물류비를 생각할 필요가 있는데, 이 경우 트레이드 오프의 관계를 고려하지 않으면 안 된다[8].

한편 물류활동에 존재하는 트레이드 오프는 다음과 같다.

① 물류 서비스와 물류 코스트의 트레이드 오프

② 물류 서비스를 구성하는 각 개별기능간(운송, 보관, 하역, 포장, 유통가공, 정보)의 트레이드 오프

③ 물류비용을 구성하는 각 개별 비용간의 트레이드 오프

④ 각 개별 기능과 각 개별 비용간의 트레이드 오프

8) 트레이드 오프 :
- 물가등귀와 실업률에서처럼 한쪽을 추구하면, 다른 쪽을 희생할 수밖에 없는 딜레마.
- 한 부문의 높은 비용은 다른 부문의 낮은 비용과 이익 증대에 의해 상쇄되는 활동 관계간의 상호작용(종합적 최적화를 고려)
- 물류 합리화는 물류활동에서 인터페이스하고 있는 활동 상호간, 나아가 기업활동과 외부요인과의 관련에서 총비용 접근에 의해 총물류비의 절감을 도모

Chapter 3

국내외 현황과 비전[9)]

9) 건설교통부, 국가물류기본계획(2001~2020).

1 국내·외 물류체계 현황 및 문제점

1) 물류시설의 공급부족

(1) 사회간접자본시설의 부족

도로, 철도, 항만, 공항 등 사회간접자본의 부족으로 증가하는 물동량을 원활히 처리하지 못하고 있다.

① 도로혼잡구간 증가 : 262km ('86년) → 4,323km ('97)
② 철도 : '94부터 주요 간선철도가 한계용량에 도달
③ 항만적체증가 : 43백만톤 ('86) → 167백만톤 ('97)
④ 공항 : 화물터미널 부족으로 계류장에 화물을 야적

(2) 거점연계수송체계의 미비

① 물류거점으로 활용될 수 있는 화물터미널, 집·배송 단지 등의 확충이 미흡하고, 기존화물터미널은 환적·보관기능보다는 알선대기를 위한 주차장 기능을 수행하고 있다.

② 경박단소(輕薄短小)한 고부가가치 상품의 항공수송의존 증대로 항공화물터미널이 부족하다.

③ 물류시설의 명칭과 기능이 혼재되어 있고 상호계열화가 미약하다.

<표 3-1> 국내선 공항별 이용현황 (화물)

구분	1996	1997	1998	1999	2000	2001	2002	2003	2004	2005	2006	연평균 증가율
김포	245	269	251	277	306	300	302	290	292	263	252	0.29
부산	144	151	138	149	167	153	144	127	117	100	87	△4.95
제주	249	283	271	284	313	323	330	333	320	309	302	1.93
대구	16	15	12	15	17	17	18	19	20	17	16	0.16
광주	27	29	28	31	30	31	30	33	27	23	22	△1.73
청주	0	3	8	12	15	17	19	21	18	12	12	15.73
울산	3	4	2	5	4	4	5	5	6	4	4	3.73
여수	4	5	3	3	3	3	2	2	2	2	2	△4.73
목포	2	1	1	1	1	1	1	0	0	0	0	
사천	5	5	4	4	4	4	3	3	3	2	2	△10.71
포항	3	3	3	2	2	2	2	2	2	2	1	2.69
군산	2	3	2	2	2	3	2	2	2	2	2	0.91
원주	0	0	0	0	0	0	0	0	1	0	1	2.69
인천	0	0	0	0	0	4	6	6	7	6	7	11.90
양양	0	0	0	0	0	0	1	1	0	0	0	
예천	1	1	0	0	0	0	0	0	0	0	0	
강릉	2	2	2	2	2	2	0	0	0	0	0	
속초	1	1	1	1	0	0	0	0	0	0	0	
계	703	775	727	787	868	862	865	845	818	745	710	0.11

자료 : 건설교통부, 항공정책국 (2006. 6). 2006년은 추정치.

<표 3-2> 물류시설 주관부처

소관 부처명	주요 물류시설
건설교통부	화물터미널, ICD, 유통단지, 창고시설, 도시물류시설, 경인운하
산업자원부	집배송센터, 공동집배송단지, 파이프라인
해양수산부	항만 및 배후부지, 수산물유통센터, 연안해송시설
농 림 부	농·수·축산물 종합유통센터, 농산물도매시장·공판장 등
보건복지부	의약품공동물류센터
철 도 청	CY, 철도종합물류기지, 양회 Silo 등

2) 물류시설의 비효율적 운영

(1) 물류정보화 미흡

① 항만물류정보망·통관망·무역망·금융망 등 기관별·기업별 시스템이 연계되어 있으나 업무 전반에 걸친 정보공유체계가 미흡하다.[10)]

② 대부분의 중소운송업체가 거의 전화나 FAX에 의존하는 등 물류정보 네트워크가 구축되어 있지 않아 불필요한 시간낭비와 교통량이 유발되고 있다.

(2) 물류표준화에 대한 인식 부족

① 물류활동의 기계화·자동화, 일관수송을 위한 표준팔레트 사용률이 선진국에 비해 저조하다.

<표 3-3> 주요국가의 표준팔레트 보급률

구분	한국	일본	유럽	미국
보급률	16.8%	35%	90%	60%
팔레트규격 (단위:mm)	1,100×1,100	1,100×1,100	800×1,200 , 1,000×1,200	1,016×1,219

자료 : 한국팔레트협회, 팔레트의 생산 및 사용실태보고서, 1997.

② 물류장비·기기·정보시스템의 표준화의 추진이 미흡하다.

10) 한국물류정보통신(KL-Net), 한국무역정보통신(KT-NET), 철도운영정보시스템(KROIS) 독자시스템 개발.

(3) 물류기계화·자동화를 위한 물류기술 개발 저조

① 선진국의 경우 기업 간 경쟁의 격화, 노동력 부족현상의 심화, 산업재해 감소를 위한 무인자동화 요구, 환경 친화적 물류체계의 요구 등의 이유로 물류기술개발을 위해 체계적으로 지원하고 있다.[11]

<표 3-4> 일본의 10대 차세대 물류기술

연구주제군	주 요 내 용
정보기술	• 물류정보 공용 데이터베이스 • 물류정보교환네트워크(도시 물류시스템의 구축 등) • 정보시스템 연계 - 전자상거래(EC : Electronic Commerce) - 물류연계시스템의 프로토콜 개발 등
수송·하역기술	• 무인반송기술(트레일러 시스템의 개발 등) • 자동인식기술(수송기기의 자동인식에 관한 연구 등)
과제대응형	• 물류 결절점의 효율화(결절점·수요지간 반송시스템의 구축 등) • 단말 물류의 효율화(최종이용자 무인 집배시스템의 연구·개발) • 긴급시의 물류(위험물 수송관리 방식의 표준화 책정 등) • 회수물류시스템(상품회수시스템의 구축 등) • 기타 과제(환경을 고려한 물류시스템의 구축 등)

자료 : 일본 차세대물류시스템의 조사연구회, 1998

② 우리나라의 경우 기초기술에 대한 투자기피로 체계적인 물류기술 개발계획이 미흡하다.

11) 미국은 국가교통과학기술계획을 수립(1997)하여 2004년까지 4,743백만달러 투자, 일본은 차세대물류시스템 조사연구(1999)를 통해 10대 차세대 물류기술 개발.

(3) 복잡한 유통구조

① 선진국의 경우 물류비 절감 및 고객서비스 제고를 위하여 물류전문업체(예, 제3자 물류)와의 전략적 제휴로 유통단계를 축소하고 있다.

i) 90년대 이전 : 생산업체 - 물류업체 - 유통업체 - 물류업체 - 소비자
ii) 90년대 이후 : 생산업체 - 물류전문업체 - 소비자[12)]

② 우리나라의 경우, 물류사업자의 영세성, 기업 간 정보공유 거부, 내부거래를 통한 세금탈루 등을 이유로 제조업체가 창고시설, 수·배송차량 관리까지 부담하는 후진적 유통구조를 유지하고 있다.[13)]

③ 특히, 중소유통업체의 경우 공동구매를 통한 구매력(Bargaining Power) 확보, 업체간 체인화를 통한 공동물류체계 구축이 필수적이나 조직화된 점포수(56,462개)가 전체점포수의 7.4%에 불과하다.

4) 물류산업의 낙후

물류산업에는 화물의 운송·보관·하역·포장 및 이와 관련된 정보 처리업이 포함되며, 다른 산업의 요구에 의해 발생되는 유발수요산업, 제조업 지원 서비스산업, 개인사업자 비중이 높은 영세산업 이라는 특징을 가지고 있다.

(1) 화물운송사업의 후진성

① 국토면적이 좁고 도로망이 발달하였으며 대규모 고정자본 투자 없이 문전운송이 가능하기 때문에 국내기업은 화물운송의 대부분을 화물자동차에 편중의존(92%)하고 있다.

② 화물자동차로 국내 물동량의 대부분을 처리함에도 불구하고, 사업규모가 영세

---

12) 미국기업의 65%(1999), 유럽기업의 76%(1996)가 제3자 물류 이용.

13) 우리나라 제조업체의 자가용화물차 이용비율은 76.7%에 달하고 있는데, 미국의 경우 기업 간 정보공유·전략적 제휴를 통한 공급체인관리(SCM)의 도입으로 재고사이클타임을 75% 단축하고, 상품의 소비자가격을 5.7% 절감할 수 있었음.

하며, 사업용 화물차의 90% 이상(약13만대)이 지입제[14]로 운영되고 있다.[15]

③ 다빈도·소량 배송수요의 확산 및 전자상거래의 발달로 택배사업의 경우 매년 40 ~50%로 시장규모 성장하고 있다(1조원(2000년)→3.8조원(2013년)). 국내 택배사업의 국제경쟁력 제고를 위해서는 권역별 집·배송시설, 전국적·세계적 화물추적시스템 구축, 신뢰성 있는 소비자 보호 장치가 요구된다.

(2) 보관 / 재고관리 사업

① 보관은 재화와 용역의 '시간적 간격'을 조절하여 생산과 소비를 연결시키는 활동을 말하며, 기본시설은 '창고'이다. 창고의 기능이 과거 단순 보관시설(Storage)에서 재고관리·유통가공 기능까지 수행하는 유통창고(Warehouse)로 전환되고 있다.

② 우리나라 창고의 주 기능은 '보관'이며, 그나마 선진국에 비하여 규모가 영세하고 기계화된 현대식 냉동·냉장창고가 부족하다.

<표 3-5> 한국과 일본의 물류시설비교

구 분	한 국 (A)	일 본 (B)	B / A
터미널수(개수)	46(1997)	1,704(1994)	37.0 배
창고면적(천평)	645(1997)	7,127(1996)	35.4 배
출 하 량(억톤)	10.2(1995)	36.1(1990)	3.5 배

자료 : 1) 건설교통부, 『건설교통통계연보』, 각년도,
2) 일본, 『물류연감』, 각년도

③ 또한 대부분 창고가 하역장비의 부족, 창고자동화·정보화시스템의 미비로 입체 랙창고가 아닌 평면창고로 운영하고 있다.[16]

14) 지입제란 사업면허기준대수(현재 5대)를 보유하지 못한 화물차주(지입차주)가 명의보유 사업자에게 명의(면허권)를 빌리는 대가로 차량관리비 명목의 지입료(약15만원/1대)를 납부하는 사업형태를 말함.
15) 화물자동차업체 전체 중 97.3%가 5대 미만의 차량을 보유하고 있음(일본 19.8%).

(3) 하역시스템의 낮은 생산성

① 하역작업의 인력의존도가 높아 화물파손율, 하역차량의 대기, 재고 증가, 창고 부족과 금융비용 증가로 이어져 하역생산성이 낮다.[17]

② 부산항의 경우 창고 및 화물의 부두관리는 부두관리협회에서, 부두작업은 하역회사에서 담당하는 이원적 작업체제이다.

③ 항만을 벗어난 영업용/자가용 보세장치장에서 하차·입고 시까지 항운근로자들이 하역작업 함으로써 작업지연, 중기사용료의 이중부담, 화물의 파손·멸실 시 책임소재 불명확 등 비효율적 운영문제를 발생한다.

④ 표준규격에 부합하지 않는 팔레트와 컨테이너를 임의 제작하여 사용하고 있어 표준화를 통한 물류합리화를 저해한다.

(4) 포장산업의 발달 미흡

① 포장은 상품가치의 보호, 취급용이성 제고, 제품정보의 전달, 시각구매 유발 등을 위한 물류과정 상의 제품관리기법을 말한다.

② 포장업체 수는 총 3,902개이며, 포장산업은 제조업체 생산액의 2.4%를 차지하고 있다(1998기준).

<표 3-6> 포장산업 변화추이

구분	1995	1996	1997	1998
생산액 (억원)	3,902개	78,021	108,645	102,746
사업체수 (개)	4,292	4,590	4,568	3,902

자료 : 한국포장개발연구원, 포장산업실태조사 및 발전방향, 2000.

---

16) 랙시스템 창고 등 자동화창고의 보유율은 10%이며, 창고비용 중 인건비가 51.9%, 감가상각비가 22.8%, 유지비가 18.3%를 차지하는 노후시설이다.

17) 인력의존도가 60%이상인 기업이 전체의 60%이며, 화물파손율(1990)은 평균 0.83% 특히 전기·전자제품은 1.42%에 달한다(한국무역협회, 수출기업의 물류합리화방안, 1991).

③ 선진국의 경우 교역증가·국민소득 증가·환경친화 요구로 포장의 고급화 및 기능성 포장(선도유지, 방균성, 내열성 등)추세이다. 특히 물류비 절감과 일관 물류시스템구축의 기초전제가 되므로 포장규격 표준화, 포장기술의 자동화·전산화를 추진 중에 있다.

④ 우리나라의 포장산업의 경우

i) 친환경 포장재 개발, 포장자동화기술 등 체계적인 기술개발 미흡

ii) 포장규격이 일정하지 않아, 팔레트, 컨테이너 등 표준화사업을 통한 유닛로드시스템 정착을 저해[18)]

iii) 포장라인의 수작업 의존도가 높음 (30.6%가 모두 수작업으로 포장)

(6) 상대적으로 높은 국가물류비

① 상기 이유로 인하여 우리나라의 연간 물류비는 1998년 기준으로 74.2조원에 달하며, 이는 국내총생산(GDP)의 16.5%로써 GDP대비 비중이 선진국 대비 1.5배 수준[19)]이다.

② 국가물류비 구성요소 분석(1998)에 따르면, 수송비가 전체물류비에서 차지하는 비중이 67.7%로 가장 높고, 선진국과 비교할 때 수송비가 과다 지출되고 있다(미국 59.6%).

---

18) 기업의 KS포장규격 사용비율은 7.7%에 불과하며, 그 이유는 주문생산(30.3%), 제품이 미규격화(26.8%), 낱개상품 크기에 따른 포장규격의 결정(26.1%) 순임(대한상의, 기업물류관리실태, 1997).

19) 미국 : 10.1%('98), 일본 : 9.5%('95)

<표 3-7> 물류비 기능별 비중

구분	수송비	보관/하역/포장/정보비					일반 관리비
		계	보관비	포장비	하역비	물류정보비	
한국	67.7%	28%	20.2%	1.9%	1.3%	4.6%	4.3%
미국	59.6%	36.1%					4.3%

수송비 중에서 도로수송비가 60.5%를 점하고 있으며, 사업용 화물차의 비중이 수송효율이 낮은 자가용 화물차에 비해 낮다.

<표 3-8> 수송비 대비 수단별 비중

도 로			철 도	해 상	항 공	운송대행료
소계	(사업용)	(자가용)				
60.5%	(13.6%)	(46.9%)	1.2%	32.2%	5.1%	1.0%

2 물류환경의 여건변화 및 전망

1) 화물수송수요의 추이와 전망

(1) 국내화물의 수송수요

① 국내화물의 총 물동량은 1997년 2,532,762천톤에서 2020년 6,220,459천톤으로 2배 이상 증가할 것으로 전망된다.

② 수송수단별로 보면,

화물차 분담률은 91~92% 유지하여 대부분을 차지하고

항공·철도화물은 1997년에서 2020년 사이 각각 3.2배, 2.0배 증가할 것으로 예상된다.

<표 3-9> 국내화물 수송수요 및 전망

구분			2001	2006	2011	2020
국내화물	천톤	계	2,648,454	3,379,901	4,282,704	6,220,459
		도로	2,436,427	3,107,506	3,923,337	5,735,277
		철도	58,026	66,425	88,169	117,187
		항공	812	1,079	1,415	2,631
		해운	153,189	204,891	269,783	365,364
	백만톤·km	계	149,621	194,134	248,646	369,588
		도로	74,360	99,068	130,708	206,152
		철도	20,190	27,566	37,432	56,582
		항공	374	559	661	1,150
		해운	54,697	66,941	79,844	105,704

자료 : 1) 건설교통부, 국가기간교통망계획, 1999,
2) KOTI, 중부권·영남권 내륙화물기지 기본조사 설계, 1999,
3) 철도청, 고속철도와 기존철도의 직결운행에 대한 타당성조사, 1998,
4) 해양수산부, 항만기본계획재정비용역, 1999.

(2) 국제화물 수송수요

① 국제화물의 총물동량은 1997년 486,663천톤에서 2020년 1,265,563천톤으로 증가할 것으로 전망이다.

② 수송수단별로 보면

항공화물은 1997년 1,631천톤에서 2020년에는 4.0배 증가한 6,657천톤으로 증가하고, 해운화물은 1997년 485,032천톤에서 2020년에는 2.6배 증가한 1,258,906천톤으로 증가할 것으로 예상된다.

<표 3-10> 국제화물 수송수요 및 전망

구분			2001	2006	2011	2020
국제화물	천톤	계	570,593	724,319	896,195	1,265,563
		항공	1,996	2,884	3,901	6,657
		해운	568,597	721,435	892,294	1,258,906
	백만톤·km	계	4,747,774	5,651,098	6,841,984	9,706,701
		항공	12,160	15,863	22,470	47,414
		해운	4,735,614	5,635,235	6,819,514	9,659,287

자료 : 1) 건설교통부, 국가기간교통망계획, 1999,
2) 해양수산부, 항만기본계획재정비용역, 1999,
3) 해양수산부, Ocean Korea 21, 2000

2) 국내 · 외 물류여건변화

(1) 국내 물류여건의 변화

① 시간과 공간을 초월하여 정보의 이동이 가능한 디지털시대에는 신속·정확·저렴한 물류서비스가 경쟁력을 결정한다.

기업은 핵심역량만을 보유하고 주변역량을 Out-Sourcing 하는 「외부자원의 내부자원화」 선택이 불가피하다(예, 아마존 · Fedex 제휴).

② 다품종 · 소량 · 적기수송을 원하는 소비자 행태의 변화와 전자상거래의 급속한 확산으로

i) 생산자와 소비자를 직접 연결하여 유통단계가 대폭 축소되고

ii) 고객맞춤 물류서비스 제공을 위한 SCM(공급체인관리) 이용이 증가된다.

<표 3-11> 산업별 기업간 전자상거래규모 (거래액)

단위: 10억원

산업별	2003	2004	2005	2006
합계(B2B)	206,853	279,399	319,201	366,191
제조업	146,163	197,102	212,149	239,377
전기 · 가스 · 수도	2,289	3,657	5,186	8,552
건설업	9,665	16,097	24,047	29,335
도소매업	41,118	51,421	62,414	68,035
운수·통신업	4,690	6,306	7,919	11,861
기타 서비스업	2,931	4,818	7,487	9,033

자료 : 통계청, 2007.

③ 정부의 역할은 정보인프라의 구축과 거래의 공정성 확보, 소비자 보호를 위한 법과 제도의 정비 등 민간 부문이 수행하기 어려운 분야로 최소화된다.

(2) 국제물류환경의 변화

① 중국시장 개방, 대륙횡단철도(TSR · TCR 등), 아시안 하이웨이(Asian Highway)의 이용가능성 증대로 우리나라가 동북아 중심지로 발전할 수 있는 잠재력이 증가한다.

② 물류업의 영역이 단순한 수송 · 보관 등에서 조립 · 가공을 겸한 부가가치 물류로 확대되고, 물류업이 전체 산업구조에서 차지하는 위상이 높아진다.[20)]

③ 선진국의 물류정책은 규제완화, 물류Infra 확충, 정보화 · 표준화를 통한 물류시스템의 고도화, 환경과 안전을 중시하는 추세를 보이고 있다.

④ 2007년 4월부터, 무기제조나 전쟁물자로 전용될 가능성이 있는 품목들은 수출업자 뿐만 아니라 제조자 및 수입자에게도 확인·신고·통보가 의무화 되었다. 우리나라의 경우 전략물자관리원이 담당하고 있으며, www.YesTrade.go.kr을 통하여 온라인상에서도 기본적인 업무처리가 가능하다.[21)]

<표 3-12> 선진국의 물류정책기조의 특징

구분	물류정책기조	주요 추진내용
미국	시장경제형	○ 자유경쟁, 환경 · 안전중시
일본	국가주도형	○ 물류기술현대화, 정보화, 환경 · 안전화 ○ 허브공항 · 항만 건설
네덜란드	국가성장전략형	○ 외국투자유치, 허브공항 · 항만 건설 ○ 기업간 · 국가간 정보망 구축, 유럽표준화
싱가포르	국가생존전략형	○ 수요에 앞서가는 기반시설의 확충 ○ 자유무역지대 도입

자료 : 교통개발연구원, 21세기 물류비전과 전략, 2000.

---

20) 미국의 경우 "부가가치를 높이는 물류창고는 미래형태의 공장(Warehouse for value-added logistics is the futural plant) " 이라고 하며 물류산업의 중요성을 강조하고 있다.
21) 전략물자관리원(2007), 전략물자 수출통제, pp.57~58.

3 21세기 물류의 비전과 목표

1) 21세기 물류의 비전

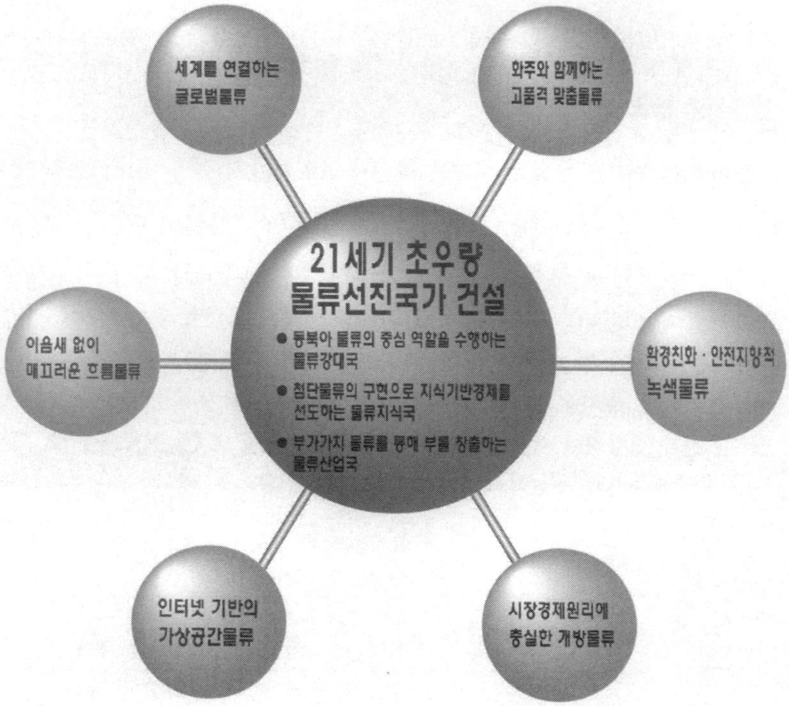

【그림 3-1】 21세기 물류 비전

<표 3-13> 이상적인 물류

주 제	내 용
세계를 연결하는 글로벌 물류 (Global Logistics)	ㅇ 동북아·동남아 지역의 물류Hub 구축 ㅇ 북미·유럽과의 국제교역에 있어 동북아의 물류관문으로서의 위상 확립
고품격 고객맞춤서비스 물류 (Custom-made Logistics)	ㅇ 기업간 전략적 제휴를 통한 고품격의 토탈물류서비스의 제공 ㅇ 고객의 요구에 따라 신속히 변화하는 화주 만족형 서비스 제공
이음새 없이 매끄러운 흐름 물류 (Seamless Logistics)	ㅇ 소량·다빈도의 물류수요에 대응 ㅇ 복합일관수송에 의한 고밀도의 수송체계 구현
인터넷기반의 가상공간 물류 (Cyber Logistics)	ㅇ 전자상거래시대에 대비한 물류정보화·표준화·공동화를 추진 ㅇ 물류거래·정보제공 등 One Stop Service 제공
시장경제원리에 충실한 개방 물류 (Open Logistics)	ㅇ 기업환경의 글로벌에 발맞춘 개방적 제도 마련 ㅇ 국제 감각을 지닌 물류인력의 전문화
환경친화·안전지향적 녹색 물류 (Green Logistics)	ㅇ 안전한 화물운송을 위한 인간 중심의 물류시스템 구축 ㅇ 환경친화형 물류기술의 개발

(2) 지표로 본 계획목표

<표 3-14> 지표로 본 계획목표

구　　분	2010년	2020년
◦ 물동량 (백만톤)	5,178	7,486
◦ 물동량 (10억톤 · km)	7,090	10,076
◦ 물류시설규모 (천평)	4,410	6,000
◦ 철도의 지역간 수송분담율 (%) (톤 · km)	15.5	20.3
◦ 해운의 지역간 수송분담율 (%) (톤 · km)	36.0	38.1
◦ 컨테이너 환적물동량 (TEU)	4,714	12,146
◦ GDP대비 물류비 (%)	12.5	10.0
◦ 표준팔레트 보급률 (%)	30	60
◦ 물류업무의 전산화 (%)	50	70
◦ 물류바코드이용 (%)	60	90
◦ 물류 EDI이용 (%)	70	90
◦ 제3자 물류 적용 비중 (%)	50	70
◦ 입출항 서류수 간소화	5	1
◦ 물류공동화 (%)	20	50
◦ 화물자동차 공차거리율 (%)	20	10

4 국가물류기본계획의 추진목표 및 전략

<국가물류기본계획의 5대 목표>

- 물류강국을 지향하는 물류 간선네트워크의 구축
- 물류부문의 하드웨어와 소프트웨어의 유기적 조화를 위한 물류기술의 고도화
- 물류산업의 체질개선을 통한 국제경쟁력 강화
- 안전과 환경을 고려한 환경친화형 물류환경의 조성
- 세계를 지향하는 국제 물류네트워크의 구축

1) 물류강국을 지향하는 물류 간선네트워크의 구축

① 경제권역별·산업특성별 물류거점시설의 합리적 배치

i) Hub and Spoke 물류네트워크 구축을 위하여 전국 5대 권역에 복합화물터미널·내륙컨테이너기지(Inland Container Depot)를 건설한다.

ii) 공산품·농산물의 공동 집하·보관·가공·포장·배송하기 위한 공동 집·배송단지 및 농수산물 거점물류센터를 조성한다.

iii) 물류시설의 원활한 공급과 합리적 배치를 위한 유통단지망을 구성한다.

② 도시 내 물류시설의 체계적 정비를 위한 도시물류체계 정비

i) 도시교통 혼잡완화를 위한 물류기반시설을 확충한다.

ii) 도시 내 물류시설의 합리적 배치로 화물운송을 합리화한다.

iii) 지방정부 시책사업을 추진하기 위한 물류관련 제도를 개선한다.

③ 범정부 차원에서 유관기관의 물류시설 확충계획 조정

i) 중복투자 예방 및 시설의 최적배치를 위한 지역별 물류거점 시설의 원단위 조사를 한다.

ii) 정부 각 부처별로 시행하는 물류시설 확충계획을 조정한다.

2) 물류부문의 하드웨어와 소프트웨어의 유기적 조화를 위한 물류기술의 고도화

① 정부·기업·개인 등 경제주체의 의사결정을 지원할 수 있는 사용자 중심의 종합적인 물류정보망 구축

i) 육상·해상·항공의 개별정보망과 항만물류정보·통관·무역 등 유관 정보망이 연계된 물류정보망을 구축한다.

ii) 정보기술의 활용, 정보통신 기반 및 정보통신서비스 연계이용 등을 위한 물류정보화 계획을 수립한다.

iii) 민간기업의 물류정보화를 지원한다.

② 물류시설·장비의 이용효율 향상과 노동생산성의 향상을 위하여 국내·국제적인 물류표준화 추진

i) 일관수송시스템 구축을 위한 물류장비·기기 및 정보시스템의 표준화를 추진한다.

ii) 물류표준화 정책 추진기관간 공동목표 설정하며 역할분담을 확립한다.

iii) 「국가물류표준화추진계획」을 수립한다.

③ 경제적 파급효과가 큰 미래형 물류기술의 개발·보급

i) 첨단 IT기술을 활용한 차세대 물류정보화 기술을 개발·지원한다.

ii) 체계적인 물류기술 R&D사업을 추진한다.

iii) 체계적인 물류기술개발을 위한 「물류기술개발계획」을 수립한다.

iv) 첨단 물류기술, 혁신기법을 동반하는 외국인투자 유치를 촉진한다.

3) 물류산업의 체질개선을 통한 국제경쟁력 강화

① 물류산업의 국제경쟁력 제고를 위한 기반조성

i) 철도·연안해송을 활성화하여 도로편중 화물수송 분담구조를 개선한다.

ii) 화물운송업의 자유로운 경쟁을 저해하는 경제적 규제 최소화 및 소비자보호 등 사회적 규제를 강화한다.

iii) 화물터미널 확충, 정보망 구축 등 국내업체의 운송효율성 제고를 위한 물류 인프라를 구축한다.

② 단순보관창고(Storage)의 종합유통창고(Warehouse)로의 전환을 지원하여 창고·보관시스템의 합리화

i) 창고이용 최적화를 위한 창고자동화를 추진한다.

ii) 효율적 집·배송 및 재고관리기능을 수행하는 유통창고를 확충한다.

③ 하역작업의 생산성 제고를 위한 기계화 촉진

i) 부두관리와 부두작업을 일원화한다.

ii) 하역작업 효율화를 위한 노무공급제도 개선을 추진한다.

④ 포장의 단위규격화 추진

i) 신포장재료·포장기기 개발 및 포장라인의 자동화 및 전산화를 추진한다.

ii) 표준팔레트를 고려한 포장치수의 표준화 및 규격화를 추진한다.

4) 환경친화형 물류환경의 조성

① 환경친화형 지하물류시스템의 확충

i) 정유, 액화가스 등 석유류의 안전한 수송을 위한 파이프라인 수송망 체계를 확립한다.

ii) 지하철·지하차고지 등 지하공간을 활용한 폐기물·소화물 운송시스템을 구축한다.

② 유해물질·폐기물 등 위험물의 수송관리 강화

i) 상수원 보호구역, 인구밀집 지역 보호를 위한 「위험물 수송금지구역」을 설정한다.

ii) 유류, 탱크로리, 유독물, 화약류, 방사성 물질 등 위험물 운반차량에 대하여 첨단화물운송시스템 (CVO)을 통한 지속적인 모니터링체계를 구축한다.

iii) 체계적인 위험물 관리를 위한 법령을 정비한다.

③ 환경보호를 위하여 재사용가능 (Returnable) 팔레트와 컨테이너의 사용 확대

5) 세계를 지향하는 국제 물류네트워크의 구축

① 중추공항과 항만 등 국제적 물류기반시설의 확충

i) 인천국제공항, 김포공항에 Air Cargo Complex 조성하여 국제 환적화물 처리 능력을 확충한다.

ii) 부산항·광양항 등 주요항만을 고부가가치 창출을 할 수 있는 현대식 Penta-Port로 전환한다.[22)]

② 남·북한의 경제적 통일을 대비한 물류기반 조성

i) 남·북한 화물교류 애로를 개선한다.

ii) 북한 지역을 포함한 한반도 종합물류운영체계 구축기반을 조성한다.

③ 선진물류기업이 자유롭게 활동할 수 있는 개방적인 영업활동 터전을 제공한다.

i) 주요 공·항만 주변을 관세자유지역·외국인투자지역으로 지정·운영한다.

ii) 수출입 화물의 신속한 처리를 위한 통관제도를 개선한다.

iii) 동북아 단일 운송시장을 위한 물류망 구축계획을 수립한다.

iv) 세계와 경쟁할 수 있는 물류전문인력을 확보한다.

---

22) Penta-Port : Sea port, Airport, Teleport, Business port, Leisure port

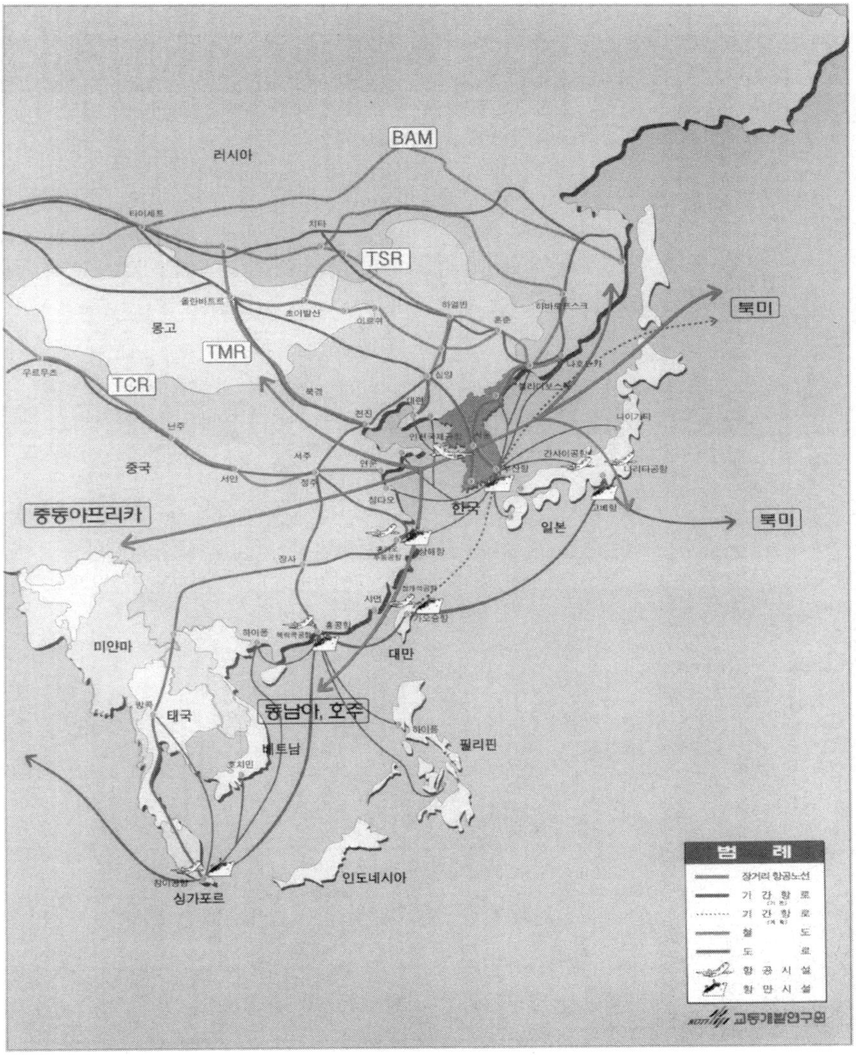

【그림 5-2】 2020년 국제 물류네트워크 전망도

<표 3-15> 주요 물류시설의 기능

시 설 명	기 능
화물터미널	화물의 집화·하역·분류·포장 또는 통관 등에 필요한 기능을 갖춘 시설물 ※ 복합화물터미널 : 두 종류 이상의 운송수단 간의 연계수송을 할 수 있는 규모 및 시설을 갖춘 화물터미널
ICD	내륙컨테이너기지(Inland Container Depot)의 약칭, 항만과 내륙운송수단과 연계가 편리한 산업지역에 위치한 컨테이너 집하·혼재를 위한 하치장을 말하며 컨테이너 장치·보관기능, 집하·분류기능 및 통관기능을 담당
창고	물건의 멸실·훼손을 방지하기 위한 보관시설 또는 보관장소
집배송센터	유통사업자 또는 제조업자의 사용에 제공하기 위하여 집·배송시설 및 관련 업무시설 또는 판매시설을 갖추어 조성한 시설물
공동집배송단지	집배송센터 (판매시설을 갖춘 집배송센터는 제외)를 집단적으로 설치하여 다수의 유통사업자 또는 제조업자가 시설물의 전부 또는 일부를 공동으로 사용할 수 있도록 조성한 단지
유통단지	유통시설 (화물터미널, 집배송단지, 도소매단지, 농수산물도소매단지)과 지원시설 (가공제조시설, 정보처리시설, 금융·보험·의료·교육·연구시설 및 편의시설)을 집단적으로 설치·육성하기 위하여 지정·개발하는 일단의 토지
농수산물 종합유통센터	농수산물의 수집·포장·가공·보관·수송·판매 및 그 정보처리 등 농수산물의 물류활동에 필요한 시설과 이에 관련된 업무시설을 갖춘 사업장
농수산물 도매시장	농수산물을 도매하기 위하여 특별시장, 광역시장, 시장이 관할구역에 개설하는 시장
농수산물 공판장	농·림·축·수협 조합과 중앙회 또는 공익법인이 농수산물을 판매하기 위하여 개설·운영하는 사업장
CY	Container Yard의 약칭. 컨테이너를 보관·집하·배송 등을 하는 장소
철도종합 물류기지	철도와 연계하여 가능한 화물의 집하, 분류, 보관 또는 통관 등의 시설을 갖춘 철도시설
양회싸이로기지	역구내에 벌크양회를 집화, 배송할 수 있도록 만든 시설

Chapter 4

디지털경제와 전자거래

1 디지털경제의 의의[23)]

디지털경제와 인터넷의 개념은 이미 수년 전부터 소개되고 논의되어 왔다. 또한 디지털경제로의 전환에 핵심이 되는 디지털기술은 지난 60년대부터 지속적으로 발전하고 있으며, 컴퓨터 역시 더 이상 새로운 발명으로 취급되지 않을 정도로 일반화되었다. 그럼에도 불구하고 디지털경제가 새삼 더욱 중요하게 부각되는 데에는 여러 가지 이유가 있을 것이다.

이 중 가장 중요한 측면은 지난 수년간 이루어진 인터넷의 폭발적인 확산을 들 수 있다. 인터넷의 확산은 디지털경제의 중심에 있는 정보네트워크가 세계적인 차원으로 확대됨을 의미한다. 다시 말하면 그 동안 개별적으로만 활용되던 디지털기기들이 세계적인 네트워크로 연결됨으로써 경제뿐만 아니라 정치, 사회, 문화, 더 나아가 우리의 삶 자체에까지 영향을 미치기 시작한 것이다.

결국 디지털경제는 단순히 디지털기술을 활용한 컴퓨터나 이동전화, 디지털 TV 등 개

23) 박기홍 외(2000), 디지털경제와 인터넷 혁명, 산업연구원

별 제품에서의 혁신을 훨씬 뛰어 넘는 개념이다. 이들 제품들이 세계적인 네트워크로 연결되어 새로운 정보유통 채널을 형성함으로써 경제 질서 자체가 혁명적으로 변화하는 추세를 일컫는다고 할 수 있다. 이런 점에서 본다면 인터넷의 확산은 디지털경제를 산업사회와 구분 짓는 혁명적인 변화로 발전시키는 출발점이라고 하겠다.

언제, 어디서나, 누구와도, 어떤 정보이든 서로 교환할 수 있는 정보네트워크의 형성은 우리가 상상하기 어려운 경제사회 질서의 변화를 의미한다. 정보전달의 속도와 범위는 경제적으로 생산성 향상으로 연결될 뿐만 아니라 정치, 사회, 문화 등 삶의 모든 부문에 영향을 미치게 되기 때문이다. 이런 이유로 1996년에 「디지털경제」를 저술한 탭스코트(Tapscott)는 디지털혁명을 언어의 발견에 비견될 수 있는 새로운 대화방식의 발견으로 요약하기도 한다.

이렇게 본다면 디지털경제라는 개념은 디지털기술을 직접 생산하는 전자, 정보, 통신산업, 그리고 이 기술을 활용하는 일부 제조업과 서비스산업과 관련하여서만 의미를 갖는 것이 아니다. 오히려 언제, 어디서나, 누구와도, 대량의 정보를 교환하는 것이 가능한 정보네트워크의 형성으로 인해 경제활동의 합리성을 결정하는 원리 자체가 근본적으로 달라지는 경제시스템 전반의 변화로 이해하여야 하며, 이러한 현상들은 이미 광범위하게 나타나고 있다. 또한 이러한 경제 질서의 변화는 정치, 사회, 문화 등 삶의 모든 면에서 새로운 질서와 변화가 구축되어 가는 것으로까지 연결되고 있다고 하겠다.

따라서 디지털경제는 단순히 디지털기술을 생산·활용한 산업이나 제품을 지칭하는 것이 아니라 디지털기술과 인터넷의 확산에 의해 촉발되어 구체화되기 시작한 새로운 경제패러다임, 더 나아가 사회질서를 총칭하는 것이라고 할 수 있다.

디지털의 원래 의미는 연속적인 아날로그 신호를 0과 1의 조합으로 나타내는 기술적인 개념이다. 아날로그 값인 음성, 문자, 영상 등 자연신호를 디지털 값으로 변환함으로써 신호 또는 정보의 전달, 처리, 활용 등에서 획기적인 발전이 이루어지게 되었다. 특히 디지털기술은 여러 가지 신호를 동일한 기기로 처리할 수 있고, 가공과 변형이 용이하며,

복사하거나 반복하여 사용하더라도 원형을 그대로 유지할 수 있는 장점을 가지고 있다. 또한 물리법칙이 아닌 수학적인 원리에 의해 신호처리가 이루어지는 만큼 다양한 분야에서의 응용과 활용이 가능하다.

디지털경제는 이러한 디지털기술의 발전과 이를 활용한 기술혁신에 기초하고 있다. 디지털기술의 발전이 디지털경제라는 새로운 경제 질서로 연결되는 과정은 대체로 다음의 5가지 경로로 설명될 수 있다.

즉, 컴퓨터와 반도체의 발전으로 디지털정보를 처리할 수 있는 단말기가 개발되고, 이들 정보를 대량으로 빠르게 전달할 수 있는 정보통신망이 형성됨으로써 정보네트워크의 근간이 이루어지고 있다. 인터넷은 이들 정보네트워크를 세계적으로 연결하는 구실을 하며, 인터넷에 기반한 각종 서비스들이 생김으로써 경제 질서의 변혁이 더욱 촉발되고 있다. 한편, 단말기의 경우 PC, 디지털 TV, 이동전화, PDA 등 다양한 형태의 디지털 정보기기들이 하나로 통합되어 사람들이 쉽게 사용할 수 있는 단말기로 발전을 거듭함으로써 디지털경제시대가 성숙될 것으로 예상된다.

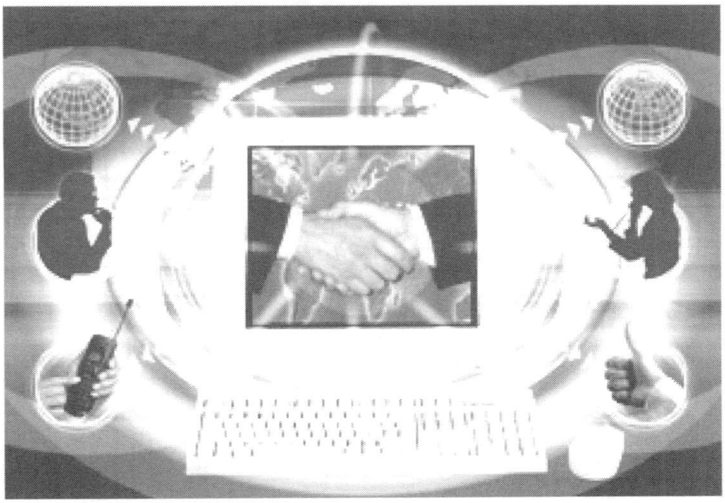

모두가 알다시피, 인터넷은 1994년 상업적인 이용이 시작된 이후 폭발적인 확대추세를 보이고 있다. 이를 배경으로 인터넷과 관련된 비즈니스도 폭발적으로 확대되고 있고, 기존의 산업들도 인터넷을 기반으로 하는 형태로 급속히 변화하고 있다. 인터넷 관련 비즈니스로는 가장 대표적인 것이 전자상거래이다. 이를 좀 더 구체적으로 보면 각종 정보를 수집, 가공하여 인터넷을 통해 제공하는 정보가공, 특정 수요자가 필요로 하는 특정한 정보 제공, 홈 페이지 구축, 소비자와의 직접적인 상거래 연결, 기업간의 효율적인 거래 알선 등을 들 수 있다.

그러나 이러한 인터넷 비즈니스는 아직까지 초기단계에 불과하다. 앞으로 어떤 형태의 경제행위가 인터넷을 통해 이루어지게 될지는 예측하는 것조차 쉽지 않다. 특히 최근 들어서는 경제의 거의 모든 분야에서 인터넷을 활용하기 위한 노력을 계속하는 만큼 인터넷 관련 비즈니스는 그 범위와 형태가 계속 확대되고, 중요성이 커질 것으로 예견된다.

2 Invisible Continent[24)]

세계적인 경영 정책 컨설턴트인 오마에켄이치(大前研一)는, 오늘날 기업이 활동하고 있는 세계에서 획기적으로 무형성이 강조되어 마치 새로운 대륙이 발견되는 바와 비견될 만큼 과거와 달라진다고 그의 저서 Invisible Continent에서 설명하고 있다. 오마에는 4가지 차원(dimensions)으로 이 신대륙을 설명하고 영어와 표준화를 대륙으로 출발하는 플랫폼으로 설정하고 있다. 즉 보이지 않는 대륙이란 디지털화된 미래사회, 급격한 IT의 발전에 대한 은유적인 표현으로, 디지털 경제와 로지스틱스의 전자화(電子化)는 물론 다음 장의 IT와 로지스틱스를 이해하는 데에도 도움이 될 것이다.

첫째는 보이지 않는 신대륙에서 볼 수 있는 대상들에 관한 것으로 물리적인 구매와 생산과정은 변함없이 존재할 것이라는 점이다. 즉, 모든 것이 사이버공간에서만 이루어지지 않을 것이라는데 안도해야한다는 내용이다. 제빵업자는 여전히 빵을 만들 것이며 배달트럭은 여전히 거리를 덜컹거리며 돌아다닐 것이다. 우리의 일상생활에서 친숙한 많은 부분들이 여전히 존재할 것이다. 만약 우리가 옳은 방향으로 신대륙을 개척하고 경영한다면 이전부터 우리에게 친숙한 이러한 것들이 더 증가할 것이라고 예상할 수 있다. 변화하는 것도 물론 있을 것이라고 예상된다. 배달트럭들은 아마도 위성 네비게이션 시스템에 의해 통제되어 운전사가 없을 수도 있으며, 연료는 수소를 사용하고 있을 지도 모른다.

두 번째는 오마에가 예부터 애착을 가지고 있는 국경 없는 세계에 관한 것이다. 미국 주식회사나 일본주식회사의 개념과는 다른 것으로써 이커머스(e-commerce)의 무한영역에 대한 개념이다. 우리가 받아보는 이메일에서 알 수 있듯이 거기에는 이것이 어느 나라에서 온 것이라는 표시가 없다. 또한 오늘날 지식노동자는 어느 나라 어느 곳에서나 일할 수 있으면 그렇게 하고 있다. 금융업자들은 최고의 이윤이 있는 곳이면 어디라도

24) Ohmae, Kenichi(2000), The Invisible Continent, Nicholas Brealey.

그들의 자본을 끌어간다. 애국을 이유로 기업에게 모국에서 운용하던 자본을 계속 유지해 달라고 정부가 설득하는 것은 이미 아무런 의미가 없어졌다. 왜냐면 개개인들의 저축조차도 여러 나라의 다양한 기업들에게 분산 투자되어 지고 있는 실정이기 때문이다. 예컨대 일본의 근로자들은 그들의 연금이 미국의 제너럴 일렉트릭이나 마이크로소프트에 투자되는 것을 원한다. 글로벌화는 불가피한 일이다. 글로벌화의 저항세력조차도 글로벌화에 대항하기 위해서 이메일과 이동전화들을 이용하여 그들의 세력을 규합하고 있다. 즉, 마지막 폐쇄지역인 북한을 비롯한 어떠한 국가나 기업도 더 이상 그들의 국경이나 경계선 안에서 피난처를 삼을 수는 없다.

오마에의 보이지 않는 대륙의 세 번째 차원은 사이버공간이다. 우리 모두는 이것이 무엇을 뜻하는지 알고 있다. 인터넷, 월드와이드웹, 이동통신은 더 저렴하고 더 편리해지면서 가일층 우리 일상의 한 부분으로 파고들고 있다. 이들 사이버공간을 무시한다면 비즈니스든 뭐든 기대할 수가 없다.

네 번째는 고질라처럼 거대한 하이테크기업의 세계이다. 여기서 그가 말하는 고질라는 다른 종자들과는 유전적으로 다른 일본영화에 나오는 괴물로 무엇이든 닥치는 대로 먹어치운다. 그가 기술한 바에 따르면 마이크로소프트, 오라클, 델, 시스코 등과 같은 회사가 고질라들이다. 반면에 IBM, 휴렛팩커드, 소니나 월마트 같은 전통의 강호들은 그들 또한 새로운 대륙을 찾아 고질라로 변하지 않고서는 이들과 경쟁할 수조차 없다고 주장한다. 사실 고질라에 속하는 아메리카 온라인(AOL)이 전통적인 기업이라 할 타임워너(Time Warner)를 합병했으며 이로써 과거에는 유형적이었던 타임워너의 활동들을 아메리카 온라인 고유의 사이버세계 속으로 편입시켰다. 이러한 합병이 가능한 근거는 이들 새로운 기업들의 주식은 높은 미래가치로 인하여 오히려 그들보다 전통 있고 규모도 큰 기업들의 주식을 사들일 수 있다는 것이다.

우리는 오마에가 이러한 보이지 않는 비즈니스 신대륙의 '플랫폼'이라고 부르는 것에 관심을 기울여야 한다. 국경을 넘어 만나고 무역거래를 하기 위해서는 우리에게 커뮤니

케이션의 방법들이 필요하다. 1887년 폴란드인 안과전문의인 루도비크 자멘호프 (Ludovik Zamenhof)박사에 의해 에스페란토가 고안되어졌다. 자멘호프박사는 이 언어를 세계의 모두가 제2언어로 학습하고 이를 통해서 하나가 되기를 희망했었다. 그의 생각은 100년이나 빠른 것으로 오늘날 우리에게는 제2언어로서 영어가 통용되고 있다. 냉전이 끝나고서 중국총리가 영국을 방문했을 때, '중국에는 전세계에서 영어를 모국어로 하는 인구보다도 많은 사람들이 영어를 공부하고 있다'고 했던 말에 귀 기울일 필요가 있다.

하지만 오마에가 뜻하는 또 다른 플랫폼이 있는데 이것은 전세계가 받아들일 수 있는 표준화의 중요성이다. 예를 들어 비자나 마스터카드, 페더럴 익스프레스나 UPS, 월드와이드웹은 정부가 그 명성을 얻어 준 것이 아니라 스스로가 신대륙의 개척자가 되어 업계의 표준으로 자리 잡은 경우이다. 오마에는 더 나아가 미국뿐 아니라 서로의 정책 결정에 크게 영향을 받는 나라 간에는 투표권의 일부분을 교환하는 것도 필요하다고 주장한다.

3 로지스틱스의 전자거래화[25)]

해운물류분야의 전자상거래는 이제 시작단계라고 할 수 있다. 이는 해운물류분야가 제공하는 서비스가 일반적인 상품과는 달리 즉시재로서 생산과 동시에 소비되어야 하며, 단위생산규모가 매우 크고, 어느 정도의 유휴능력(Unused Capacity)발생이 불가피하다는 등의 특징을 가지고 있기 때문에 전자상거래의 도입이나 적용이 쉽지 않기 때문이다. 현재 해운물류기업의 전자상거래는 대부분 자사의 웹사이트를 기반으로 이루어지고 있는데 주로 선박스케줄 제공, 화물선적 의뢰, 화물부킹, 화물선적에서 도착까지의 화물추적 등이 주 내용을 이루고 있다.

해운업계의 경우 Web은 정보의 전달, 운임 등의 요율 검색, 파일 업데이트 등에 매우 효과적이고, 정보가 업데이트 되면 즉시 전세계적으로 제공되기 때문에 많은 기업들이 활용하고 있다.

선사들이 인터넷으로부터 원하는 것은 무엇인가에 대한 물음에 대해 OT Africa Line (OTAL)의 서비스는 좋은 예가 될 수 있을 것이다. OTAL은 인터넷을 효율적으로 사용하고 있는 선사중 하나로써 자사의 고유한 서비스를 상세히 제공하고 있을 뿐 아니라 고객들의 결정에 영향을 미칠 수 있는 아프리카 지역에서 일어나고 있는 각종 뉴스를 알려주는 뉴스서비스를 제공하고 있다. 이외에 선박스케줄, 상품정보, 최근 시장관련 소식, 선원채용정보 등과 같은 부가가치 서비스를 제공하고 있는 OTAL은 아직은 전자 B/L은 발행하지 않고 있다. OTAL에 있어 인터넷의 진정한 가치는 비용절감에서 나타나고 있는데 전화로 하나의 컨테이너화물추적을 하는 데는 30달러 이상이 들었으나 E-mail을 사용하는 경우에는 5달러 밖에 들지 않는다. 또한 화물의 예약업무와 관련하여 최초 선적관련문의에서 선적까지 각종 정보처리에 소요되는 비용이 여기에 소요되는 시간까지를 감안하면 건당 150달러가 소요되는데 비해 인터넷으로 처리하는 경우 20달러 정도에 불과

25) 김수엽(2000), 해운물류분야의 전자상거래 도입 현황, 월간 해양수산 2000년 4월호, 한국해양수산개발원.

하기 때문에 매 B/L 건당 130달러 이상을 절감하고 있다. 지난해 OTAL이 11만 건의 B/L을 발급하였음을 고려할 때 연간 14백만달러를 절감할 수 있는 여지가 있다.

국내해운물류기업의 전자상거래는 이미 구축되어 있는 자사의 인터넷망을 중심으로 이루어지고 있다. 최근 한진해운이나 현대상선 등의 대형선사와 한국물류정보통신 및 한국무역정보통신 등의 정보통신업체들은 전자상거래를 중시하여 경쟁적으로 새로운 비전과 사업방향을 제시하고 있다.

해운물류분야의 전자상거래는 그 활용과 도입의 정도가 해당기업의 서비스분야, 인터넷 관련 인프라, 전자상거래 관련 법·제도 유무 등 여러 요인의 영향을 받기 때문에 국가별로, 개별기업별로 그 수준차이가 매우 크다. 특히 현행시스템으로부터 안정적인 수익을 올리고 있거나 경쟁업체들로부터의 압력에 직면하지 않는 경우에는 인터넷을 기반으로 하는 온라

인 상거래에 큰 매력을 느끼지 못할 수도 있다. 그러나 현행 서류를 기반으로 하는 거래시스템이 관료적인 페이퍼 작업 등으로 인하여 잦은 에러가 발생하고 업무처리에 과다한 시간이 소요되며 업무처리에 높은 비용이 수반된다고 하면 전자상거래라고 하는 새로운 개념을 눈여겨볼 필요가 있다. 또한 왜 오프라인(off-line)상에서 기반을 쌓은 수많은 유명기업들이 앞을 다투어 온라인(on-line)으로 이동하고 있는지 깊이 검토할 필요가 있다. 이제 전자상거래는 더 이상 선택이 아니며 필수라고 하는 말에 주의할 필요가 있는 것이다. 물론 전자상거래를 도입하고 활용하는 것이 그리 간단한 문제는 아니다. 기술과 인력 네트워크 그리고 기존의 상거래 관습을 바꿔가야 하는 어려움이 있으며 현존하는 여러 문제를 해결할 수 있는 만능의 도구도 아니다. 하지만 이제 많은 사람들이 논의하는 것처럼 인터넷은 우리 사회를 변화시키는 가장 큰 핵으로 등장했고, 해운물류분야 역시 이를 가장 효과적으로 활용하여 앞으로의 발전을 도모할 필요가 있다. 앞에서 살펴본 것처럼 해운물류분야의 전자상거래가 아직은 자사의 웹사이트를 통해 선박스케쥴 제공, 화물예약(부킹), 화물추적, 화물도착통지, 부분적인 B/L 발행 등에 머물고 있지만 전자선적서류의 발행(전자서식의 표준화 포함)과 대금 결제, 참여자간의 충분한 정보공유 등이 이루어지면 전자상거래는 새로운 전기를 맞게 될 것으로 보이므로 이에 대한 철저한 준비와 대책수립이 요망된다.

Chapter 5

IT와 로지스틱스[26]

26) 박명섭 외(2001), IT 혁명과 물류가 만났을 때, 시대의 창, pp.21~54

1 IT는 로지스틱스에 어떤 영향을 미치는가?

1) 효율화를 촉진하고 새로운 비즈니스를 탄생시킨다.

IT의 발전으로 인해 '정보제약'이 없어지게 되므로, '이제까지 불가능했던 것이 가능하게 된다'는 관점에서 물류에 미치는 영향을 보면 다음과 같다.

① IT를 활용한 '물류의 효율화'가 진전된다. 더구나 지금까지 불가능하였던 '물류의 최적화'를 실현할 수 있게 된다.

② IT를 활용한 '새로운 비즈니스'가 가능하게 된다. 이것은 구차구화(求車求貨)와 같은 인터넷을 활용한 시장뿐만 아니라 새로운 형태의 물류사업이 부상되고 있다. IT로 물류가 효율화 될 가능성이 있는 것은, 물류에 관한 모든 움직임이 실시간에 파악할 수 있기 때문이다. Supply chain 상의 상품이동 상황을 매수인, 매도인, 물류사업자 모두가 과정마다 파악할 수 있게 된다. 또한 IT는 물류에 새로운 비즈니스의 기회를 창출한다. 사용이 확대되고 있는 RFID(Radio Frequency IDentification)와 같은 것들이 그 사실을 입증하고 있다.

2) IT는 5가지의 측면에서 영향을 미친다.

① 최적의 물류시스템 구축이 가능하게 된다. 결과로써 로지스틱스가 현실화된다.

② 물류의 변화에 대응한 신물류 업태가 대두한다.

③ 물류전자시장이 탄생한다.

④ 신규 물류수요가 창출된다.

⑤ 수송업무의 철저한 효율화가 도모된다.

3)「물류를 최적화한다」

IT는 정보제약을 제거하고 또한 거래관행에도 영향을 미친다. IT가 로지스틱스, SCM이라는 물류의 최적화에 크게 기여하는 것은 틀림없을 것이다.

최적 물류시스템의 추구는 그 시스템 형성을 누가 담당하는가 하는 문제를 제기한다. 자사 내에서 그것을 행하는 것은 사실상 불가능하다.

이 경우 최적화의 선택안으로써 아웃소싱(outsourcing)이라는 방안이 부상한다. 특히 아웃소싱(outsourcing)은 IT가 베이스로 되기 때문에 IT의 진전은 그것을 가속화 한다. 그 결과 필연적으로 아웃소싱(outsourcing)을 수탁하기 위한, IT를 베이스로 한 물류 신업태가 등장하게 된다. '3PL'은 이 중 한 가지 형태이다. 물류시장은 이제까지 하주, 물류업자로 한정된 지역 내에서 수급이 완결하는 구조가 되어버렸다. 그 때문에 예를 들면 돌아오는 편을 찾는 경우, 그 지역의 화주와의 접점이 없기 때문에 어려움이 많았다.

인터넷을 이용한 전자시장의 개설은 지역이라는 제약을 없게 해준다. 求車求貨 시스템이 전자시장의 대표적인 예이다. 계속해서 개설되고 있는 것도, 이런 배경이 있기 때문이다.

또한, 이러한 매칭 서비스(matching service)로서 빈 창고와 보관하고 싶은 화물을 연결시키는 서비스도 나오고 있다.

지금 인터넷상의 가상상점의 개설이 인기를 모으고 있지만, 물건은 인터넷으로는 보낼 수 없다. 여기서 판매된 것을 어떻게 배송할지가 가상상점의 채산성을 포함하여 커다란 과제가 된다. 중요한 것은 기존의 물류시스템을 어떻게 활용할 것인가 하는 문제다. 하지만 물류수요라는 점에서는 택배 수요가 증가할 것으로 기대할 수 있다.

IT는 물류전체의 움직임을 실시간으로 파악한다는 점에서 커다란 위력을 발휘하지만 그 뿐만 아니라 트럭의 운행상황 및 도로상황에 대해서도 시시각각 파악할 수 있게 한다.

이것이 가능하면, 정체를 피할 수 있어 트럭을 효율적으로 운행시킬 수 있다. 물류비용 중에서도 트럭운송에 관련되는 비용은 큰 비중을 차지하므로, 전술한 구차구화 등의 매칭 서비스(matching service)와 함께, 이 수송효율의 분야에서 IT의 활용이 크게 기대된다.

이처럼 IT는 물류의 여러 측면에 크나큰 영향을 미친다. 그것이 '물류의 최적화'를 촉진한다는 것이다.

2 로지스틱스의 실현

1) '예측시대'의 물류에 한계가 왔다.

물류에 있어서 지금까지 획득하지 못한 전형적인 정보가 '출하동향에 관한 정보'이었다. 하지만 그러한 정보는 IT 혁명 이전부터 입수할 수 있었다고 말하는 기업도 있을 것이다. 이는 사내정보시스템에 관한 것이다.

많은 기업이 지금까지 이런 종류의 정보를 입수할 수 없었던 것이 현실이었다. 사내의 정보시스템이 부문별로 별개로 구축되어 있었기 때문이다.

각 지역의 물류거점에 어느 만큼의 재고가 있고, 오늘 무엇이 몇 개 출하되었는가 하는 정보를 필요할 때마다 순식간에 획득할 수 있는 기업은 적다고 해도 좋을 것이다.

출하 동향에 관한 정보가 없으면 물류는 모두 '예측'으로 행해진다. 그 결과 물류는 다음과 같은 상태가 된다.

① 물류센터는 결손품을 두려워해 재고품목을 많이 보유한다.
② 공장으로부터 재고 보충은 시장에서의 판매동향에 관계없이 예측에 의거해 보내어진다.

2) IT가 낭비를 경감한다.

이러한 결과로 기업 내에 많은 낭비가 발생한다.

우선 무엇이 판매될지 모르는 상태 속에서 재고가 물류거점에 보내어지므로, 필연적으로 결손품 및 팔다 남은 재고가 많이 발생한다. 이들을 물류거점까지 수송한 운임은 이미 발생하였을 뿐만 아니라, 이들을 다른 곳에서는 팔릴지도 모른다 해서, 다른 물류거점에 이송하면 여기서도 또한 본래 필요 없는 비용이 발생하게 된다. 또한 이들을 처분하지 않고 물류거점에 계속 두면 보관비용도 계속 발생한다.

시장의 판매동향을 파악할 수 없어, 소위 암중모색으로 물류를 행하면 이 같은 커다란 낭비가 발생한다. 기업에 따라서는 이 비용이 총물류비용의 20~30%나 되는 경우도 있다.

낭비는 물류비용에서만 발생하는 것은 아니다. 팔리지도 않는 제품을 만든 생산비용도 낭비가 된다. 가격을 인하하여 처분하면 가격 인하된 만큼, 폐기처분하면 그것을 만든 생산비용 모두가 낭비가 된다. 시장에 관한 정보를 파악할 수 없는 상황이 얼마나 많은 낭비를 창출하고 있는가를 알 수 있다.

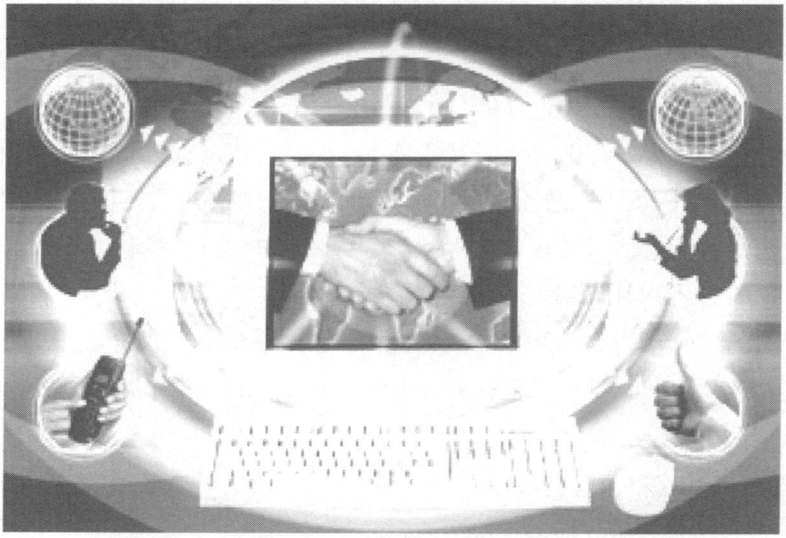

3 로지스틱스는 수익력을 크게 좌우한다.

1) 판매상황에 맞춘 공급시스템

시장의 판매상황을 파악하고, 그것에 근거하여 필요한 만큼을 생산하고 생산된 것을 필요한 곳에 배치하고, 필요한 만큼 보충하는 구조로 움직이는 것이 '로지스틱스'이다. 판매정보를 베이스로 하여 움직이는 구조이다.

판매정보가 없으면 당연히 예측에 따라 보내야 한다. 판매정보가 있으면 그것을 근거로 공급하면 된다.

즉 실시간에 출하동향을 파악할 수 있다면 다음과 같이 그것에 맞추어 움직이는 것이 가능하게 된다.

① 물류센터 ···· 단품별 출하동향에 맞추어 재고를 보유한다.

② 공장으로부터 수송 ···· 출하량에 맞추어 보충한다.

③ 생산(구입) ···· 출하된 제품의 보충생산(구입)을 철저하게 한다.

이처럼 로지스틱스란 시장의 판매상황에 맞추어 생산·구입, 물류라는 '공급시스템'이 연동하여 움직이는 구조이다.

2) 재무개선의 효과가 있다.

로지스틱스가 작동하면 다음의 효과가 기대된다.

① 거점집약, 재고삭감, 무의미한 재고이동의 배제 등에 의해 필요 최소한의 물류가 된다...'물류비용의 삭감'

② 결손품의 감소로 매상손실이 적어지고 그 만큼 매상증대를 기대할 수 있다.... '매상의 증가'

③ 예측에 근거한 불필요한 생산을 회피할 수 있으므로, 무의미한 생산, 판매하고 남은 재고품의 처분손실 등을 회피할 수 있다... '생산관련 비용의 절감'

이처럼 로지스틱스는 물류의 낭비를 절감하여 물류비용을 줄인다는 측면뿐만 아니라 결손품의 발생에 의한 기회손실을 배제함으로써 지금까지 상실한 매상을 회복할 수 있다. 또한 팔리지 않는 것은 생산 중단하므로, 낭비적인 생산비용을 억제하게 된다.

이들 효과는 현금흐름이라는 점에서 보면, 현금흐름의 개선에 연결될 가능성이 있다. 따라서 로지스틱스가 창출하는 효과는 경영자의 관심을 끌게 된다.

4 SCM은 기업간의 크나큰 낭비를 제거한다.

1) 기업간에 존재하는 낭비를 제거한다.

로지스틱스가 작동하기 시작하면 기업 내의 낭비는 점점 줄어져 간다. 그러나 사실은 눈에 보이지 않는 아주 큰 낭비가 존재한다. 그것은 기업과 기업간에 숨겨져 있다. 즉, 최대의 낭비는 '기업간'에 있다는 것이다.

일반적으로 슈퍼 등 소매점에서 팔리는 상품은 다음의 과정을 거친다. 제품 제조업체가 원재료·부품 제조업체로부터 원재료 등을 조달받고 그것들을 사용하여 제품을 만들어 완성된 것을 도매상에 판매·배송한다. 그리고 도매상이 그것들을 구입하여 보관하고, 소매점에 판매하여 배송한다. 소매점에서는 그들을 선반에 진열해 소비자에게 판매한다.

이처럼 소매점에 상품이 진열되기까지는 원재료 제조업체에서 시작하여 여러 기업의 손을 거쳐 많은 업무가 행해지고 있다. 이들 기업 및 업무의 연관을 'supply chain'이라 부른다. '공급연쇄'라고 번역되고 있다.

2) 중복업무를 배제한다.

최근 'supply chain management (SCM)'이라는 말을 자주 듣고 있는데, 이것은 이러한 공급연쇄를 관리하려고 하는 사고방식이다.

왜 공급연쇄를 관리하려고 하는 것일까? 그것은 공급연쇄라는 시야에서 보면 거기에는 커다란 낭비가 존재하기 때문이다. 공급연쇄에서는 여러 기업이 독립적으로 존재하지만, 연결되어 있으므로 필연적으로 많은 업무가 중복적으로 행해지게 된다.

예를 들면, 소매점이 발주하면 도매상에서는 수주라는 업무가 발생한다. 도매상이 그것을 받아 제조업체에 발주한다. 그 결과 제조업체에서도 수주라는 업무가 필요해 진다. 공급연쇄를 구성하는 기업이 독립적으로 존재하므로 이러한 일이 발생하는 것이다.

이 경우 가령 소매점에서의 판매정보가 직접 제조업체에 전달되어 제조업체에서 그것을 생산하고 도매상에 필요량만큼 보충할 수 있으면, 수발주라는 업무는 필요 없다.

이처럼 개별 기업수준에서의 최적화가 아니라 공급체인 수준에서의 최적화를 목표로 한 관리가 'SCM'이다. 그러한 관점으로서 중복업무의 배제를 언급했는데, 이것은 공급연쇄의 기능을 필요 최소한으로 압축하는 것이다. 가능한 단순한 형태로 하는 것이다.

3) 초합리화로 불필요하게 되는 기업도 있다.

공급망관리에서 또 하나 강조되는 것이 그 압축된 기능을 누가 부담하는가라는 점이다. 공급연쇄의 기능이 재편성되는 것이므로 당연히 그 기능을 담당하는 기업도 재편성된다. 누가 부담하는가의 대답은 간단하다. 그 기능을 수행하는데 가장 잘 기능할 수 있는 기업이 맡게 된다.

이처럼 공급망관리의 기본은 '상물분리(商物分離)'이다. '상물분리'란 유통기능을 '상류'(商流; 상거래의 흐름) 와 '물류'(物流; 상품의 흐름)로 구분하고 각각 바람직한 시스템을 구축하는 것이다.

5 IT가 SCM화의 추진을 빠르게 한다.

1) SCM은 강한 기능을 가진 기업을 선별한다.

SCM이 진전되면 공급연쇄는 필요 최소한의 기능으로 압축된다. 이것은 견해를 바꾸면 각각의 기능은 그것에 강한 기업에 의해 구성된다는 것을 의미한다.

현재 공급연쇄의 일익을 담당하고 있는 기업이 모두 그대로 공급연쇄에 남는 것은 아니다. 강한 기능을 가지고 있는 기업만이 공급연쇄에 참가할 수 있다는 것이다. 왜냐하면 강한 기능을 갖지 않는 기업은 공급연쇄에서 벗어나게 된다.

2) 구태의연한 공급연쇄가 문제

이 같은 공급망관리는 현재 새로운 비즈니스 모델에서 많이 일어나고 있음을 볼 수 있다.

새로운 비즈니스의 경우 아무런 구속도 없기 때문에 자유롭게 가장 바람직한 형태로 공급연쇄를 구축할 수 있다. SCM의 사례로서 자주 소개되는 델 모델이 이 형태이다. 아무런 구속도 저항도 없기 때문에 가장 이상에 가까운 형태의 구축이 가능하다.

하지만 SCM의 발전에는 기존의 기업으로부터 강한 저항도 있으며, 상관습이 엄연하게 존재해 어려움이 많다.

예컨대, 어느 식품관련 제조업체에서는 기존의 도매업자로부터 소매점으로 출하정보 및 재고정보를 받아, 그것을 근거로 각 도매업에 있어서의 필요 납입수를 계산하여, 주문을 받지 않고 납품하는 CRP의 시스템을 도입하고 있다.

본래, 이것은 적어도 거대 소매업자 간에 직접 정보를 주고받고, 소매직송을 하면 되지만 그 같은 형태로는 되지 않는다. 여기에는 과거부터 공급연쇄의 구성기업인 도매업자에 대한 배려가 작동하고 있음을 생각하면 쉽게 알 수 있다.

SCM이 향후 확대될 것이 예상되는 가운데, 지금 각 기업이 해야 할 것은 무엇일까. 그 대답은 명백하다.

자사의 강한 기능을 명확히 하고 그 강화를 도모하는 것이다. 강한 기능을 가지고 있는 기업은 시대가 아무리 변화해도 반드시 생존한다. 즉 SCM을 하지 않아도 정면돌파해야 할 과제가 이것이다. 기업이 생존하기 위해 회피하고 통과할 수 없는 과업이다.

이 자사의 강한 기능을 '핵심역량' (core competence)라고 한다. SCM의 진전과 함께 지금 강하게 요구되고 있는 것이 핵심역량의 강화이다. 향후 핵심역량이 명확한 기업만이 생존하게 된다.

물류를 타사와의 경쟁수단으로서 강하게 자리 잡은 기업에서는 물류를 중핵적인 업무로 인식할지도 모르지만, 일반적으로 기업의 타기능과 비교해 우선적으로 경영자원을 배분하는 기능으로서 물류를 고려하지 않는다. 이것은 지금까지의 물류의 역사 속에서 경험을 한 것이다.

이같이 생각하면, 중핵적인 업무 경영의 진전과 함께, 또한 SCM의 진전과 함께 향후 '물류는 아웃소싱한다'는 선택이 증대해 갈 것이 예상된다.

SCM이 전개되면, 물류는 하는 수 없이 그것에 강한 기업에 의해 대신 수행되게 된다. 그렇게 되면 물류는 필연적으로 그것을 중핵적인 업무로 하지 않는 기업의 손에서 벗어나게 된다.

6 IT가 물류 아웃소싱을 가능하게 한다.

1) 아웃소싱해도 물류는 중요.

물류를 아웃소싱하면 무언가 물류를 방치해 버리고 자사에서는 이제 관련이 없다는 인상을 가지기 쉽지만, 이 같은 인식은 잘못이다.

가령 아웃소싱해도 그것이 자사의 물류라는 점에는 전혀 변함이 없다. 물류가 없으면 기업활동은 완결되지 않는다. 그러므로 물류가 필요없다는 것은 아니다. 자사에서 물류를 행하기보다도 외부의 전문업자에게 맡기는 쪽이 바람직하다는 판단에서 행해지는 것이 아웃소싱이다. 즉, 자사에서 계속하는 데는 경영자원의 투입도 충분히 할 수 없기 때문에, 향후 물류의 약체화를 피할 수 없다는 위기의식에서 선택되는 판단이다.

아웃소싱한다는 것은 아웃소싱받는 회사가 자사의 '물류부'가 되는 관계가 된다. 즉 물류를 아웃소싱해도 물류부가 외부의 전문업자로 변할 뿐, 자사의 담당기능으로서의 물류에는 틀림없다. 이 점을 분명히 이해해야 한다.

2) 정보공유가 전제조건.

외부의 전문업자가 물류부가 된 경우에 중요한 것은 '정보의 공유'이다. 가령 외부에 하청을 주고 있다고 하지만 마치 자사에서 하고 있는 것과 같은 느낌이어야 한다. 이 경우 중요한 것이 물류에 대한 정보를 간단하게 파악할 수 있는 체제의 구축이다. 여기서 IT가 위력을 발휘한다. 물류업자들은 인터넷의 홈페이지를 통해 물류에 대한 정보를 아웃소싱한 하주기업과 공유할 수 있는 구조를 구축해서 제공하고 있다.

하주기업은 자사의 재고 및 출하의 상황에 대해 물류업자가 개설한 홈페이지에 접속하는 것만으로 자사의 재고가 어느 창고에 어느 정도 있으며, 출하상황이 어떻게 되고 있는지를 한눈으로 알 수 있게 되어 있다. 또한 재고가 일정수준 아래로 떨어질 때에 하주기업에 대해 일정량을 자동적으로 발주하는 구조도 가지고 있다.

이처럼 아웃소싱한 기업에서는 PC를 통해 누구나 자사의 물류상황을 파악하는 것이 가능하게 된다. 인터넷이 그것을 가능하게 하고 있다. 이러한 정보의 공유가 아웃소싱을 가능하게 한 것이다. 실로 IT가 물류의 아웃소싱이라는 새로운 선택을 가능하게 한 것이다.

최근 물류업계에서는 후술하는 제3자 물류(third party logistics)를 표방하는 사업자가 많이 나오고 있다. 물류업자뿐만 아니라 상사, 도매업자 및 정보기업 등이 이것에 참가하려고 한다.

이것은 통칭 '3PL'로 약칭되고 있는데 물류의 아웃소싱을 수탁하는 것을 목적으로 한다. 이 3PL업자에게 요구되는 것은, 운반과 보관이라는 업무수행 능력이 아니라 IT를 베이스로 하는 물류정보 제공능력, 물류시스템 구축·운영능력, 물류업자능력 등 소위 소프트웨어적인 능력이다.

Chapter 6

Supply Chain Management[27]

27) Michael Hugos (2003), Essentials of Supply Chain Management, John Wiley & Sons, Inc., pp.1~22.

1 SCM의 의의

Supply chain은 제품이나 서비스를 설계, 제조, 전달, 이용하는데 필요한 회사나 비즈니스 활동들을 포함한다. 업체들은 생존하고 번창하기 위하여 그들이 필요로 하는 것을 자신들에게 공급하기 위하여 자신들의 supply chain에 의존한다.

수 백년 전 나폴레옹은 다음과 같이 말했다. "군대는 배가 불러야 진군을 한다." 나폴레옹은 대전략가이자 능수능란한 장군이었으며, 그의 이 말은 우리가 현재 효율적인 supply chain이라 부르고 있는 것의 중요성을 분명히 이해하고 있었음을 보여준다. 병사들을 먹이지 않는 한 그 군대는 움직일 수가 없는 것이다.

이와 비슷한 맥락에서 "아마추어는 전략을 이야기하고, 전문가는 물류를 이야기 한다"라는 또 다른 속담이 있다. 사람들은 모든 종류의 웅대한 전략이나 당당한 작전을 논할 수는 있지만, 군대에 연료, 예비 부품, 식량, 숙소, 탄약 등을 공급하는 즉, 그러한 일일 수요를 충족시키는 방법을 이해하지 않고서는 그러한 것들은 모두 불가능한 것이 될 것이다. 종종 군대의 성공을 결정하는 것은 병참 장교나 하사의 세속적인 활동들인 것처럼 보인다. 이것은 비즈니스에서도 많이 유추가 될 수 있다.

SCM이라는 용어는 1980년 후반에 나타났으며, 1990년대에 이르러 널리 퍼지게 되었다. 그 이전에는 업체들이 "물류" (logistics)나 "운영 관리" (operations management)와 같은 용어들을 대신 썼었다. SCM에 대한 여러 정의가 있지만, 다음과 같이 정의할 수 있다.

'공급망관리' 또는 '유통총공급망관리'로 불리우는 SCM (Supply Chain Management)은 정보통신기술을 활용해 제조와 물류, 유통업체의 상품흐름을 한눈에 파악할 수 있도록 하는 총유통공급관리망을 말한다. 제조, 물류, 유통업체 등 유통과정상에 있는 모든 기업이 공동으로 데이터베이스를 구축함으로써 재고를 최적화하고 납기를 줄이는 전략적 제휴 형태로 운영된다. 이 때문에 성공적인 SCM 정착을 위해서는 총유통공급망 안에 있는 모든 기업들이 전략적으로 협력적인 관계를 형성하는 것이 무엇보다 중요하다. 즉 SCM

은 소비자의 실제수요에 보다 잘 응할 수 있는 유통공급망을 만들기 위한 기업간 BPR (Business Process Re-engineering)의 일종이다.

공급망관리의 개념과 전통적인 물류 개념 사이에는 차이가 있다. 물류란 일반적으로 단일 조직의 경계 내에서 발생하는 활동들을 말하며, supply chain이란 제품을 시장에 전달하기 위하여 함께 일하고 조정하는 그러한 회사 네트워크를 말한다. 또한, 전통적인 물류는 그 관심을 조달, 유통, 유지, 재고 관리 등과 같은 활동들에 초점을 맞춘다. supply chain 관리는 전통적인 물류의 모든 것을 알고, 또한 마케팅, 신제품 개발, 금융, 고객 서비스 등과 같은 활동들을 포함한다.

효율적인 공급망관리는 supply chain에서의 고객 서비스 수준이나 회사의 내부적 운영 효율성 모두에 있어서의 동시적인 개선을 필요로 한다. 가장 기본적인 수준에서의 고객 서비스는 지속적이고 높은 주문 응답률, 정시의 높은 배달 비율, 이유가 무엇이든 고객의 아주 낮은 반품율 등을 의미한다. 공급망관리의 관행에는 기본적인 패턴이 있다. 각각의 supply chain은 자신만의 독특한 시장 수요와 운영 문제 등을 가지고 있다.

① 생산 - 시장은 어떤 제품을 원하는가? 어떤 제품이 얼마나 많은 양이 생산되고 언제까지 생산되어야 하는가? 이러한 활동에는 공장 가동 능력, 작업부하, 품질, 장비 등과 같은 것들을 고려하는 마스터 생산 스케줄을 만드는 것이 포함된다.

② 재고 - 하나의 supply chain에 있어서 각 단계마다 재고가 얼마나 저장되어 있어야 하는가? 원자재, 반제품, 혹은 완제품의 형태로 얼마나 많은 양의 재고가 보유되어야 하는가? 재고의 일차적인 목적은 supply chain에 있어서의 불확실성에 대한 완충제로서 기능하기 위함이다. 그러나 재고를 안고 있는 것은 비용이 많이 들므로, 최적의 재고 수준과 재주문 시점이 중요한 과제이다.

③ 입지 - 생산이나 재고 저장 시설들은 어디에 위치해야 하는가? 생산이나 재고의 저장을 위한 가장 비용 효율적인 입지는 어디인가? 기존의 시설들이 사용되어야 하는가 아니면 새로운 시설이 신축되어야 하는가?

④ 수송 - 재고는 한 supply chain 위치로부터 다른 곳으로 어떻게 이동되어야 하는가? 항공 화물과 트럭 배달은 일반적으로 빠르고 믿을만하지만 비싸다. 해상 선박 수송이나 철도 수송은 훨씬 저렴하지만, 대개는 보다 긴 이동시간이 걸리고 불확실하다. 이러한 불확실성은 재고를 훨씬 높은 수준에서 쌓아 놓음으로써 보완되어야 한다. 어떤 수송방법을 언제 이용하는 것이 더 나은가?

⑤ 정보 - 얼마나 많은 양의 데이터가 수집되어야 하고 얼마나 많은 정보가 공유되어야 하는가? 적시의 정확한 정보는 보다 나은 조정과 보다 나은 의사 결정을 약속해준다. 양질의 정보가 있으면, 사람들은 무엇을 생산할 것인가, 얼마나 생산할 것인가, 재고를 어디에 둘 것인가, 그것을 가장 잘 수송하는 방법 등에 대해서 효과적인 결정을 내릴 수 있다.

이들 결정들의 총체는 한 회사의 supply chain의 능력과 효율성을 결정할 것이다. 회사가 할 수 있는 것들과 회사가 시장에서 경쟁할 수 있는 방법들은 모두 회사의 supply chain의 효율성에 아주 많이 의존한다. 만약 한 회사의 전략이 대량의 시장에 물건을 대어서 가격에 기초하여 경쟁하는 것이라면, 그 회사는 낮은 비용에 최적화된 그러한 supply chain을 가지는 것이 나을 것이다. 만약 회사의 전략이 분할된 시장에 물건을 대고 고객 서비스나 편의성에 기초하여 경쟁하는 것이라면 그 회사는 반응에 최적화된 supply chain을 가지는 것이 나을 것이다. 어떤 형태의 회사인지 회사가 무엇을 수행할 수 있는지는 회사의 supply chain과 회사가 제품을 공급하는 시장에 의해서 형성된다.

생각해 보기

알렉산더 대왕은
자신의 전략이나 작전을
자기 군대의 독특한 능력에 근거했으며
이것들은
효율적인 공급망관리에 의해서
가능하였다.

"아마추어는 전략을 이야기하고 전문가는 물류를 이야기한다" 라는 속담의 입장에서 알렉산더 대왕의 작전을 살펴보자. 알렉산더는 공급망관리의 대가였다. 그의 행적을 기록했던 그리스와 로마 시대의 저자들은 알렉산더가 자신의 군대를 위한 보급을 어떻게 확보했는가에 대해서, 거의 언급을 하지 않았다. 그러나 현대 역사학자인 Donald Engels는 자신의 책, "Alexander the Great and the Logistics of the Macedonian Army"에서 이 주제를 조사하였다. (Engels, Donald W. 1978)

그는 알렉산더 대왕 시절에 존재했던 여건과 기술을 가정하고서 그의 전략이나 전술이, 보급품을 확보하고 간결하고 효율적인 조직을 운영하는 그의 능력과 아주 밀접하게 연관되어 있음을 지적했다.

알렉산더 군대는 자신의 supply chain을 아주 잘 관리했기 때문에 혁혁한 성공을 거둘 수 있었다. 이 군대는 그 당시의 다른 군대와는 근본적으로 다른 물류 구조를 가지고 있었다.

다른 군대에서는 군대가 자신들의 장비나 보급품 등을 나르기 위한, 엄청난 숫자의 수레나 등짐 짐승들과 함께 다녔기 때문에 그리고 사람들은 그것들에 도움이 될 필요가 있었기 때문에 지원병과 캠프 뒤에 오는 자들의 숫자가 종종 실제 전투병의 숫자만큼이나 많았다.

마케도니아 군에서는 수레의 사용이 엄격하게 제한되었다. 병사들은 자신의 장비와 보급품들을 스스로 휴대하도록 훈련받았다. 다른 동시대의 군들은 병사들이 그러한 무거운 짐을 휴대하도록 요구하지는 않았는데, 나중의 짐 행렬이 그들의 스피드나 이동성을 떨어뜨렸기 때문에 그들은 이에 대한 대가를 지불하였다.

마케도니아 군의 물류 구조의 결과는 그 군대가 그 당시 가장 빠르고, 가장 가볍고, 가장 기동성이 뛰어난, 그런 군대가 된 것이었다. 적군이 무슨 일이 일어나고 있는지조차 깨닫기도 전에 마케도니아 군은 종종 적군에 대해서 번개 같은 공격을 할 수가 있었다. 이 군대는 신속하고 갑자기 이동할 수 있었기 때문에 알렉산더는 수적으로 훨씬 우세했던 적들을 놀래주고 압도할 수 있는 전략이나 전술을 고안하는 자신의 이러한 능력을 이용할 수 있었다.

알렉산더가 자신의 supply chain을 관리했던 방법은 흥미롭다. 예를 들어, 그가 새로운 영토에 들어가기 이전에 그는 그 영토 통치자의 항복을 받아내고, 자신의 군대가 필요로 하는 보급품들을 현지 관리들에게 미리 준비를 시켰다고 한다. 만약 한 지역이 사전에 그에게 항복하지 않았더라면 알렉산더는 그 영토에서의 작전에 자신의 모든 군대를 투입하지 않았다. 그는 보급품의 부족으로 인해서 자신의 군대가 파괴될 수도 있는 그러한 상황에, 자신의 군대를 투입하는 위험을 감수하지 않았던 것이다. 대신에 그는 그 지역의 길, 자원, 기후 등에 대한 정보를 수집하고, 그 다음 적을 놀래주기 위해 작고 가벼운 군대로 시작했다. 알렉산더가 본진이 뒤따를 수 있는 적절한 보급품을 확보할 때까지, 본진은 잘 저장된 기지에서 뒤에 남아 있었다.

이 군대가 새로운 기지를 세울 때마다 이 군대는 항해 가능한 강이나 바다에 손쉽게 접근할 수 있게 해주는 지역을 찾았다.

그 다음 배들이 대량의 보급품들을 싣고서 알렉산더 제국의 다른 지역으로부터 도착하였다. 이 군대는 항상 새해의 첫 봄 수확 때까지 자신의 겨울 캠프에서 머물렀으며, 그리하여 식량 공급이 가능하였다. 이 군대가 행군할 때에 이 군대는 건조하거나 사람이 살지 않는 지역을 피했으며, 강 계곡과 가능하면 항상 사람이 사는 지역을 따라 이동했으며, 그리하여 말들이 풀을 뜯을 수 있었고, 그 길을 따라서 보급품들을 징발할 수 있었다.

알렉산더는 자신의 supply chain의 능력과 제약에 대해서 깊이 알고 있었다. 그는 전략을 짜고 자신의 물류나 supply chain 능력이 자신에게 주었던 독특한 힘 위에 구축했던 전술을 이용하는 방법을 잘 알고 있었으며, 그는 현명하게도 자신의 supply chain의 약점에 대한 보완 대책을 썼던 것이다. 그의 적들은 종종 그의 군대보다 숫자가 많았으며, 대개는 자국 영토에서 전투를 했다. 그러나 그러한 적들의 이점은 조잡하고도 비효율적인 supply chain에 의해서 손상되었다.

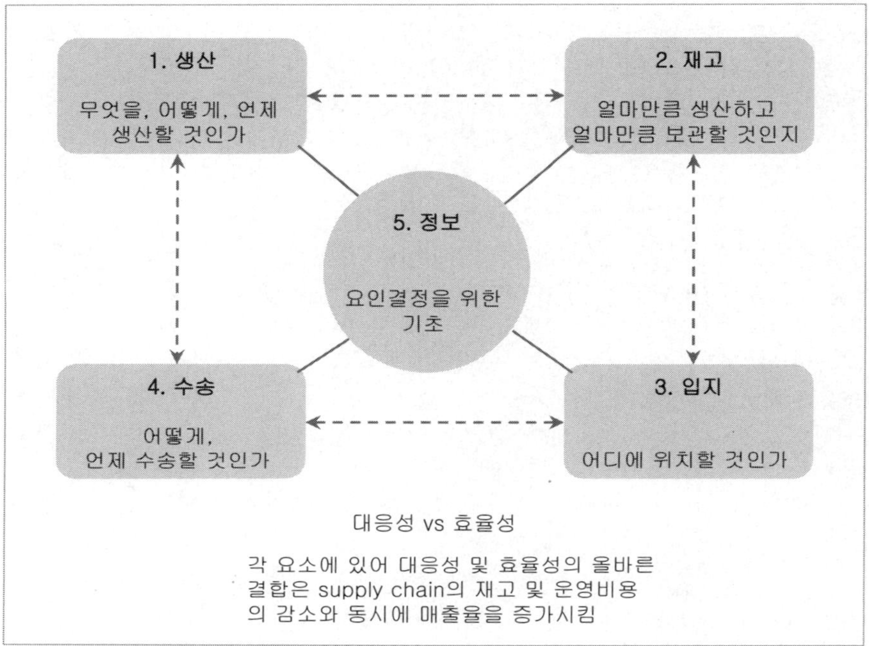

【그림 6-1】 5가지 주요 supply chain 요인들

각 시장 혹은 고객 그룹들은 특정한 요구들을 가지고 있다. 각기 다른 시장에 공급하는 supply chain은 이들 욕구들에 효과적으로 대응할 필요가 있다. 일부 시장들은 높은 수준의 대응을 요구하고 그에 대한 대가를 지불할 것이다. 또 다른 시장들은 효율성에 보다 중점을 두는 자신들의 supply chain을 필요로 할 것이다.

생각해 보기 (경영진의 통찰력)

**월마트는
회사의 supply chain에 의해서
그 모습이 형성된 회사이며,
이 회사의 supply chain의 효율성은
회사가 공급하는 시장에서
이 회사를 선두업체로 만들었다.**

Sam Walton은 대량 시장에 공급을 하고 가격에 기초하여 경쟁을 하는 회사를 구축하기로 결정하였다. 그는 세계에서 가장 효율적인 supply chain 중의 하나를 만들어서 시행하였다. 이 회사의 구조와 운영은 비용을 낮추고 생산성은 높여서 더욱 낮은 가격의 형태로 고객들에게 이러한 절감을 돌려주는 그러한 필요성에 의해서 정의가 되었다. 월마트가 개척했던 기법들은 이제는 완전히 다른 시장에 공급하는 경쟁 회사들에 의해서도 널리 채택되고 있다.

월마트는 이제는 업계 표준이 된 개념들을 도입하였다. 이들 개념들 중의 많은 것들은 이 회사가 자신의 supply chain을 구축하고 운영하는 방식에서 유래한다. 그러한 4가지 개념들을 살펴보자.

1) 유통 센터(DCs) 주변 확장의 전략

2) 공급업체들과의 전자 자료교환(EDI) 이용

3) “big box" 스토어 형식

4) “항상 저렴한 가격”

유통센터 주변 확장 전략은 월마트가 새로운 지리적 시장에 진입하는 방식에 있어서 핵심적인 것이다. 이 회사는 단일의 새로운 스토어가 아닌, 새로운 스토어들의 그룹을 지원할 수 있는 그런 지역을 찾는다. 그 다음 이 회사는 그 지역의 중심지역에 새로운 DC(유통센터)를 설립하며 첫 스토어(매장)를 오픈 한다. 이 유통센터는 새로운 영역으로 들어가는 supply chain 교두보이다. 이것은 아주 낮은 추가적 비용으로 그 지역에서의 보다 많은 신규 스토어들의 오픈을 지원한다. 이런 절감들은 고객들에게 돌아간다.

공급업체들과의 EDI (전자 데이터 교환) 이용은 이 회사에 2가지 실제적인 이익을 안겨 준다. 먼저, 이것은 제품 주문과 인보이스(청구서) 지불과 관련된 거래 비용을 절감한다. 제품 주문과 청구서 지불은 대부분 잘 정의되어 있으며, EDI를 통해서 아주 생산적이고 효율적인 것이 될 수 있는 일상적인 과정들이다. 두 번째 이점은, 공급업체들과의 이러한 전자적 연결이 월마트가 제품 납품을 계획하거나 수령하는 업무에 있어서의 통제나 조정을 아주 높은 정도로 할 수 있게끔 허용한다는 점이다. 이것은 모든 월마트 공급업체들에 의한 적시적이고 올바른 제품들의 꾸준한 흐름, 올바른 유통센터들로의 납품 등을 보장하는 것을 돕는다.

big box store 형식은 월마트로 하여금 하나의 단일 시설에서 스토어와 창고를 효율적으로 결합하는 것을 가능하게 해주며, 그렇게 함으로써 커다란 운영 효율을 얻게끔 해준다. 이러한 big box는 창고처럼 엄청난 양의 재고를 유지할 만큼 충분히 크다. 그리고 이러한 재고는 고객들이 물건을 구입하는 동일한 장소에서 보유되고 있으므로 창고로부터 스토어로 제품을 이동시키는 것과 관련된 지연이나 추가 비용 등이 없다. 이들 절감 역시 고객에게 돌아간다.

everyday low prices (항상 저렴한 가격)는 두 가지를 행하는 방식이다. 첫 번째는, 가격에 민감한 고객들에게 고객들이 항상 가장 저렴한 가격으로 살 수 있다는 점이다. 고객들은 다른 곳을 찾아가 볼 필요도 없으며 특별 세일을 기다릴 필요도 없는 것이다. 고객에 대한 이러한 메시지의 효과는 월마트가 두 번째의 것을 행하는 것을 돕는데, 즉 제품 판매를 정확하게 예상하는 것이다. 스페셜 세일을 없애고 고객들에게 저렴한 가격을 보장하여 수요를 보다 더 꾸준하고 예측 가능한 것으로 만들며 수요 변동을 고르게 만드는 것이다. 이러한 방식의 스토어들은 고객들이 원할 때 고객들이 원하는 것을 가지고 있을 가능성이 높다. 이들 4가지 개념들은 제각각 유용하기는 하지만 실제적인 힘은 서로 결합되어 사용될 때에 나온다. 그것들은 스스로의 비즈니스 강화 과정을 유도하는 하나의 supply chain을 형성하기 위하여 결합된다. 월마트와 알렉산더 대왕 사이에는 약간의 유사성이 있는 것처럼 보이기도 한다.

2 Supply Chain의 발전 구조와 참여자[28)]

1) Supply chain의 구조

Supply chain에의 참가자들은 5가지 supply chain 요인들을 관리하는 방법에 영향을 미치는 결정을 계속해서 내린다. 각 조직은 아웃소싱, 파트너십, 회사 내 전문지식 등의 결합을 통해서 요인들을 다루는데 있어서의 회사의 성과를 최대화하기 위해 노력한다. 빠르게 움직이는 시장에 있어서 회사는 대개 회사가 공급망관리에 있어서 핵심역량이라고 간주하는 것에 집중하고 그 나머지는 아웃소싱을 한다.

보다 느리게 움직이는 산업시대의 대량 시장에서는 성공적인 회사들이 자신들의 supply chain의 많은 부분을 차지하려 시도했던 것이 일반적이었다. 이것은 수직적 통합으로 알려져 있다. 수직적 통합의 목적은 규모의 경제를 통한 최대한의 효율을 얻고자 함이었다. (그림 6-2 참조)

1900년대 전반에 포드 자동차 회사는 회사가 자동차 공장들에 공급하는데 필요했던 것들의 많은 부분을 소유했었다. 이 회사는 철 광물을 채굴하는 철광산, 그 광물을 제품으로 만드는 제강공장, 핵심 부품을 만드는 공장, 완성 차를 생산해 냈던 조립공장 등을 소유하고 운영하였다.

또한 그들은 린넨의 자동차 지붕을 만들기 위한 아마를 재배하는 농장, 통나무를 기르는 숲과 목재 차 부품을 만들기 위해 목재를 베는 제재소 등을 소유하였다. 포드 회사의 유명한 리버 루즈 공장은 수직적 통합에 대한 기념비적인 것이었는데 - 한 쪽에서는 철 광물이 들어가고 다른 한 쪽에서는 차가 만들어져 나오는 곳이었다. 1926년 그의 자서전인 "Today and Tomorrow"에서 헨리 포드는 자신의 회사가 광산으로부터 철 광물을 채굴하여 81시간 후에는 차를 한 대 만들어낸다고 자랑하였다. (Ford, Henry, 1926, Today and Tomorrow)

---

28) 전게서, pp.22~41.

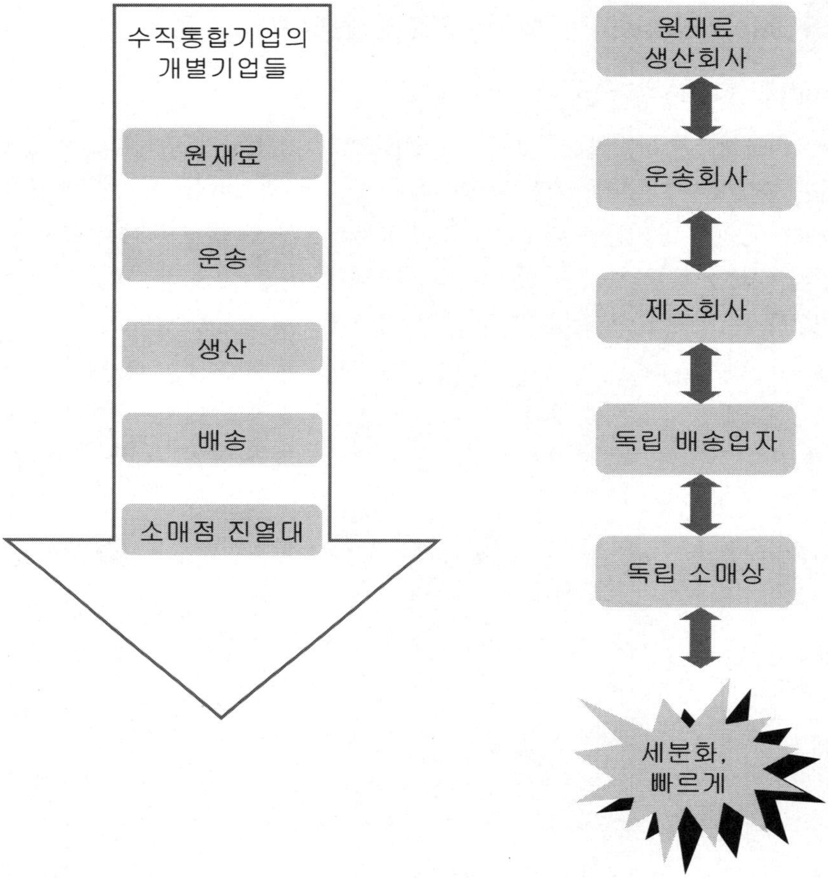

【그림 6-2】 구 supply chain 對 신 supply chain

느리게 움직이는 대량 시장에 공급하는 수직적으로 통합된 회사들은 일단 자신들의 supply chain의 많은 부분들을 소유하려 시도하였다. 오늘날의 빠르게 움직이는 시장은 보다 신축적이고 대응적인 supply chain을 필요로 한다.

이것은 1900년대 초반에 존재했던 하나의 사이즈가 모든 것에 들어맞는, 보다 예측 가능한 산업 경제에서의 수익성 있는 비즈니스 방식이었다. 포드와 다른 회사들은 대량의 기본 제품들을 대량생산 해냈다. 하지만 시장이 발전하고 고객들이 원하는 제품 종류에 대해서 보다 특정적으로 되어가면서 이러한 모델은 붕괴되기 시작했다. 이것은 신속히 대응할 수 없었고 요구되는 다양한 제품들을 생산할 수 없게 되었다. 예를 들어, 헨리 포드가 고객이 요구할 수 있는 다양한 여러 가지 색상을 요구받았을 때, 그는 "그것이 검정색인 한 고객들은 원하는 그 색상을 얻을 수 있다"라고 말했다. 1920년대에 포드 회사의 시장 점유율은 50%가 넘었지만 1940년대에 이르러 그것은 20% 이하로 떨어졌다. 고객 욕구에 신속히 반응하지 않고, 효율성에 집중하는 것은 더 이상 성공적인 비즈니스 모델이 아니었다.

세계화 속에서 고도로 경쟁적인 시장, 기술 변화의 급격한 진전 등은 이제 다수의 회사들이 함께 일하는 그러한 supply chain의 발전을 이끌어내고 있으며, 각 회사는 자신이 가장 잘 할 수 있는 일에 집중하고 있다. 광산 회사는 광물 채취에 집중하고, 목재회사는 나무 베기와 목재 만들기에 집중하고, 제조회사는 핵심 부품 만들기에서부터 최종 조립에 이르기까지 다양한 형태의 제조에 집중하고 있다. 이러한 방식으로 각 회사의 직원들은 변화의 빠른 속도를 따라갈 수 있으며, 특정 비즈니스에서 경쟁에 필요한 새로운 기술들을 계속해서 습득할 수 있는 것이다.

예전에 회사들이 자신들의 창고 혹은 트럭 사업단을 운영하는 곳에서 그들은 이제 그 곳들의 운영이 정말로 핵심 역량인지, 아니면 자신들의 물류를 담당하는 다른 회사들에 그러한 운영을 아웃소싱 하는 것이 보다 비용 효율적인 것인지를 고려해 봐야만 한다. 고도의 운영 효율성을 달성하고 기술의 지속적인 변화를 따라 잡기 위해서 회사들은 자신들의 핵심 역량에 집중할 필요가 있다.

2) Supply Chain에의 참여자들

(1) 생산자

생산자 혹은 제조업자는 제품을 만드는 조직이다. 여기에는 원자재를 생산하는 회사들, 그리고 완성품을 생산하는 회사들이 있다. 원자재 생산자에는 광물을 캐내는 조직, 기름이나 가스를 채취하는 조직, 목재를 베는 조직 등이 포함된다. 여기에는 땅을 경작하고, 짐승을 사육하고, 해산물을 잡는 조직들도 포함된다. 완성품 생산자는, 원자재를 이용하거나, 제품을 만들기 위해 다른 생산자가 만든 하위부품 등을 이용한다.

생산자들은 음악, 오락, 소프트웨어, 디자인 등과 같은 무형의 제품들을 만들 수 있다. 제품은 또한 잔디를 깎거나, 사무실을 청소하거나, 수술을 행하거나, 기술을 가르치는 등의 서비스가 될 수도 있다. 많은 경우에 있어서 유형의 제품 생산자들은 인건비가 덜 드는 곳으로 옮긴다. 북미, 유럽, 아시아의 일부 선진국의 생산자들은 점차 무형의 품목이나 서비스들의 생산자가 되어가고 있다.

(2) 디스트리뷰터 (유통업자)

디스트리뷰터는 생산자로부터 대량으로 재고를 받아서 관련 제품군의 묶음을 고객들에게 전달하는 회사들이다. 디스트리뷰터는 또한 도매상으로도 알려져 있다. 그들은 일반적으로 다른 업체에 판매를 하며, 대량으로 제품을 판매한다. 디스트리뷰터들은 재고를 비축하고, 고객을 찾아 판매활동을 하는데, 제품 수요의 변동으로부터 생산자를 완충시키는 역할을 한다. 고객에 대해서는 디스트리뷰터들은 “시간과 장소” 기능을 수행한다 즉, 그들은 고객이 제품을 원하는 시간과 원하는 장소에 제품을 전달하는 것이다.

디스트리뷰터는 일반적으로 생산업자로부터 매입해서소비자들에게 판매하는 제품들의 소유권을 가지는데, 상당한 재고를 가진 조직이다. 제품 판촉 및 판매 이외에도 디스트리뷰터들이 수행하는 다른 기능들에는 재고 관리, 창고 운영, 제품 운송, 그리고 고객 지원 및 판매 후 서비스 등이 있다. 디스트리뷰터는 생산자와 고객 사이에 제품을 중개하기만 하고 그 제품을 결코 소유하지 않는 조직이 될 수도 있다. 이러한 종류의 디스트리뷰터들은 주로 제품 판촉 및 판매 기능을 수행한다. 이들 두 경우 모두에 있어서 고객의 욕구가 발전하고 구입 가능한 제품 범위가 변하면서 디스트리뷰터는 지속적으로 고객 욕구를 추적하고 그것들을 구입 가능한 제품들과 매치시키는 역할을 하는 대리인이 된다.

(3) 소매업자

소매업자들은 재고를 보관하여 소량으로 일반 대중들에게 판매한다. 이 조직은 자신이 판매하는 고객들의 선호도나 수요를 면밀히 추적한다. 이들은 자신의 고객들에게 광고를 하며, 종종 자신이 판매하는 제품에 대해서 고객들을 유인하는 일차적 흡인력으로서 가격, 제품 선택, 서비스, 편리성 등을 일부 결합하여 이용한다. 디스카운트 백화점은 가격이나 넓은 제품 선택을 이용하여 고객들을 유인한다. 큰 규모의 전문 스토어는 독특한 제품군과 높은 수준의 서비스를 제공한다. 패스트푸드 레스토랑은 그들의 흡인력으로서 편의성과 저렴한 가격을 이용한다.

(4) 소비자

고객들 혹은 소비자들은 제품을 구매하고 이용하는 조직이다. 소비자 조직은 그들이 다른 고객들에게 판매하는 다른 제품으로 만들기 위하여 제품을 구입하거나, 혹은 고객은 그 제품을 최종소비하기 위하여 제품을 구입하기도 한다.

(5) 서비스 제공자

이들은 생산업자, 디스트리뷰터, 소매업자, 고객들에게 서비스를 제공하는 조직이다. 서비스 제공자들은 supply chain이 필요로 하는 어느 특정의 활동에 집중하는 그러한 특별한 전문지식이나 기술을 발전시킨다. 그들은 생산자, 디스트리뷰터, 소매업자, 혹은 고객들이 스스로 할 수 있는 것보다도 더 저렴하고 효율적으로 이러한 서비스들을 수행할 수 있다.

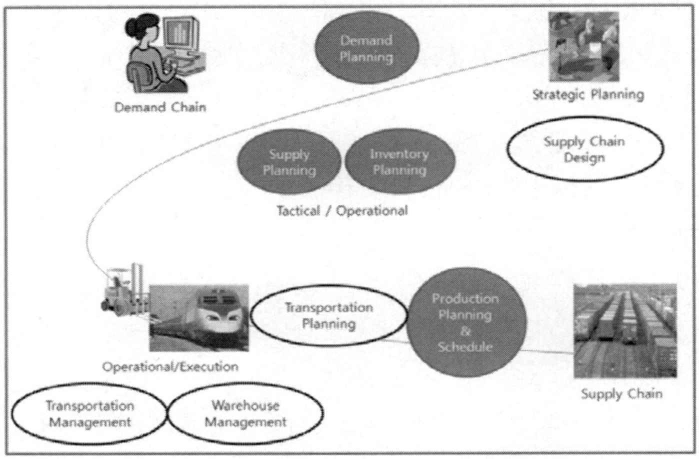

어느 supply chain에 있어서의 일부 평범한 서비스 제공자들은 운송 서비스나 창고 서비스 제공자들이다. 이들은 트럭 회사나 일반 창고 회사이며, 그들은 물류 제공자들로서 알려져 있다. 금융 서비스 제공자들은 대부, 신용 분석, 지나간 청구서들의 수금 등과 같은 그러한 서비스들을 해준다. 여기에는 은행, 신용 평가 회사, 수금 대행회사 등이 있다. 일부 서비스 제공자들은 시장 조사나 광고를 제공하기도 하며, 한편 다른 서비스 제공자들은 제품 디자인, 엔지니어링 서비스, 법률 서비스, 관리 자문 서비스 등을 제공하기도 한다. 또 다른 서비스 제공자들은 정보 기술과 데이터 수집 서비스를 제공하기도 한다. 이러한 모든 서비스 제공자들은 supply chain에서의 생산업자, 디스트리뷰터, 소매업자, 고객들의 현재 진행 중인 운영에 크게든 적게든 포함이 된다.

supply chain 구조의 예는 【그림 6-3】 에 나와 있다.

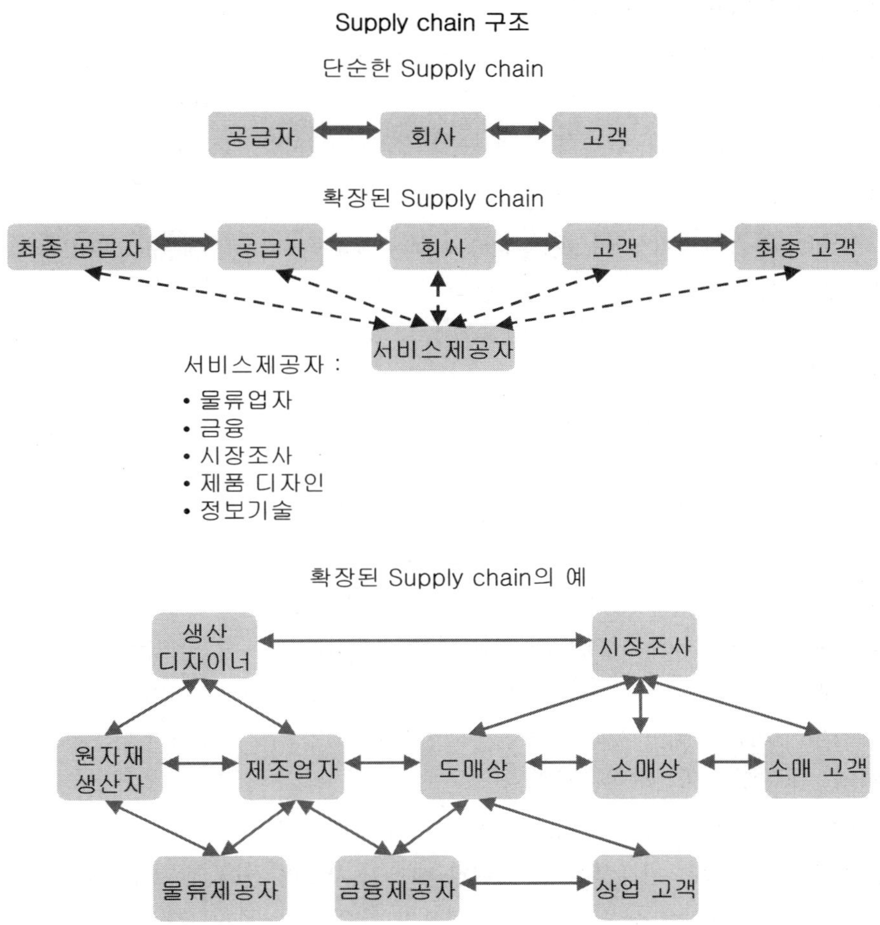

【그림 6-3】 Supply chain 구조의 예

3) Supply Chain과 비즈니스 전략의 일치화

기업의 supply chain은 그 기업이 공급하는 시장에 대한 접근방식의 핵심 부분이다. Supply chain은 시장의 요구조건에 대응하고, 회사의 비즈니스 전략을 지원하는 방향으로 대처할 필요가 있다. 회사가 이용하는 비즈니스 전략은 회사가 공급하거나 공급하게 될 고객들의 요구와 함께 시작한다.

고객들의 요구에 따라서 회사의 supply chain은 반드시 적절한 대응과 효율성의 혼합(mix)을 전달해야만 한다. Supply chain이 고객들의 요구를 효율적으로 충족시키는 기업은 시장에서 다른 기업들보다 시장 점유율을 더 얻을 것이며 보다 수익을 많이 낼 것이다.

기업의 supply chain이 반드시 이 점에 대응해야만 하는 이유를 세븐-일레븐(7-Eleven)과 쌤스 클럽(Sam's Club)의 사례에서 살펴보자. 쌤스 클럽은 월마트의 자회사이다. 세븐-일레븐과 같은 편의점에 들르는 고객들은 쌤스 클럽과 같은 디스카운트 창고에 들르는 고객들과는 다른 일련의 욕구들을 가지고 있다. 세븐-일레븐 고객은 종종 서두는 편인데, 편의점이 근처에 있고 충분히 다양한 제품이 있고 그리하여 그들이 즉각적으로 필요로 하는 일반적인 가정용품이나 식품 품목 등을 소량으로 살 수 있는 그러한 점을 좋아한다. 한편 쌤스 클럽 고객들은 가장 저렴한 가격을 추구한다. 그들은 급할 게 없으며, 약간의 거리는 기꺼이 차로 달려서 가장 저렴한 가격에 사기 위하여 한정된 품목의 숫자들을 대량으로 구입하기를 원한다.

분명히 세븐-일레븐에 대한 supply chain은 대응성을 강조할 필요가 있다. 그 그룹의 고객들은 편의성을 기대하며 그에 대한 대가를 치르려 한다. 반면에 쌤스 클럽의 supply chain은 효율성에 아주 중점을 둘 필요가 있다. 쌤스 클럽 고객들은 아주 가격 지향적이며, supply chain은 비용을 줄이는 모든 방법을 찾아야 하고 이들 절감들이 고객들에게 돌아갈 수 있도록 해주어야 한다. 이들 회사들의 supply chain은 비즈니스 전략과 잘 일치하기 때문에 시장에서 제각기 성공을 거두고 있는 것이다.

Supply chain을 비즈니스 전략과 일치시키는데 있어서 사용되는 3가지 단계들이 있다. 첫 번째 단계는, 기업이 공급하는 시장을 이해하는 것이다. 두 번째 단계는, 당신회사의 장점이나 핵심 역량을 정의하고, 기업이 시장에 공급하는데 있어서 할 수 있는 역할을 정의하는 것이다. 마지막 단계는, 그 회사가 선택한 역할들을 지원하기 위하여, 필요한 supply chain 능력을 개발하는 것이다.

<표 6-1> Supply chain 및 비즈니스 전략을 일치시키는 3가지 단계들

1. 고객 요구의 이해
2. 고객에게 행하여야 할 핵심역량 및 역할의 정의
3. 선택한 역량을 지원할 supply chain 능력 개발

	대응성	효율성
1. 생산	• 초과생산 능력 • 유연한 제조기법 • 다수의 소형공장	• 초과생산 능력이 거의 없는 공장 • 최적화 • 소수의 핵심공장
2. 재고	• 높은 재고수준 • 다양한 제품군	• 낮은 재고수준 • 소수품목
3. 입지	• 소비자와 근접한 다수의 장소	• 다양한 서비스를 수행하는 소수 핵심적 위치
4. 운송	• 빈번한 운송 • 신속하고 신축적인 운송방식	• 덜 빈번하고 거대한 묶음의 운송 • 느리고 저비용인 운송방식
5. 정보	• 적시의, 정확한 데이터의 수집 및 공유	• 다른 비용이 상승하는 경우 정보 관련 비용은 하락
Supply chain의 대응성과 효율성의 능력은 5가지 supply chain 요소에 대해 이루어지는 결정에 따라 생성된다.		

3 SCM의 발전과정과 효과[29)]

1) SCM의 단계별 발전과정

1단계

창고와 수배송 기능의 두 기능을 통합하여 더 빠르게, 더 자주, 그리고 특히 더 확실한 수송방법을 이용함으로써 재고감소를 이루며, 더 빠른 창고운영을 통한더 짧은 주문응답 시간과 더 빠른 수송시간으로써 예측기간의 기간을 줄이고, 그 결과 예측의 정확도를 증가시키는 것이다.

2단계

물류단계로써 첫 번째 단계에 제조, 조달, 주문관리 기능들이 추가된다.

3단계

통합 SCM단계로써 통합된 기능들의 사슬이 연장되어 한 쪽 끝에는 공급자가 또 다른 한 쪽에는 고객이 추가된다.

4단계

Super-SCM단계로써 제품개발, 마케팅, 고객 서비스와 같은 더 많은 기능들을 통합하게 될 것이다. 이러한 통합된 프로세스를 가능하게 하는 것은 컴퓨터 기술과 통신기술의 폭발적인 발전, 즉 정보기술혁명이다.

---

29) 통합 SCM 전략수립 방법론 연구, 2000년 9월 6일(http://www.logistics21.com/cgi-bin/tec..ead.)

2) SCM의 효과와 장점

① 고객별로 Customize화된 전자카탈로그를 제공할 수 있고 부가적으로 Customize화된 서비스를 제공할 수 있다.

② 부분별로 다양한 가격옵션을 직접 제공받고 제공할 수 있다.

③ 구매 사이클 타임(Cycle Time)을 줄일 수 있고 따라서 최소의 재고를 유지할 수 있다.

④ 구매주문에 들어가는 각종 업무비용을 줄일 수 있고 주문 프로세스의 간접비를 감소시킨다.

⑤ 제품 배송의 라이프사이클을 감축할 수 있고 실시간으로 24시간 언제나 전세계의 고객을 만족시킬 수 있다.

Chapter 7

정보를 통합하는 로지스틱스[30)]

30) 박명섭 외 (2001), 물류관리의 이해, 우용출판사, pp.174~197.

1 IT와 SCM의 의미

자사만으로는 한계에 가까운 비용절감을 거래처와의 협동으로 더욱 진전되고 있으며, 쌍방이 동일정보를 동시에 사용할 수 있는 것이 조건.

1) 거래 기업간의 새로운 국면

이제까지 기업은 가격의 인하를 위해 '사내의 비용을 어떻게 인하할지'라는 시점에서 각종방안을 개발해 왔다. 다빈도 소량배송의 요청은 '잔품을 남기지 않고 기회손실도 회피하기' 위한 것도 있어 시간지정납품의 요청은 '화물인수작업을 효율화하기'위한 것이다.

이들은 일률적으로 나쁘다고 할 수 없다. 문제는 이들이 납입자 측의 비용 및 효율을 무시하고 있다는 것이다. 거래기업간에 도모하는 전체비용의 삭감이 다음의 표적이다.

2) 정보통신의 활용으로 낭비를 단절한다.

실제로 기업간에는 많은 낭비가 있다. 주문내용을 발주측, 수주측 쌍방에서 컴퓨터에 손으로 입력하거나 주문내용을 상대회사의 상품코드에 다시 쓰거나 양이 적은 시간지정납품을 위해 낮은 적재율로 트럭을 달리게 하고 있다.

이 같은 비용은 거래기업간에 서로 협력하면 삭감 가능한 것이다. 이 사고를 '공급망관리(SCM)'라 한다. 거래기업간에 서로 협력하는 것에 의해 보다 저렴하고 필요한 때에 필요한 것을 그 거래처의 구입자에게 제공하려고 하는 것이다.

공급망관리가 가능하게 된 배경에는 '정보화의 진전'이 있다. 쌍방이 동일 자료를 보면서 적시에 움직일 수 있으므로 마치 하나의 기업과 같이 그 거래처의 최종소비자에게 대응할 수 있다.

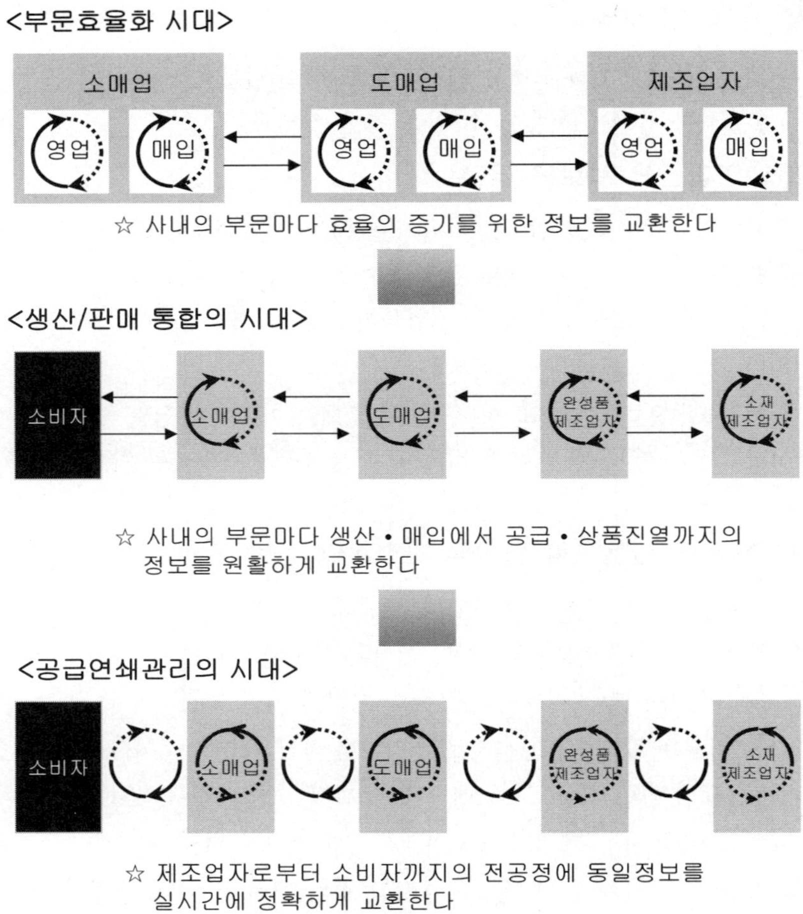

【그림 7-1】 정보 활용 방식의 변천

2 신속대응 (quick response)

시장정보를 취합하여 즉시 상품의 공급에 적용하는 것이 요청되고 있으며, 생산에서 판매까지의 모든 공정을 일관하는 납기단축시스템.

1) 유행의 주도권이 소비자에게 이동

정보의 활용에 따라 비용을 인하한 대표적인 업종의 하나로 기성복 산업이 있다. 단축한 것은 '납기'이다.

종래는 계절 도래의 반년 전에 투입할 상품의 디자인을 결정하고 그것을 매수인에게 보여 주문량을 결정하고 투입하는 절차로 대부분의 상품을 제조하는 방법이었다.

유행은 기성복 제조업체가 만드는 것이었으며 잔품도 가격인하하면 어느 정도 팔 수 있었기 때문에 이 구조에서도 문제는 발생하지 않았다.

문제는 유행의 주도권이 제조업체로부터 소비자에게 이동되었기 때문에 발생했다. 계절이 시작될 즈음에 판매될 것이라고 생각하여 만든 것이 너무 많이 남게 된 것이다. 시기를 동일하게 해 가격경쟁력의 저하와 잔품 위험의 증대에 수반하는 비용의 상승이라는 이중의 충격을 받게 되었다.

2) 시간을 돈으로 바꾼다.

여기서 주시한 것이 '거리의 가까움을 납기단축에 살린다'는 것이다. 생산지가 가깝기 때문에 매기만을 바로 예상하여 운반하면 팔리지 않는 재고를 보유하는 것과 팔고 손해를 보는 것도 방지할 수 있다. 이것으로 가격인하를 실현한 것이다.

이 성공의 기준이 된 것은 정보시스템이다. 구체적으로 어느 상품이 어느 정도 팔리고 있다는 정보를 옷감 재고업체로부터 소매점까지가 공유하고 어느 제품의 어느 주문은 현재 어디에서 처리되고 있는가 하는 생산·유통 공정정보를 전 기업에서 교환한 것이다. 이에 따라 기회손실과 부동 재고의 문제를 동시에 해결한 것이다.

정보통신의 활용으로 시간의 가치를 살린 이 같은 구조를 '신속대응시스템'이라 한다. 현재 많은 업계에 이러한 움직임이 확대되고 있다.

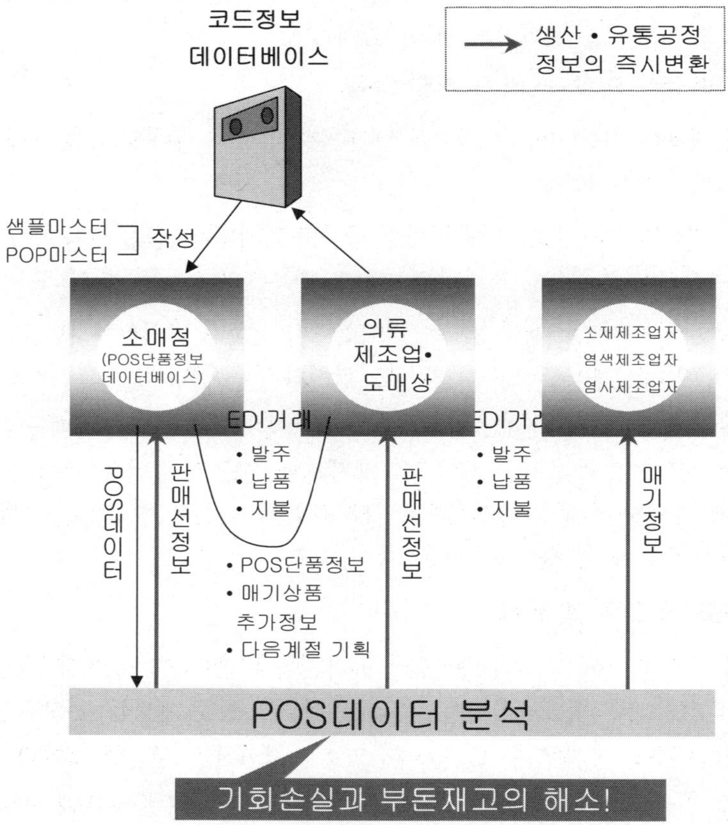

【그림 7-2】 신속대응의 구조(기성복의 경우)

3 ECR

소비자가 필요한 상품을, 필요한 장소에, 필요한 때에, 필요한 양만큼 공급하는 것으로 재고를 줄이고 사무처리도 경감하는 시스템.

1) ECR발생의 경위

미국의 할인점은 기업간의 정보네트워크를 활용하는 것에 의해 철저한 비용절감을 추진해 왔다. 이에 따라 더욱더 저가격화를 추진해 매상을 증대시킨 것이다. 현재는 세계제일의 매상을 자랑하는 소매업은 할인점인 미국의 '월마트'이다.

정보를 활용한 효율적인 로지스틱스의 흐름은 할인점의 주요한 판매상품인 일용잡화업계 및 신속대응의 대상이 된 기성복의 주요 채널인 백화점으로 확대되었다.

이것에 위기감을 느낀 것이 슈퍼마켓, 가공식품업계이다. 거기서 할인점에 대항하는 새로운 구조의 구축에 착수한 것이다. 이것이 1992년에 제기된 '효율적 소비자 대응' (Efficient Consumer Response; ECR)이다.

2) ECR의 기본적인 구조

ECR은 '필요한 상품을 필요한 장소에 필요한 때에 필요한 양만큼 가장 효율적인 방법으로 공급하는 것'을 목표로 하고 있다. 간단하게 말하면 적시에 정보를 서로 교환하는 것에 의해 이제까지 가지고 있던 '안전분량'의 재고를 줄이는 것이다.

더구나 정보를 추진하는 것에 의해 '결심'에 의한 재고의 과부족을 줄이고 전표를 보거나 문의하는 사무처리도 삭감하려고 하는 것이다.

미국에서의 이 같은 움직임을 참고로 우리나라에서도 가공식품도매, 가공식품제조업체가 협력하여 ECR이 착수되고 있다.

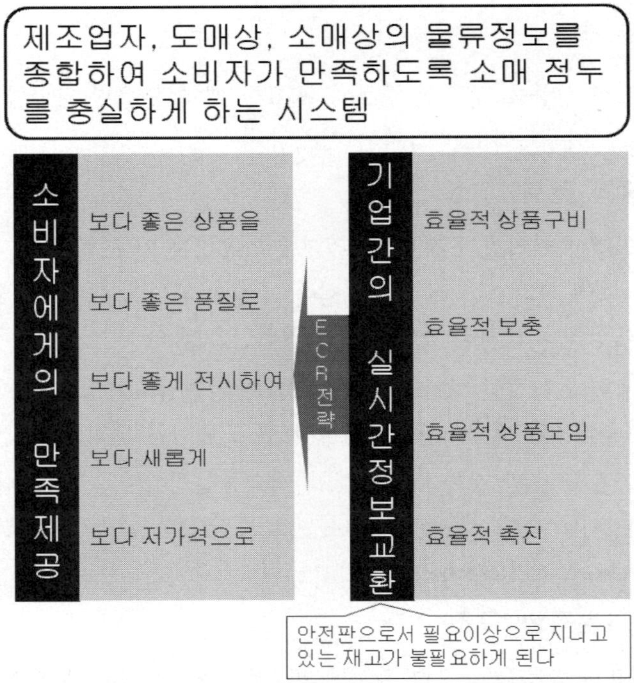
제조업자, 도매상, 소매상의 물류정보를 종합하여 소비자가 만족하도록 소매 점두를 충실하게 하는 시스템
소비자에게의 만족제공
보다 좋은 상품을
보다 좋은 품질로
보다 좋게 전시하여
보다 새롭게
보다 저가격으로
ECR전략
기업간의 실시간정보교환
효율적 상품구비
효율적 보충
효율적 상품도입
효율적 촉진
안전판으로서 필요이상으로 지니고 있는 재고가 불필요하게 된다

【그림 7-3】 ECR의 구조

4 VMI (Vender Management Inventory)

제조업, 도매, 소매 모두가 POS 데이터를 보고 수·발주하는 것이라면 납입업자가 재고를 관리하면 발주업무가 필요 없게 됨.

1) 유동재고가 증가하는 이유

원재료 제조업체로부터 소매점까지의 물건의 흐름을 통해 보면 각 장소에서 불필요한 움직임이 있음을 알 수 있다. 소매점은 POS 데이터를 보면서 선반(재고량)을 조사하거나 발주량을 결정한다. 이것을 근거로 도매상은 수주량과 자사의 재고량을 보면서 제조업체에 발주할 물량을 결정한다. 제조업체는 수주량을 근거로 생산량을 결정한다. 수배에 시간이 걸리지 않는 원재료에 대해서는 이 생산량이 결정된 후 원재료 제조업체에게 발주한다.

이 수주기준의 재고관리는 소매점재고, 도매점재고 등 소위 '유통재고'를 증가시키기 쉬우며 제조업체의 생산량을 결정하는 수주량의 변동과 시장의 동향간에 시간적인 갭을 초래한다. 팔린다고 생각하여 증산을 계획 · 실행했으나, 다 만들 즈음에는 매기가 정지되어 증산한 분만큼의 재고로 남았다는 이야기가 실제로 많이 있다.

2) POS에의 데이터로 발주업무가 없어진다.

현재 '소매상, 도매상, 제조업체 모두가 POS 데이터를 보면서 시장의 동향을 파악하는' 작업이 시작되고 있다. 소매점의 물건 움직임을 보면서 생산·수송을 하면 팔리지 않는 것을 운반하거나 보관할 불필요성을 줄일 수 있다.

더구나 '동일 POS 데이터를 보면서 보내어져 오는 양을 예측할 정도라면 발주라는 업무를 없게 할 수 있다'. 이것을 '납입업자에 의한 재고관리' (Vender Management Inventory; VMI)라고 한다.

이것은 지금까지의 제조업체, 도매상, 소매의 기능재편 움직임의 일부인데, 유통전체로서의 재편이 이루어지기 시작하고 있다.

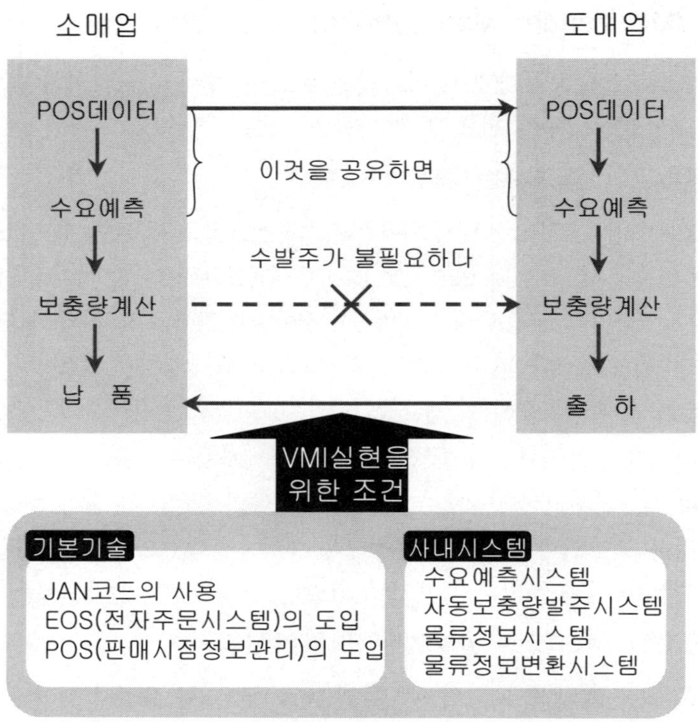
소매업
도매업
POS데이터
수요예측
보충량계산
납 품
POS데이터
수요예측
보충량계산
출 하
이것을 공유하면
수발주가 불필요하다
VMI실현을 위한 조건
기본기술
JAN코드의 사용
EOS(전자주문시스템)의 도입
POS(판매시점정보관리)의 도입
사내시스템
수요예측시스템
자동보충량발주시스템
물류정보시스템
물류정보변환시스템

【그림 7-4】 VMI의 구조

5 정보네트워크와 물류

공급망관리는 통신비용의 절감, 정보기기의 성능향상, EDI의 보급으로 급속하게 진전.

1) 주문정보의 교환

물류는 정보와 밀접한 관계를 가지고 있다. 물건은 그 지시라는 정보, 결과라는 정보가 발생하므로 움직이는 것이다. 수주라는 정보가 있어야 비로소 출하 및 배송을 할 수 있고, 배송이 행해졌다는 정보가 있어야 비로소 청구할 수 있는 것이다.

납입처와 납입처간의 정보교환이 이루어지면 이들 정보는 쌍방에서 입력할 것 없이 더구나 정확하고 신속하게 활용할 수 있게 된다.

2) 물류업자와의 정보교환

대부분의 기업에서는 물류업자를 활용하고 있다. 물류센터업무를 위탁하고 있는 경우, 물류업자가 센터에 컴퓨터를 설치하고 입·출하정보뿐만 아니라 유통가공의 지시, 재고의 현상보고 등을 서로 교환하는 경우가 증가하고 있다. 즉 센터의 정보시스템에 그대로 맡길 수 있다.

노선편 및 택배편을 이용하고 있는 경우에는 위탁화물에 대해 현재 배송의 어느 과정에 있는가 하는 화물추적정보 교환의 예도 증가하고 있다. 시스템에 접속함으로써 배송처에서의 문의에 순식간에 부응할 수 있다.

3) 물류의 효율화 향상

정보교환의 범위를 확대하여 더욱더 효율화에 착수하고 있는 경우도 있다. 예를 들면 복수의 상품을 혼재하는 경우에는 개개의 상자에 각각을 식별하는 바코드를 부착한다. 이것을 SCM(Shipping Container Marking)이라 한다.

그리고 어느 상자에 무엇을 적재하는가 하는 정보를 미리 수하인 측에 보낸다. 이렇게 함으로써 수하인 측에서 무엇이 도착하는지 정확하게 알 수 있으므로 검품 및 선반

적재작업을 효율화할 수 있다. 이 정보를 '사전출하명세(ASN)'라고 한다.

물류업자간에는 요금청구에 관한 정보도 교환되게 되었다. 어느 위탁업무에 대해 얼마의 요금이 발생했다는 정보를 교환할 수 있게 되면, 지불업무는 간소화되고 물류비용도 상세하게 분석할 수 있다.

4) 1대1에서 N대N의 접속으로

여기서 소개한 기업간의 정보교환은 선진적인 기업간의 1대1의 정보접속에서 새로운 것이 시도되고 그것이 복수기업으로 확대되어 가는 형태를 채택하고 있다.

특정기업과 거래가 있는 복수기업간의 정보네트워크를 '유통 VAN'이라고 한다. 전자자료교환(EDI)은 더욱더 이것을 확대하여 거래가 있는 기업 모두와의 정보교환을 목표로 한다.

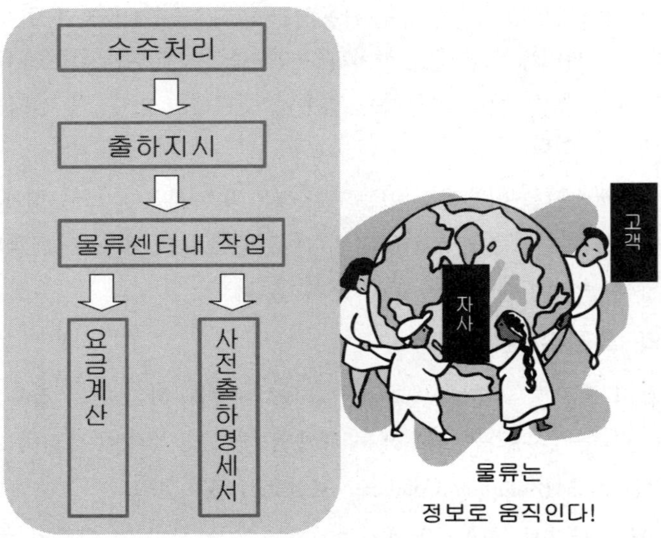

【그림 7-5】 정보네트워크의 효과

6 EDI의 의미

특정기업간뿐만 아니라 상대를 선택하지 않고 어느 기업과도 데이터를 교환할 수 있는 시스템인데, 거기에는 세계표준이라는 벽이 존재.

1) 유통 VAN으로부터 EDI로

어느 기업이라도 동일구조로 정보교환을 하기 위한 규약, 즉 약속 업무가 EDI이다.

유통 VAN에서는 한정된 거래처를 대상으로 하여 효율화에 착수했다. 그러므로 유통 VAN에서는 참가기업의 모든 거래처를 포함할 수 없었다.

하주기업의 조달처 및 배송처에는 여러 회사가 포함된다. 어느 기업에서도 간단하게 정보교환을 할 수 있는 EDI가 진전되면 될수록 물류는 비약적으로 효율화된다.

2) EDI는 물류에서 시작되었다.

EDI는 사실 미국의 물류업계에서 시작되었다. 다수의 하주기업으로부터 물류업무를 수탁하여 이들의 동업자끼리 보완·협력해 왔다. 물류업자에 있어서 어느 거래처와도 동일한 방법으로 정보교환을 할 수 있는 EDI는 필요한 것이었다.

3) EDI에도 종류가 있다.

모든 거래처와 동일 수순으로 할 수 있도록 정비가 진전되고 있는 EDI이지만 전세계에는 여러 종류가 있다.

우선 유엔이 세계표준으로서 협정하고 있는 'UN/EDIFACT'가 있다. 이것은 유럽을 중심으로 사용되고 있지만 국제해상화물수송분야에서는 아시아지역에서도 채용하는 국가도 있다.

미국에서는 'ANSI X·12'라는 표준이 많이 채용되고 있다. 이것은 장래적으로 UN/EDIFACT에 통합한다고 표명하고 있지만 그 길은 상당히 험난한 것 같다.

일본에서는 산업정보화센터(CII)가 국내표준의 정비를 추진하고 있다. 국내에서 세계표준이 이용되지 않고 있는 이유는 한자를 취급하기를 바라는 욕구가 있기 때문이다. 이것을 충족하고 세계화에 대응하면서 세계표준으로 간단하게 번역할 수 있도록 하는 형태로 현재 시스템의 구축이 진전되고 있다.

각각의 표준은 업종별의 서버세트로 성립하고 있다. 업계별로 교환하고자 하는 데이터의 내용이 다르기 때문이다.

EDI는 현재 업종별의 진전 상황에 차이는 있지만 각 업계단체가 중심이 되어 업계 내에서의 표준정비를 하고 있다.

정비가 진전되고 있는 업계에서는 이미 실용수준에까지 와 있지만 지연되고 있는 업계에서는 어떤 정보를 교환하면 되는지를 검토하고 있는 단계이다. 그러나 이미 표준이 완성되어 있는 업계조차도 채용하고 있는 기업이 적은 것이 현실이다. 또한 표준에 맞추어 사내정보시스템을 정비하는 것도 필요하므로 거래처 기업에 대해 힘이 있는 기업은 거래처에 자사특유의 방식으로 대응하도록 하는 경우도 많이 있다.

그러나 세계화에 수반되는 세계 각국과의 원활한 정보교환이 요구되는 지금 표준 채용의 급속한 움직임이 다방면에서 일어나고 있다.

물류부문에서도 물류 EDI의 정비가 시작되고 있다. 거래의 형태 및 취급품목의 물류특성이 업계마다 다르기 때문에, 업계표준이 고정된 업계를 순서대로 착수해 나가는 형태로 정비가 진행되고 있다.

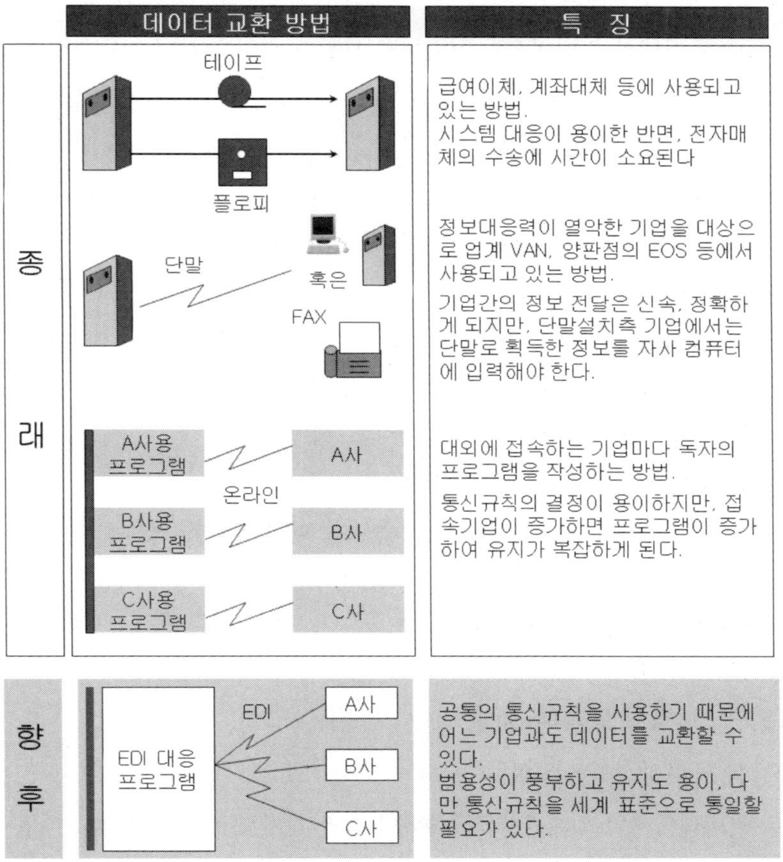

【그림 7-6】 EDI의 구조와 특징

7 인터넷과 물류

불특정다수의 상대와 인터넷으로 연결되면 화물에 관한 정보나 경영활동에 관한 정보도 교환할 수 있는 장점이 있음.

1) 화물의 정보교환에 활용

불특정다수를 대상으로 하는 정보교환을 용이하게 하며, 원거리일수록 통신비용을 절감할 수 있다는 인터넷의 특징이 물류에도 활용되고 있다.

① 화물추적정보의 제공

물류업자의 활용사례로서 가장 일반적인 것으로 노선편 및 택배편의 소량화물을 대상으로 하는 화물의 추적을 들 수 있다. 부탁한 화물이 현재 어디에 있는지, 어떤 처리의 과정에 있는지를 조회하는 것이다.

② 돌아오는 길에 화물을 확보

장거리 트럭은 효율화를 위해서는 돌아올 때도 화물을 적재해 오는 것이 요구되고 있다. 그 때문에 어느 방면의 차가 있다거나, 어느 방면의 화물이 있다는 정보가 불가피하다. 그 정보는 불특정다수가 가지고 있는 것이므로 그것을 교환하는 수단으로서 인터넷의 이용이 검토되고 있다.

2) 기업간의 정보교환에 활용

① 통신판매의 효율화

인터넷에서의 통신판매에도 물류업자가 참가하고 있다. 통신판매업자는 상품을 물류업자에게 의뢰하여 주문이 있는 것을 배송한다. 발주한 때 화물전표의 번호를 수취해 두면, 화물추적으로 주문내용의 처리상황을 파악할 수 있다.

② 수발주의 효율화

수발주 등 기업간의 물류정보교환에서도 인터넷의 활용이 보여진다. 거래량이 적고 더구나 원격지인 경우에는 인터넷상의 EDI, 적극적인 정보교환의 실현에 사용자를 한정한 인터넷상의 인트라넷의 사례도 볼 수 있다. 인터넷에서의 물류정보교환의 대상은 확대되고 있다.

화물추적정보의 활용

노선편이나 택배편의 화물이 지금 운송중에 있지만, 어디에 있는가를 조회한다

돌아오는 화물의 확보

불특정 다수의 화주, 트럭수송업자의 차량 • 화물을 구하는 정보를 교환하는 수단으로 사용한다

통신판매의 효율화

상품을 물류업자에게 맡기고, 소비자로부터의 주문이 있을 때에 배송하게 한다.

화물을 추적하는 것으로 처리상황을 파악할 수 있기 때문에 소비자의 문의에 답할 수 있다.

수발주의 효율화

인터넷상에서의 EDI나 인트라넷 등에 의해, 수발주로 대표되는 기업간의 정보교환이 활발하게 진행된다

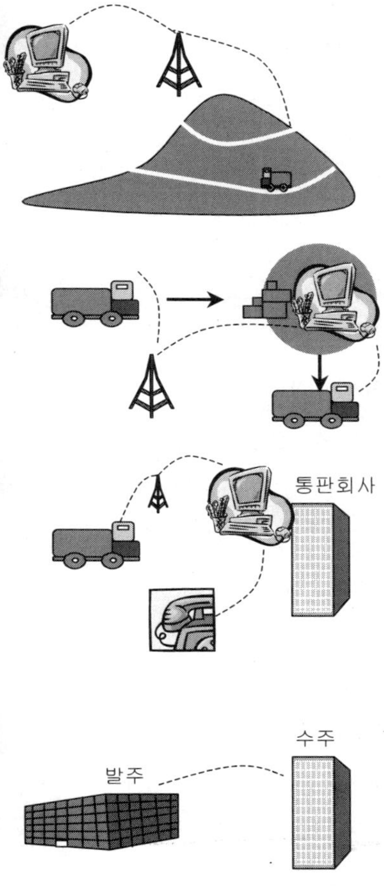

【그림 7-7】 인터넷의 활용방법

8 핵심역량(core competence)에서 아웃소싱(outsourcing)으로

수송, 보관, 작업 등 단순한 것뿐만 아니라 기획, 관리, 개선 등도 포함한 아웃소싱을 하는 것으로 합리화를 도모.

1) 핵심역량전략

지금은 기업경영이 대대적으로 再考되고 있는 시대이다. 그 하나의 방법이 기업인, 물건, 돈이라는 자원을 자사의 우위분야에 집중 투자하여 높은 이익을 추구하는 움직임이다. 이것이 '핵심역량'(core competence)전략이다.

핵심역량이란 자사의 경우에 가치를 지니는 중핵적인 기업능력을 말한다. 이것에 경영자원을 집중적으로 투입하는, 즉 이익률이 높은 업무에 인력을 집중시키고, 다른 것은 외주화하는 것에서 보다 높은 이익을 획득하는 것이다.

2) 가상회사(Virtual Company)의 구축

SCM(Supply Chain Management)이란 그것을 구성하는 기업의 각각이 자사의 우위분야를 살려, 마치 하나의 기업인 것같이 고객에게 향하려고 하는 것이다.

이러한 각각의 기업이 우위분야의 기능을 서로 제공하는 제휴형태를 '가상회사'라고 한다.

강력한 핵심역량을 가진 기업이 각각의 우위분야에 능력을 발휘하면 경쟁력이 있는 가상회사가 구축된다.

3) 물류의 아웃소싱

대부분의 기업에 있어서 물류는 우위분야가 아니다. 하나의 기업만으로는 취급하는 물량도 한정되어 있으며 효율화에 한계가 있다. 고도의 관리를 하기 위한 노하우도 경험이 적은 만큼 부족하기 쉽다. 기타 근무형태, 인재육성을 위한 경력사항이 다른 업무와 상이하며 자사에서 행하는 것은 고비용이 되기 쉽다는 문제가 있다.

여기서 주목되는 것이 물류업무의 아웃소싱이다. 물류의 관리, 운영에서 역량이 있는 기업에 모두를 위탁하는 것이다.

4) 정보력이 관건

관리별 위탁에는 물류업자측의 정보력이 필요하게 된다. 물류업무의 진행상황, 작업 시스템 등의 실태가 컴퓨터로 파악되며 이들을 근거로 한 여러 가지 각도에서의 분석이 이루어지지 않으면 정확하게 관리될 수 없다. 물류를 위탁하는 기업은 물류업자와 온라인으로 연결해 위탁업무의 실태를 파악한다. 이것에 의해 안심하고 외부기업에 업무를 위탁할 수 있다.

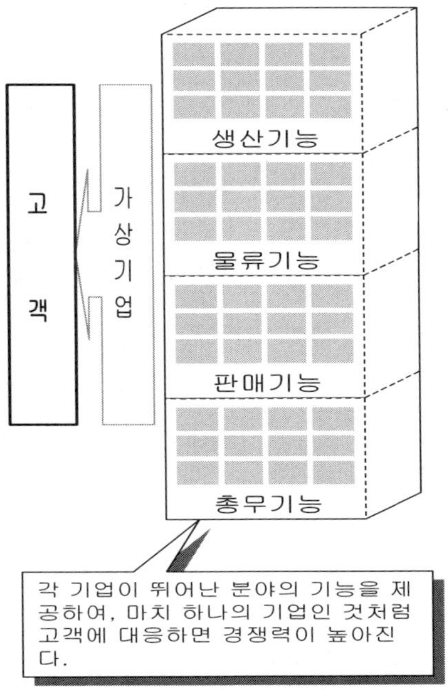

【그림 7-8】 핵심역량전략의 구조

Chapter 8

e-로지스틱스와 e-SCM

1 e-로지스틱스의 개념과 발전[31)]

인터넷을 기반으로 한 전자상거래의 발전에는 물류분야도 예외가 될 수 없다. 많은 물류업체들이 기존에 오프라인방식으로 이루어지던 고객서비스를 온라인방식으로 전환하고 있으며, 이중 일부 업체들은 인터넷 쇼핑몰(B2C)이나 기업간 전자상거래(B2B) 시장에도 진출하고 있는 추세에 있다. 최근에는 정보통신업체나 벤처업체들이 인터넷기반의 물류서비스를 제공하는 등 물류서비스 시장의 다변화가 빠른 속도로 이루어지고 있다.

e-로지스틱스란 물류서비스 제공업체가 정보통신기술을 기반으로 다양한 부가가치 물류서비스를 온라인상에서 구현하여 SCM 개념 하에 화주기업의 물류프로세스를 효율적으로 지원하는 활동이라 정의할 수 있다.

인터넷을 기반으로 한 e-로지스틱스 서비스의 발전단계는 일반적으로 다음과 같이 구분할 수 있다[32)].

1단계 : 웹사이트를 통해 화주가 운송업체의 위치를 파악할 수 있고, 운송업체가 제공하는 서비스 내용 등에 대한 정보를 얻을 수 있으며, 실시간은 아니지만 화물의 위치를 파악할 수 있음

2단계 : 보다 실시간의 단품단위 재고파악이 가능하며, 운송업체가 운송상태 메시지 전송을 통해 운송지연과 같은 예외적인 사항을 화주에게 통보할 수 있게 된다. 이 단계에서는 단순한 화물정보 제공차원을 넘어 supply chain정보 제공단계로 발전하며, 웹사이트를 통해 화주와 고객간의 연계가 보다 강화됨

3단계 : 화주와 운송업체간 물류업무에 대한 협력적 통합(shipper-carrier collaboration)이 가능해지며, 온라인 계약, 운송서비스 평가, 운임청구 및 정산 등 보다 발전된 응용서비스가 웹을 통해 이루어지게 됨

현재 e-로지스틱스 서비스를 지향하고 있는 사이트를 통해 제공되고 있는 대표적인

31) 권오경 (2001), 글로벌 경쟁력과 SCM 전략, 대한상공회의소, pp.136~138.
32) "e-logistics Supplement", Logistics Management and Distribution Report, 2000. 4.

서비스로는 다음과 같은 것들이 있다.

① 화물추적서비스

- 화물의 위치정보, 예상도착시간, 운송지연정보 제공

② 화주의 물류업무 지원서비스

- 화주 또는 e-Marketplace 웹을 통한 운송업체의 운송정보 연계서비스 (운임조회, 운송의뢰, 화물추적 등)
- 운임청구 및 정산, 실적 관리
- 온라인 물류업무지원서비스 (예 : Application Service provider)

③ 동적 운송경로 관리

- 화주의 운송경로 변경의뢰 처리

④ 기타 고객서비스

1999년 미국의 화주기업의 제3자 물류서비스 이용실태 중 e-로지스틱스 서비스 이용실태를 조사한 바에 따르면 운임청구 / 지불 (64%), 운송계획 / 운영 (47%), 화물추적 (40%) 분야의 이용도가 높은 것으로 나타났다[33].

<표 8-1> 미국기업의 e-로지스틱스 서비스 이용실태

적용분야	이용률
운임청구 / 지불	64%
운송계획 / 운영	47%
화물추적	40%
국제운송서류 서비스	36%
창고관리시스템 (WMS)	31%
supply chain 계획 / 스케줄링	7%
주문관리	2%

자료 : Lieb, Robert and Luigi Peluso, 1999.

33) Lieb, Robert and Luigi Peluso, "The Use of Third Party Logistics Services by Large American Manufacturers : Executive Summary", 1999.

향후 물류서비스업체의 e-Capabilities 강화나 물류 e-Marketplace 구축을 위해 바람직한 e-로지스틱스 서비스 모델을 정립하기 위해서는 위와 같은 e-logistics 서비스 제공 및 이용실태와 국내 물류서비스 시장의 현실을 감안하여 도출될 수 있을 것이다.

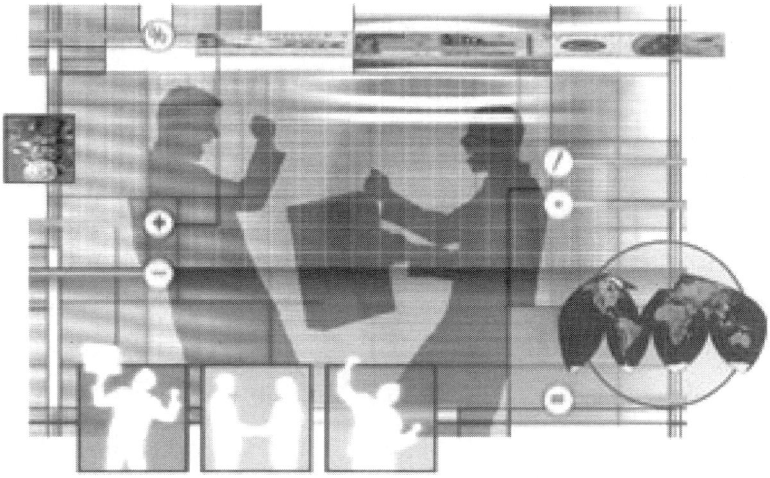

2 물류 e-Marketplace의 유형과 시장 형성

1) 물류분야 e-Marketplace의 역할

최근 타 분야에서와 마찬가지로 물류분야에서도 e-Marketplace의 구축이 이루어지고 있다. 이러한 e-Marketplace의 구축은 기존의 운송업체, 제3자 물류업체뿐만 아니라 정보통신업체, 벤처업체 등 다양한 주체들에 의해 추진되고 있다.

이들 사이트의 특징은 언급한 e-logistics 서비스의 제공기능에 중계(exchange), 경매(auction), 역경매, 카탈로그(catalog) 등 e-Marketplace의 전형적인 기능을 보강한 사이버 물류시장(Online Logistics Marketplace)의 구축을 지향하고 있다는 점이다. 이러한 물류분야 전자상거래 모델의 등장은 물류서비스 시장에서 전통적인 중계자(Intermediary)로서의 역할을 수행해온 주선업체를 실질적으로 대체할 수 있는 정보중계자(Infomediary)의 출현을 예고하는 것으로 볼 수도 있다.

물류 e-Marketplace는 무역부문과 마찬가지로 산업별 e-Marketplace를 위한 물류측면의 프로세스들을 수평적으로 지원하는 Horizontal e-Marketplace의 성격을 가지고 있다. 따라서 물류 e-Marketplace는 중립적인 성격을 가지면서도 화주기업들의 물류서비스 요구를 만족시켜야 하는 두 가지 측면이 동시에 고려되어야 한다. 최근 화주기업들은 물류업무에 있어서 supply chain에 참여하는 주체들과의 정보공유를 기반으로 전략적 협력관계를 추구하는 SCM의 도입을 적극 추진하고 있다. 이는 물류 e-Marketplace의 구축에 있어서 화주기업 내지 산업별 e-Marketplace와 물류업무에 대한 밀접한 협력관계를 구성할 수 있는 Collaboration 기능이 강조되어야 한다는 것을 의미하는 것이다.

이러한 전제하에서 물류 e-Marketplace는 기본적으로 다음과 같은 역할을 수행해야 할 것이다.

(1) 마켓메이커 (Market Makers / Exchanges)

① 중개, 경매라는 거래형태를 통해 고객에 대한 물류서비스 전자상거래를 위한 중개센터로서의 역할을 수행

② 온라인상에서 전반적인 물류업무에 필요한 솔루션과 통합 서비스를 제공하며 물류서비스 상거래에 대한 가상의 마켓플레이스를 제공

(2) e-Fulfillment 제공자 (e-Fulfillment Providers)

① 전자상거래의 거래체결 후 상품의 조달에 관련된 물류활동을 효과적으로 수행함으로써 전자상거래업체들이 자원을 핵심역량에 집중할 수 있도록 지원

② 화물추적서비스 등 supply chain상의 물류흐름에 대한 가시성 (visibility)을 제공하여 화주기업들이 보다 효과적으로 재고관리를 수행하도록 함

(3) 솔루션 제공자 (Supply Chain Solution Providers)

① 전통적인 물류업체들이 웹상에서 부가가치 물류서비스를 제공할 수 있도록 솔루션을 제공

② 화주기업들이 보다 효율적으로 공급망관리 (SCM)를 실현할 수 있도록 SCP (Supply Chain Planning), SCE (Supply Chain Execution) 솔루션을 제공

(4) 가상 물류서비스 제공자 (Aggregator)

물류시설, 운송장비를 갖추지 않고 기존의 운송업체, 창고업체 등을 가상공간에서 수평적으로 조직화하여 e-로지스틱스 서비스를 제공

요컨대, e-로지스틱스는 물류서비스 제공업체가 정보통신기술을 기반으로 보관·재고관리·운송·물류정보관련 솔루션 제공 등 다양한 부가가치 물류서비스를 온라인상에서 구현하여 이용자 만족을 극대화한다. e-로지스틱스 서비스 제공을 지향하는 웹 구축은 물류정보기능을 효율화·합리화하는 중요한 수단이 되고 있다. 즉, 웹에 의한 최적화 · 자동화 · 통합화를 추구한다. 웹은 이용자와의 관계를 형성하는데 지금까지 사용

해온 도구 가운데 가장 우수한 방법으로 평가받고 있다. 따라서 웹은 거래파트너와 비즈니스 정보를 공유하는 최선의 도구로서 기업간 시너지 효과를 창출한다.

3 e - SCM

공급망관리의 개념이 정보통신기술의 발전, 인터넷과 전자상거래의 확대 등으로 웹상에서 서비스가 가능하게 되어 기존의 공급망관리 개념이 변화되고 있다. 전문물류업의 물류정보서비스는 기존의 복합운송서비스에 추가하여 공급연쇄상의 긴밀한 서비스까지 제공되고 있다.

인터넷 웹상의 공급망관리란 업무와 조직의 가상화·정보의 통합화·정보의 동기화·정보활용의 디지털화·업무처리 등의 e-business 패러다임을 수용한 새로운 개념의 공급망관리를 의미한다. e-business의 가장 중요한 요소 중의 하나는 주문이행을 효율적으로 수행하기 위해 전체 공급망관리를 어떤 방법으로 연계하느냐 하는 것이다. 정보통신기술의 활용을 효율화하는 e-SCM 은 총체적인 관점에서 통합하고 관리함으로써 e-business 수행과 관련된 공급자·화주·기업 내부의 다양한 요구를 만족시키고 효과성 및 효율성을 최적화하여 화주만족도 및 기업 성과를 높일 수 있는 전략기법이다. 따라서 e-SCM은 e-business전개에 있어 필수적 요건과 가상기업출현을 실현시키는 도구로 인식된다. 이런 가상기업은 상호보완적인 핵심역량을 보유한 독립된 의사결정주체들이 네트워크로 연결되어 통합된 하나의 기업처럼 운영된다. 또한 인터넷 활성화에 의한 전문물류업들의 변화를 유도하여 이용자와 전문물류업 상호간 인터넷기반의 B2B거래에 적합한 물류 정보서비스를 제공하는 환경을 구축하게 한다[34].

Supply chain의 통합수준의 관점에서 본 공급망관리의 발전단계는 기업내 개별 비즈니스 활동의 최적화(optimization)를 추구하던 단계에서 기업내 전체 비즈니스 활동을 통합

34) 박홍균(2003), 전문물류업체의 웹 활용전략, 해운물류연구, 37호, p.76

(integration)하는 단계로 발전하고, 그 다음으로는 고객, 공급업체 등 supply chain 구성원들이 관련 비즈니스 프로세스들을 통합적으로 계획, 운영하는 협력(collaboration)의 단계로 발전하게 되며, 궁극적으로는 supply chain 구성원들이 하나의 가상네트워크를 형성하여 전체 supply chain 프로세스를 동기화(synchronization)하는 방향으로 발전된다고 보고 있다.

즉 e-SCM이란 e-business의 발전에 따른 디지털 정보기술을 전략적으로 활용하여 기업의 공급망관리의 효과 및 효율을 최적화함으로써 기업의 성과와 고객만족을 제고하기 위한 supply chain의 새로운 개념이라 할 수 있다. 다시 말해, e-SCM은 디지털 정보기술을 활용하여 공급자에서 고객까지의 supply chain 상의 물자, 정보, 자금 등의 흐름을 총체적인 관점에서 통합, 관리함으로써 e-business 수행과 관련된 공급자, 고객 그리고 기업내부의 다양한 니즈를 만족시키고 업무의 효율성을 극대화하려는 전략적 기법이라 할 수 있다.

e-SCM을 통해 기업들이 추진하는 목표는 다음과 같다.

① 디지털 환경으로 인해 등장한 새로운 패러다임에 부합할 수 있도록 원재료, 제품, 정보의 흐름을 리엔지니어링함.

② 디지털 기술을 활용하여 판매, 원재료, 구매, 제조, 물류를 同期化함.

③ 이를 바탕으로 고객에 대한 대응 능력제고 및 새로운 서비스 제공을 통해 고객 만족도를 향상시킴.

또한 e-SCM의 성공적인 구축을 통해 기업들이 얻을 수 있는 효과는 다음과 같다.

① 거래/투자비용의 최소화 : 전략적 제휴/아웃소싱 등 가상네트워크(Virtual Network) 형성으로 업무수행이 용이해지기 때문에 최소한의 자산 보유만으로도 사업수행이 가능하며, 또한 supply chain을 통합함으로써 공급자 및 구매자간 정보이전에 필요한 비용과 시간을 줄일 수 있다.

② 자동보충을 통한 재고 감축 : 공급자, 구매자간 정보 공유에 의해 공급자들은 재고정보를 실시간으로 파악, 구매자들이 필요로 하는 물량을 자동적으로 보충해 줄 수 있기 때문에 공급자, 구매자 모두 재고수준을 낮출 수 있다.

③ 개별화된 고객서비스(customization) 제공 : 구매자와의 직접 접촉을 통해 획득한 데이터를 분석하여, 각 고객들의 니즈를 충족시킬 수 있는 개별화된 서비스 제공이 가능하다.

④ 사이클 타임 단축 : supply chain의 자동화 및 유통단계의 단축을 통해 전체 주문 충족 사이클 타임의 단축이 가능하며, 이를 통해 고객 니즈의 변화에 대한 신속한 대응이 가능해진다.

⑤ 수평적 확장용이 : 가상네트워크 형성을 통해 현 사업 수행의 인프라 영역 또는 타 산업으로의 진출이 가능하다.

궁극적으로는 e-SCM이란 supply chain 구성원들이 하나의 가상네트워크를 형성하여 전체 supply chain 프로세스를 동기화(synchronization)하려는 보다 발전된 공급망관리 전략이다.

한편 과거기업의 핵심성공요인은 브랜드, 저비용, 시장주도력, 관리기술, 품질, 자본, (전통적)물류기술 등이었다고 한다. 현재 디지털시대에 들어와 핵심성공요인은 우월한 e-Biz전략, 정보통신기술과, 공급망/가치사슬 능력 등으로 변화했다고 한다.[35)]

현재 국내외 e-로지스틱스의 형태는 ① 물류전문기업에서 구현하는 자사의 홈페이지를 이용한 마케팅과, ② 물류정보서비스업체가 추구하는 인터넷 Marketplace로 구분할 수 있다. 현재 수준에서 보다 만족스러운 성과를 얻기 위해서는 다음과 같은 점들이 보완되어져야 한다.

첫째, 온라인서비스에 대한 홍보가 충분해야 한다. 이는 물류서비스 수요자들에게 e-logistics에 대한 관심을 일으키기 위한 필요조건이다. 수요자인 화주나 공급자인 운송사가 많이 이용하기 위해서는 사이트에 대한 홍보가 충분해야 한다.

둘째, 고객에게 가치 있는 정보나 서비스를 제공해야 한다. 일단 인터넷 물류를 이용한 고객을 다시 이용하게 하기 위해서는 고객에게 가치를 제공하는 서비스여야

35) Bauer, Michael & Lawrence Lapide(2001), e-business; The Strategic Impact on Supply Chain & Logistics, Council of Logistics Management, p.152.

한다. 다양한 콘텐츠의 제공과 아울러 가격 및 품질면에서 오프라인보다 경쟁력 있는 서비스를 제공해야 한다. 예컨대 e-market의 경우 여러 물류서비스를 가격과 품질 측면에서 면밀하게 평가하여 고객에게 정확하고 손쉬운 정보를 제공해야 한다.

셋째, 신뢰성이 보장되어야 한다. 거래금액 단위가 비교적 적은 쇼핑몰을 이용하는 고객도 쇼핑몰 선택 시 신뢰성은 매우 중요한 기준으로 작용한다. 그러므로 거래금액이나 단위가 큰 기업의 화물중개사이트 선정은 매우 신중한 조건에서 이루어지는 것은 당연하다.

넷째, 온라인과 오프라인의 연계가 강화되어야 한다. 온라인에서 중개에 성공하였다 하더라도 이를 다시 오프라인에서 재협의하고 필요한 제반 사항을 오프라인에서 수행해야 하기 때문이다 [참고로 미국의 소비자들을 대상으로 조사한 바에 따르면 온라인고객의 구매결정에 있어 가장 중요한 요소는 고객서비스(Customer Support), 정시 배달(On-time Delivery), 사생활 보호(Privacy Policy) 등이라고 한다] .

다섯째, 사용상의 편리함이다. 컴퓨터나 인터넷의 활용을 어려워하는 화주들도 많기 때문에 가급적 사용하기 용이한 시스템을 구축해야 한다.

한편 e-Biz 모델은 동일한 수준에 있는 것이 아니라 진화론적으로 발전한다고 한다. 대부분의 기업은 현재 1단계 내지 2단계에 와 있다고 한다. 보다 포괄적인 공급망관리에 인터넷 등 정보통신기술을 보다 적극적으로 반영할 때 가능할 것이라는 전망이다[36].

36) 진형인 외(2002), 국제물류의 이해, 박영사, pp.125～126.

<표8-2> e-biz 모델의 진화

구분	단계1	단계2	단계3	단계4
	공급망최적화	첨단 SCM	E-Commerce	e-business
상품개발	내부용	외부지원	협력적 설계	공동개발
원료구매	구매량 활용	네트워크 활용	공급자 지원	network 구입
마케팅	홍보용	고객지향형	핵심고개 개발	고객반응
제조	MRP	ERP	공동자원 활용	고객반응
물류	Push형	Pull형	이중채널	total network
고객관리	고객반응	집중서비스	CRM	고객관리자동화
인사관리	채용	훈련	기업간활용	Full network
정보기술	내부관리	기업전략	Extranet	Full network

자료: Bauer & Lapide, 2001, p. 157.

Chapter 9

글로벌 e-로지스틱스 시스템

1 e-로지스틱스 시스템[37)]

1) e-로지스틱스의 요건

e-로지스틱스 시스템의 일반적인 요건은 다른 물류정보시스템에서와 마찬가지로 대량정보의 즉시 처리화, 정보처리량의 피크예측, 정보처리작업의 평준화, 시스템설계 유연성 확보, 데이터 입력작업 용이화, 정밀한 코스트 모니터링, 철저한 로케이션 관리, 서비스수준의 모니터링, 통신기술의 적극적 활용, 생산과 판매부문과의 연계 등을 들 수 있다.

그러나 인터넷을 활용하여 물류를 수행하는 궁극적인 목적은 신속·정확·편리·경제성 있는 물류서비스를 제공하여 인터넷무역을 효율적으로 지원하기 위한 것이다. 그러므로 이 e-로지스틱스 시스템의 요건은 물류서비스에 대한 고객욕구를 충족시키는 것이 우선적으로 전제되어야 한다.

(1) 물류 프로세스의 리엔지니어링[38)]

e-로지스틱스 시스템을 구축하는 목적은 물류를 신속·정확·편리하게 수행하여 인터넷무역을 효율적으로 지원하기 위한 것이다. 그런데 물류를 신속·정확·편리하게 수행하기 위해서 가장 중요한 것은 물류 Process를 혁신하고, 단계를 혁신적으로 단축하는 것이다. 그러므로 기존의 절차와 단계를 그대로 정보시스템화 한다면 오히려 이중의 작업과 복잡성만 가중될 뿐 정보시스템을 구축한 궁극적인 목적은 기대할 수 없다. 그러므로 물류 Process와 단계를 철저하게 리엔지니어링하는 것이 전제가 되고, 이를 기초로 하여 e-로지스틱스 시스템을 구축하여야 한다.

---

37) 송계의(2000), 인터넷무역과 인터넷물류의 발전, 부경대학교 국제통상포럼 세미나 자료
38) 정보기술을 활용하여 비즈니스 프로세스를 근본적으로 재조정하여 고객만족을 추구하고, 상품과 서비스의 흐름을 재설계하는 경영혁신전략이다.

(2) 통합 e-로지스틱스 시스템의 구축

인터넷무역을 포함한 전사상거래시대의 물류에 있어서 기업간, 단체간 정보교환의 효율성 실현이 중요한 이슈로 부각되면서 정보의 흐름을 효율화하기 위한 정보기술의 도입과 물류 관련 주체간의 정보통합이 매우 중요한 요소가 되고 있다.[39]

그러므로 e-로지스틱스 시스템은 기업내는 물론 기업간, 유관단체간 통합시스템을 구현하여 물류서비스 제고와 물류비를 획기적으로 절감시킬 수 있는 기반을 마련해야 한다. 왜냐하면 개방적이고 네트워크화된 통합시스템이 구축되었을 때에 물류관련 정보의 신속·정확한 전송 및 물류의 처리가 가능해져 물류를 실질적으로 효율화할 수 있기 때문이다.

특히 e-로지스틱스 시스템과 관련된 기업 및 유관단체는 매우 다양하다. 그러므로 화주, 자동차운송업자, 선사, 항공사, 복합운송주선업자, 공항, 항만, 터미널, 보세장치장, 검수·검정회사, 내륙컨테이너기지, ODCY 등은 물론 건교부, 관세청, 해운항만청, 철도청, 출입국관리소, 검역소 등과 통합된 시스템이 구축되지 않는다면 One-Stop 일관서비스를 제공할 수 없을 뿐만 아니라 물류 관련 정보의 신속·정확한 제공이 불가능해져 물류의 효율화가 불가능할 것이다.

(3) 온라인과 오프라인의 결합

온라인 산업은 오프라인 산업과 효율적으로 연결되지 않으면 경쟁력을 갖추기 어려운 상황에 직면하고 있다. 물론 오프라인 산업 역시 온라인 산업과의 결합이 무엇보다도 중요하다. 예컨대 'amazon.com'이 온라인 산업에만 고집하여 엄청난 물량을 확보하고도 물류기반을 확보하지 못해 운송배달지연 등의 어려움을 겪은 경험이 있다.

39) 변의석 외 (1999), "복합운송체제에서의 물류비용 절감을 위한 물류정보시스템간 연계강화 방안 연구", 정보통신부, p.7.

즉 인터넷무역을 효율적으로 이행하기 위한 산업활동의 기본이 물류에 있다고 할 수 있으므로, 인터넷무역의 온라인 산업은 오프라인 산업부문이라고 할 수 있는 물류부문에 관심을 갖지 않으면 성공할 수 없다. 역으로 인터넷무역시대에 있어서 물류회사는 온라인 비즈니스를 추구하고 있는 인터넷무역상사 등과 연계하는 방안을 모색하여야 하며, 이를 위해 물류회사는 자체 정보시스템을 개선해 나가는 것은 물론 웹 방식, e-비즈니스, 포털서비스, SCM 등 새로운 환경에 부합되도록 노력하여, 온라인과 오프라인의 결합을 추구하여야 한다.[40)]

(4) 가상물류 서비스를 제공하는 시스템

가상물류(Virtual Logistics)란 정보네트워크를 기반으로 한 사이버공간에서 화주기업과 물류기업 간에 실물취급활동을 제외한 모든 물류활동, 즉 검색, 조회, 주문, 예약, 화물추적 등이 온라인상에서 이루어질 수 있는 환경구축을 통해 공급체인관리(SCM) 개념 하에 효율적으로 이루어질 수 있도록 지원하는 것을 말한다.[41)]

이와 같이 사이버 공간에서 이루어지는 가상물류를 통해 물류서비스 수요자인 기업화주는 단 시간 내에 저렴한 비용과 양질의 물류서비스를 제공하는 물류업체를 선정하여 배송업무를 관리할 수 있으며, 화물의 실시간 추적 및 통제가 가능하여 기업간 거래업무의 효율화, 고객에 대한 서비스 제고 및 핵심역량에 가용자원을 집중화할 수 있게 된다. 또한 물류서비스 공급자인 물류전문그룹도 가상 공동물류의 추진, 고객밀착형 서비스 제공 및 새로운 사업에의 진입기회를 확대할 수 있게 된다. 그러므로 e-로지스틱스 시스템도 이러한 가상물류서비스를 제공하고, 구현할 수 있는 시스템을 구축하여야 한다.

---

40) 최태창, "전자상거래와 물류혁신", 「KLNet」, 2000, 4·5, p.4.
41) 전 무, "사이버 물류시장의 동향과 전망", 「KLNet」, 2000, 2·3, p.6.

(5) 실시간처리 시스템

물류 관련 정보는 특히 실시간처리(Real Time)가 요구되고 있다. 즉 고객이 자신이 운송위탁한 화물의 현재 위치를 조회하고자 하는 화물추적시스템의 경우 고객의 조회에 대해 실시간으로 처리되지 않는다면 그 시스템의 가치는 전무하기 때문이다. 이 실시간정보처리기술은 현장의 실시간 정보를 수집하여 해당 처리시스템으로 전송하거나, 중앙 DB로부터 정보를 수신하여 현장의 물류기기를 제어하는 행위 및 고객의 조회에 대하여 응답하는 기능을 한다.

(6) 물류기기 등과 결합된 시스템

e-로지스틱스 시스템의 기능 중의 하나는 중앙 DB로부터 물류 관련 정보를 수신하여 현장의 물류기기를 제어하고, 또한 현장의 작업원들에게 물류정보를 제공하는 것이다. 그러므로 e-로지스틱스 시스템이 물류현장의 많은 물류기기 등과 시스템으로 잘 결합되어 있지 않다면 물류정보의 전송이 단절되어 이중입력 등의 비효율성이 노출될 것이므로 e-로지스틱스 시스템의 중요한 기능 중의 하나를 제대로 발휘할 수 없을 것이다.

(7) 복합일관운송 중심의 시스템

과거 수출입무역과 관련된 물류정보시스템은 해상운송이나 항공운송 중심으로 개발되어 운영되어 왔다. 그러나 이제는 최초의 운송인을 자동차운송인으로 하는 복합일관운송 중심의 시스템이 개발되어야 한다. 즉 오늘날 물류의 기본이 철저한 Door to Door 서비스를 제공하는 것이고, 물동량의 발생시점에서부터 최종 목적지의 고객에게 화물이 배송될 때까지 철저한 복합일관운송이 이루어져야 한다.

그러므로 이러한 물류서비스에 대한 고객의 욕구를 충족시키기 위해서는 e-로지스틱스 시스템도 복합일관운송 중심의 시스템으로 개발하여, 최초의 운송인인 자동차운송인에게 화물운송을 위탁하고 필요한 데이터를 제공하면 화주기업이 원하는 선화증권, 항공화물운송장, 보험증권 등의 선적서류의 발행서비스가 일괄적으로 제공될 수 있고, 물류서비스도 전 운송구간을 걸쳐 일괄적으로 제공되며, 복합운송인이 전 운송구간을 단일책임 하에 운송하고, 전 운송구간을 커버하는 단일일괄운임으로 정산될 수 있는 시스템을 구축하여야 한다.

(8) 정보제공 중심의 시스템

e-로지스틱스 시스템은 화물·서류·정보의 처리 중심에서 고객이 원하는 물류 관련 정보를 제공하기 위한 시스템이어야 한다. 과거 정보시스템은 업무의 처리 중심의 시스템이었다. 그러나 현재는 업무의 처리 중심에서 데이터의 가공 및 분석을 통해 고객에게 정보를 제공함으로써 e-로지스틱스 시스템의 경우 원천적으로 물동량의 발생시점에서부터 전체 물류를 조절하는 정보제공 중심의 시스템, 화물추적 등 고객이 원하는 정보를 제공하는 정보제공 중심의 시스템으로 전환되어야 한다. 그야말로 시스템의 운영이 사용자 중심 (EUC ; End User Computing)으로 전환되어야 하는 것이다.[42)]

(9) 서비스 제고 및 저비용 시스템

e-로지스틱스 시스템을 구축하는 또 하나의 궁극적인 목적은 고객에 대한 서비스 제고 및 저비용 물류를 구현하기 위한 것이다. 따라서 e-로지스틱스 시스템은 고객의 요구에 대해 실시간으로 일관서비스를 제공하여 고객서비스를 제고할 수 있어야 하며, 또한 물류비가 절감될 수 있을 뿐만 아니라 e-로지스틱스 시스템의 구축 및 운영상의 비용도 절감될 수 있는 저비용 시스템이 요구된다.[43)]

42) 김성근 외(2005), 「경영정보관리」, 문영사, p.589.
43) 심창용(2003), 「국제특송업체의 글로벌 전략에 관한 연구」, 성균관대 석사학위논문, pp.27~40.

(10) 국제성

현대의 경영은 모두 국제경영 내지 글로벌경영이다. 사실상 국내만의 경영은 더 이상 존재하지 않는다. 기업은 시대와 사회가 요구하는 것이 무언지 알고 적절히 대응하지 않으면 안 되며, 특히 지금과 같이 국제화된 외부환경 하에서는 국제사회의 동향을 충분히 고려하여야 한다.44) 이러한 글로벌경영, 국제화라는 개념의 기업경영환경의 변화와 때를 같이하여 물류시장도 국내물류시장의 성장은 둔화되고 있는 반면에 국제물류 시장은 현저하게 성장을 지속하고 있다. 국제적 전자상거래, 인터넷무역, 국제간 쇼핑몰 상거래 등 국제간 거래가 활발하여지면 질수록 물류부문에서도 국제간 e-로지스틱스가 그 중요성을 더해 갈 것이므로 e-로지스틱스 시스템의 국제성이 강조되어야 한다.45)

44) 박우진 외(2005), 국제 비즈니스의 친윤리 시스템에 관한 연구, 「해양비즈니스」 제5호, 한국해양비즈니스학회, p.187.
45) 황중서(2000), 「인터넷과 무역자동화」, 형설출판사, p.294.

2 국제 물류정보시스템[46)]

국제물류란 간단히 말해, 기업이 원산지에서 최종목적지에 이르는 재화(원자재, 중간재, 완제품 포함)의 흐름을 국경에 구애받지 않고 관리하는 것을 주목적으로 하는 절차(Process)를 지칭하는 용어이다. 이러한 절차에는 대륙을 횡단하는 정도의 어떤 대규모의 '물적(物的) 흐름'을 포함하는 경우가 많다. 따라서 각국 정부가 부과하고 있는 통관절차와 같은 수많은 법적규제 및 규칙뿐만 아니라, 관계당국의 면허 또는 허가제도에 직면할 것이다. 이 외에도 다양한 예상치 못한 문제들이 발생될 것이다. 따라서 국제 물류정보시스템을 설계하는 데 있어서 다양한 요건들을 고려해야 할 것이다.

1) 국제 물류정보시스템의 진화

사실 물류정보시스템의 중요성은 이미 오래전부터 인식되어 왔지만 본격적으로 시스템을 구축한 예는 찾아보기 힘들다. 특히, 국제 물류정보시스템 구축 사례는 더욱이 적다. 이렇듯 물류정보시스템의 구축을 저해하고 있는 요소들을 살펴보면, ① 물류활동이 주로 상품공급에 편중되어 있다는 것 ② 시스템 자체가 조달~생산~판매 등 여러 분야의 업무로직(Logic)을 포괄하지 못한다는 것 ③ 조달~생산~판매 등 각 분야 간 제휴 및 협조의 부족으로 인한 정보공유 미흡 ④ 물류관련 모든 업무를 담당할 물류관리조직의 부재 ⑤ 비용 및 의사전달 체계의 비유연성으로 인한 기존시스템 유지·보수 미흡 등을 들 수 있다.

이러한 의미에서 국제 물류정보시스템은 재래형의 물류정보시스템과 근본적으로 달리 설계되어야 할 필요가 있다. 여기서는 신개념 물류정보시스템과 구별되는 종전의 시스템을 재래형 물류정보시스템이라고 명명키로 한다. 이 양자 간의 차이점은 다음과 같다. 재래형 물류정보시스템은 통상 수주에서 출하까지의 일련의 물적 흐름을

46) 박명섭(2003), 「국제물류의 이해」, 법문사, pp.453~458.

통제하는 정보시스템으로, 이러한 수주~출하 부문의 효율성 제고를 목적으로 설계된 것이다. 특히, 각 부문간 분업을 통해 물류업무의 최적화를 추구한다는 것을 특징으로 한다. 이와는 달리, 신개념 물류정보시스템은 조달~생산~판매의 일원화를 통해 업무 효율성을 향상시키려는 데 그 목적이 있고, 총비용삭감 · 매상고 확대 · 신규시장개척 등에도 기여할 것을 전제로 하고 있다.

한 가지 유의해야 할 것은 국제 물류정보시스템을 구축함으로써 효과를 발휘하는 게 아니라, 적절한 최적의 시스템이 구축되었느냐가 효과를 발현하는 요건이 된다는 것이다. 따라서 물류정보시스템의 설계는 조달~생산~판매 등 전 영역에 걸친 기업의 국제 물류전략(Strategy)을 근거로 한다. 그러나 해외의 자회사와 본사의 물류정보시스템 수준이 동일할 필요는 없다. 즉, 해외의 자회사는 독립적으로 운영되고 현지시장의 요구에 빨리 대응하도록 완만한 연계성을 지녀야 하되, 국제 물류정보시스템 구축에 있어서 통합화의 수준을 본사 수준으로까지 높일 필요는 없다. 반면에 본부의 경우에는 물류정보시스템을 매우 높은 수준으로 통합화해야 할 필요가 있다. 특히, 본부의 경우, 현지의 유연성을 확보해주면서 동시에 국제적 물류통합화를 도모코자 한다면 이러한 정보시스템 구축 단계에서 지역성과 지역시장의 요구를 반영할 수 있는 부가적인 시스템을 도입하는 것도 매우 중요하다.

기업간 데이터베이스(DB)는 1980년대 후반 즈음 도입되었다. 예전에는 대부분의 대규모 DB는 기업내 DB(Inhouse Database)가 많았다. 그러나 최근 기업이 활용하고 있는 주요 데이터(Data)를 살펴보면 팩터데이터, 노하우데이터, 상용서비스데이터 등이다. 팩터데이터란, 기업의 운영실태를 수치화 한 정보들로 예컨대 각 제품의 생산실적이나 고객의 구매이력 등을 말한다. 노하우데이터란, 상황에 따라 개인이 작성하는 비정형의 문장형 데이터로 개인이 업무를 통해 얻은 정보와 업무 노하우를 조직 전체로 확대 · 공유하는 것을 목적으로 한다. 상용서비스데이터는 참조형과 원자료형 두 가지가 있는데, 전자는 원자료 데이터를 참조하기 위한 2차 자료이며 후자는 참조 데이터에 근거하여 원자료 데이터를 검색하기 위한 자료이다. 최근 대량의 정보를 즉시 처리하기 위해 정보의 전자화가 진행되고 있는 것에 아울러 전문 데이터베이스(DB)의 보급이 급속히 이루어질 것이다.

이렇듯 차츰 대규모화 되고 있는 데이터베이스를 효율적으로 활용하기 위해서는 검색의 고도화 및 고속화 · 데이터 제공의 신속화 · 이용 노하우의 축적 등을 요한다. 때문에 팩터데이터를 발생장소에서 온라인을 통해 직접 데이터베이스로 송신할 수 있는 시스템 또는 퍼지검색과 멀티미디어 발전에 부응한 데이터의 영상化(Visual化) 등이 요구되고 있다.

기업의 업종에 따라 국제 물류정보시스템의 통합화와 복잡성의 정도가 상이해진다. 만일 기업의 국제 비즈니스 전략이 자국에서 생산하고 수출하는 초기단계에 있는 경우, 국제 물류정보시스템의 통합수준은 낮은 수준일 수밖에 없다. 그러나 기업이 국제간 합작사업을 진행하고 있고 궁극적으로는 글로벌 생산단계로까지 발전하고 있는 정도라면 물류정보시스템의 통합화수준도 고도화될 것이다.

3 국제 물류정보시스템의 하부시스템

국제 물류정보시스템은 일반적인 경영정보통신시스템과 기본적으로 그 구성요건이 유사하다. 통상 경영정보시스템은 경영상의 의사결정에 필요한 정보를 적시에 제공하는 컴퓨터시스템이라고 정의할 수 있는데, 이러한 측면에서 본다면 국제 물류정보시스템 역시 적시에 즉각적인 정보전달을 위해서는 동종의 하부시스템을 갖출 필요가 있다. 국제 물류정보시스템이 갖추어야 할 하부시스템을 살펴보자.

1) 수주처리 하부시스템

수주처리시스템은 주로 기업조직과 고객 간 연결(Interface) 역할을 하게 된다. 수주처리 하부시스템은 처리 절차 상, 다음 단계의 하부시스템들을 가동시키게 된다. 즉,

자재소요량 계획(MRP II, Materials Requirement Planning) 및 유통자원 관리계획(DRP, Distribution Resource Planning)의 기능을 담당하는 하부시스템과 예측 하부시스템을 가동시키는 역할을 한다.

2) 생산 및 재고관리 하부시스템

동 하부시스템은 작업현장의 생산계획, 재고관리, 일정(Schedule) 작성 및 관리 등을 행한다. 동 시스템은 수주처리 시스템으로부터의 예측과 주무정보 등이 생산 계획의 기초가 되고 있다.

3) 조달 하부시스템

동 시스템은 국내외의 공급처로부터의 원재료 조달을 담당한다. 동 시스템은 자국과 상대국 쌍방의 공장조업에 필요한 경영자원 관리계획시스템과 밀접하게 연결되어 있는 게 일반적이다. 납입업자나 운송수단 등의 선택이나 감사기능도 동 시스템에 포함된다.

4) 물류소유량계획 하부시스템

동 시스템의 기능은 주로 고객으로서의 납품 일정작성 · 배송품의 재추적 · 창고의 재고관리를 행하는 데 있다. 상대국의 회사와 공용 데이터베이스를 매개로 적절한 정보를 공유할 수 있는 DRP 등의 물류소유량계획 하부시스템을 지닌다.

4 국제 물류정보시스템의 필수조건

국제 물류정보시스템의 유효성을 확보하기 위한 필수조건들이 있다. 즉,

① 수주처리 시스템은 수주 즉시 온라인 검색처리를 통해 가격 · 납입조건 · 납입에 소요되는 Lead Time 등을 제시할 수 있어야 한다. 따라서 동 시스템은 생산 및 재고의 하부구조와 연결되어 있어야 할 뿐만 아니라, 전 제품의 납입 Lead Time에 관한 정보가 동 시스템에 입력되어 있어야 한다.

② 참조데이터베이스는 모든 국가에서 조달되는 원재료 · 부품 · 반제품 · 완제품의 납입업자와 관련조건 등을 상세히 표시해주는 기능을 한다. 또한, 운송업자 · 운송주선업자 등 유통채널의 관련업자들에 관한 정보 제공한다. 따라서 전술한 내용과 관련된 모든 정보들이 참조데이터베이스에 입력되어 있어야 한다. 요컨대, 동 DB는 매수인과 운송관리자가 납입업자와 운송업자의 선택 및 기용을 하기에 앞서 행사는 첫 번째 검토단계로서 이용된다.

③ 화물추적시스템은 임의의 시점에서 온라인을 통해 물품의 소재를 추적할 수 있도록 하기 위한 시스템으로, 국제 물류정보시스템의 효율성을 증대시키는 측면에서 없어서는 안 될 필수요건 중의 하나이다. 최근 Federal Express, PIE Network 등 대부분의 운송회사들이 전 세계를 커버하는 이러한 화물추적서비스를 이용하고 있다. 추적시스템에는 송수신자간의 쌍방향 위성통신 회선이 이용되고 있다.

④ 의사결정지원시스템(DSS)은 최소비용의 조달채널과 유통채널을 선택하는 등 운영측면에 대한 다양한 Research를 통한 업무최적화를 위한 시스템이다. DSS는 물류시스템의 모델링(Modeling) · 화물혼재업무의 모델링 · 통계적 공정관리 · 배차계획과 경로선정 · 복수선택 기준에 의한 운송업자와 납입업자의 선택 모델링 등에도 사용될 수 있다. 이러한 DSS는 회사전체의 공용데이터베이스가 존재한다는 것을 전제로 한다.

⑤ 수주실적보고서의 작성능력은 유통업자의 선별과 감사업무를 위해 필수적이다.

⑥ 시스템의 네트워크화도 매우 중요한 조건이다. 이는 특정의 물류정보시스템을 확정하여 해외의 납입업자 및 대리점에 동종의 시스템을 구축하도록 함으로써 네트워킹을 시도하는 것이다. 이러한 시스템 네트워킹 (Networking)은 유통채널의 강화에 기여하며 타사에 대한 진입장벽으로 기능하게 된다.

⑦ 상대국의 서식에 맞춘 표준양식을 채용할 필요가 있다. 표준양식의 채용은 각국의 실정에 맞는 문서화에 크게 도움이 된다. 그러나 각국의 표준화와 서식의 변경에 항상 대응할 수 있어야 한다.

⑧ 정보갱신이 요구된다. 즉, 현행 환율 등의 정보도 항상 갱신되어야 한다.

⑨ 국제 물류정보시스템에는 효율성을 자가 측정할 수 있는 Tool이 갖추어져 있어야 한다. 정보시스템 자체에 재고회전율, 자본수익률 등 공통의 척도를 용이하게 산출할 수 있도록 지원하는 진단시스템이 필요하다는 의미이다.

Chapter 10

e-물류계약[47)]

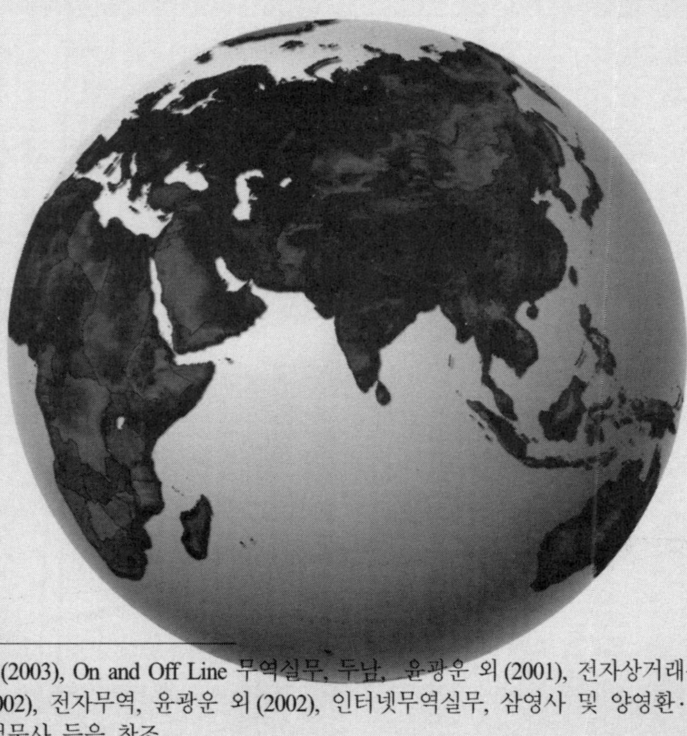

47) 박명섭 외 (2003), On and Off Line 무역실무, 두남, 윤광운 외 (2001), 전자상거래론, 삼영사, 한국무역협회 (2002), 전자무역, 윤광운 외 (2002), 인터넷무역실무, 삼영사 및 양영환·오원석 (2002), 무역상무론, 법문사 등을 참조.

1 e-물류계약의 의의

1) e-물류계약의 법적 성질

① 낙성계약 : 물류서비스 매매당사자 간 의사표시의 합치(합의)에 의하여 성립하는 계약

② 쌍무계약 : 계약의 당사자가 상호 대가적인 관계에 있는 채무 부담

③ 유상계약 : 일방 당사자의 경제적 손실이 그에 상응하는 이득으로 보상되는 계약

④ 불요식계약 : 계약의 내용이나 체결형식에 있어서 법적으로 일정한 형식을 요하지 않음

2) e-물류계약의 의의

① e-물류 거래의 성립을 위하여 복수의 당사자가 전자적인 방식에 의하여 행하는 의사표시의 합치에 의하여 성립하는 법률행위이다.

② 기존의 물류거래와는 차이점

e-물류계약의 체결을 위한 거래당사자 간의 의사표시가 사전교섭단계부터 계약의 청약과 승낙 등의 계약체결 그리고 물품인도 및 대금결제 등 계약이행의 전 과정에 이르기까지 전자우편, 인터넷 등 전자적 통신매체를 이용한 전자적 의사표시로 사이버공간에서 행해진다는 점이다.

2 전자적 의사표시

1) 전자적 의사표시의 의의

인간의 의사가 컴퓨터와 같은 정보처리장치와 일정한 프로그램에 의하여 전자적인 방식으로 구체화되어 직접 표시되거나 네트워크 등을 통하여 다른 사람에게 전달되어 표시되는 의사표시이다.

현재는 정보처리장치나 네트워크를 통해서 사람의 의사를 그대로 전달하는 방식이나, 향후 지능형 에이전트 또는 전자적 대리인의 개발이 예상된다. 정보통신기술의 발달에 따른 인공지능의 응용으로 컴퓨터가 스스로 의사결정과 의사표시를 할 수 있는 소프트웨어의 개발 이 예상된다. 이렇게 되면, 전자적 대리인은 일일이 사람의 판단을 통하지 않고 스스로 사고와 판단을 통하여 유효한 거래행위를 할 수 있는 단계로 발전할 전망이다.

2) 전자적 의사표시의 특성

① 언어나 문자 등 전통적인 의사표시수단과는 달리 언어나 문자가 디지털화되어 자연적인 방법으로 인식될 수 없는 기계어로 변환되어 해독이 불가능하며, 또한 의사표시와 동시에 상대방에게 도달된다.

② 자연적인 의사표시의 경우 사람이 구체적으로 모든 세부사항을 확정하고 개별적인 의사표시를 하는 반면, 전자적인 의사표시의 경우 컴퓨터 이용자가 세부사항을 확정할 수 있는 결정기준만을 제시하면 컴퓨터에 입력되어져 있는 결정기준에 따라 컴퓨터가 의사표시를 한다.

③ 인간의 행위와 표시가 분리되어 나타난다. 즉 인간은 컴퓨터를 이용한 입력행위만을 하고 그 이후의 표시과정은 컴퓨터에 의하여 처리되기 때문에 표시 없는 행위와 행위 없는 표시가 결합되어 하나의 전자적 의사표시를 형성한다.

3) 전자적 의사표시의 책임주체

① 전자적 대리인이 활성화되는 경우 의사표시의 효과를 누구에게 귀속시키는가가 문제이다.

② 전자적 의사표시가 이루어지는 수단인 컴퓨터는 창조적인 의사형성능력이 결여된 기계인 동시에 권리능력이 없는 단순한 물건에 지나지 않고, 의사표시의 성립 및 내용은 전자매체인 컴퓨터에서 이루어지지만 그 본질적인 의사결정은 인간에 의하여 이루어진다는 점 등을 고려해 볼 때, 전자적 의사표시는 인간의 의사표시와 동일하다.

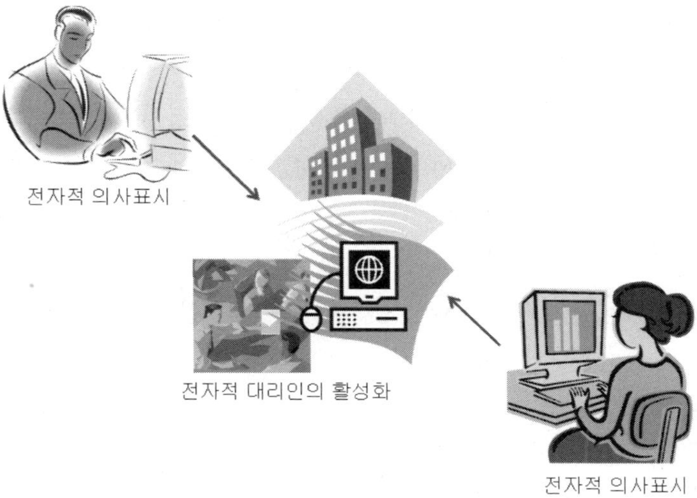

3 e-물류계약의 성립

1) e-물류계약의 성립

(1) 전통적 물류계약의 성립

i) 당사자간 의사표시의 합치(합의)에 의하여 성립한다.

ii) 당사자의 의사는 청약과 승낙에 의하여 표시된다.

iii) 물류계약은 불요식계약이므로 청약과 승낙도 일정한 형식을 요하지 않는다.

① 청약

상대방의 무조건·절대적 승낙(unconditional and absolute acceptance)이 있으면 일정 내용의 계약을 성립시키고자 하는 일방적·확정적 의사 표시이다. 한편 청약의 유인은 청약을 위한 준비행위 또는 계약체결의 예비교섭단계이다.

청약의 유인에 대하여 상대방의 승낙(주문)이 있더라도 계약성립의 효력이 발생하지 않는다. 거래처에 물류서비스 카탈로그 또는 물류 가격견적서 등을 송부하는 것이 이에 해당된다.

통상적으로 청약은 확정청약(firm offer)을 의미한다. 그 특징은 다음과 같다.

- 특정인 앞으로 발행
- 계약의 주요 조건을 명시
- 승낙의 회신유효기간과 도착장소를 명시
- 청약자는 원칙적으로 청약의 유효기간 내에 자신이 제시한 청약조건을 변경, 수정, 철회 또는 취소할 수 없고, 상대방의 무조건·절대적 승낙에 대한 불승낙은 인정되지 않는다.

② 승낙

청약의 상대방이 청약에 응하여 합의를 성립시킬 목적으로 청약자에 대하여 행하는 의사표시이다. 승낙은 상대방의 청약에 대한 합의를 목적으로 하기 때문에 승낙의 내용은 청약에 대하여 절대적·무조건적이어야 한다(mirror image rule).

승낙을 의도하고 있으나 청약의 내용에 단서를 추가하거나 내용에 제한 또는 변경을 가한 승낙은 일부 승낙이 아니라, 대응청약이 된다. 보통 침묵만으로 의사표시 또는 승낙을 구성하지 못한다.

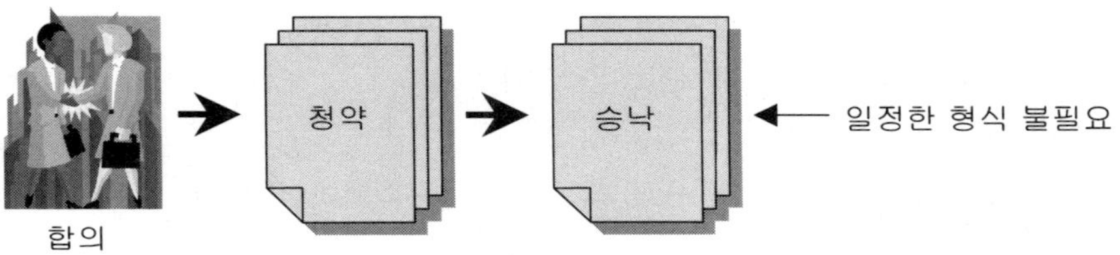

【그림 10-1】 전통적 물류계약

(2) e-물류계약의 성립

전통적인 방식의 물류계약체결절차와 큰 차이는 없으나, 전자적 매체를 통하여 거래가 이루어진다는 점에서 계약의 성립과 관련한 해석상의 문제가 발생한다. 인터넷 상의 홈페이지에 개설되어 있는 가상 물류서비스 쇼핑몰을 이용하여 계약이 체결되는 경우, 대체로 아래의 절차를 거친다.

i) 고객이 당해 쇼핑몰에 접속하여 상품에 대한 광고 열람
ii) 구입의사가 있으면 화면상에 나타난 신청서에 필요한 정보(주소, 성명, 주민등록번호, 신용카드에 관한 정보 등)를 입력
iii) 법적으로 유효한 의사표시로서 계약 성립

그리고 이메일을 이용하여 계약을 체결하는 경우에는, 당사자간에 청약의 이메일과 승낙의 이메일을 교환하면 합의가 이루어짐으로써 계약이 성립한다. 이 경우 전통적 무역계약의 성립에 관한 규칙이 적용된다.

한편 EDI를 이용하여 계약이 체결되는 경우에는, 폐쇄형 네트워크에 접속되어 있

는 특정 기업간에 EDI 메시지에 관한 교환약정에 따라 정당한 청약과 승낙이 이루어지면 계약이 성립한다.

e-물류거래에서 어떠한 의사표시를 청약이나 승낙으로 볼 것인지를 결정하는 것은 계약의 성립과 관련하여 중요하다. 특히 인터넷 상에서 물류서비스라는 상품의 정보와 가격 등을 제시하는 것이 청약인지 청약의 유인인지 문제의 소지가 있다.

제품판매자에게 더 이상 선택의 여지가 없고, 매우 구체적으로 거래조건(제품 및 가격에 관한 조건)을 제시한다는 점에서 청약으로 보는 것이 타당하다.

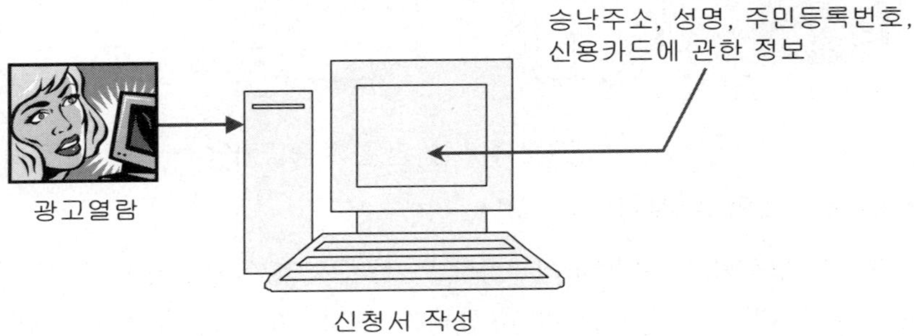

【그림 10-2】 e-물류계약

2) e-물류계약의 성립시기

(1) 전통적 e-물류계약의 성립시기

물류계약은 일방 당사자의 청약과 그에 대응한 상대방의 무조건·절대적인 승낙에 의하여 계약이 성립한다. 물류계약의 성립시기는 승낙의 효력이 유효하게 발생하는 시기와 일치한다.

특히 물류계약은 공간적으로 멀리 떨어져 있는 당사자간 계약이므로 승낙의 의사표시가 승낙자로부터 발송되어 청약자에게 도달하기까지 어느 시점에서 효력이 발생하는가는 중요한 문제이다.

승낙의 의사표시는 청약자에게 도달하기 전에 임의로 철회나 취소가 가능하다. 한편 의사표시에 관한 일반원칙은 도달주의를 원칙으로 하나, 예외적으로 무역거래와 같이 격지자간의 거래에는 발신주의를 채택하는 국가가 많다.

<표 10-1> 승낙의 효력발생시기에 대한 각 국의 입법 예

통신수단 \ 준거법규			영국	미국	독일	한국민법	UN협약
의사표시에 관한 일반원칙			도달주의	도달주의	도달주의	도달주의	도달주의
승낙의 의사표시	대화자간	대화	도달주의	도달주의	도달주의	도달주의	도달주의
		전화	도달주의	발신주의	도달주의	도달주의	도달주의
		Telex	도달주의	발신주의	도달주의	도갈주의	도달주의
	격지자간	우편	발신주의	발신주의	도달주의	발신주의	도달주의
		전보	발신주의	발신주의	도달주의	발신주의	도달주의

(2) e-물류계약의 성립시기

e-물류 거래의 경우 발신과 수신이 거의 동시에 발생하기 때문에 전통적인 물류계약의 성립시기와 관련한 법이 그대로 적용되기는 어렵다.

e-물류계약의 경우 의사표시를 매개하는 서비스제공 서버나 메일서버 등을 거쳐서 매우 짧지만 일정한 시간이 경과되어 계약이 체결되는 경우가 대부분이다.

정보통신기술이 발달하여 물류거래 당사자간 의사표현의 실시간 전송이 증가하게 되면, e-물류계약을 대화자간의 계약으로 볼 수도 있으나, 현재 체결되고 있는 e-물류계약은 격지자간의 계약이라고 할 수 있다.

따라서 e-물류 거래에 한국법이 적용되는 경우 승낙의 의사표시가 발송됨과 동시에 계약이 성립하나, UN협약이 적용되는 경우 승낙의 의사표시가 상대방의 메일주소에 전송되고 상대방이 확인함과 동시에 계약이 성립한다.[48]

4 e-물류계약의 성립요건

1) e-물류계약의 성립요건

① 일방 당사자로부터 타방 당사자에 대한 청약

② 청약에 대한 상대방의 승낙(mirror image rule)

③ 상호 대가적인 관계가 존재[49]

④ 당사자의 계약체결능력

⑤ 계약당사자 쌍방에게 항변권이 존재하지 않을 것

2) e-물류계약의 체결과 관련한 실무상 유의점

① 전자데이터 메시지의 교환은 단순한 송신행위에 불과하기 때문에, 데이터의 보존이나 가능하다면 프린트하여 서면으로 기록을 보존하거나 또는 서면으로도 계약서를 작성해 둘 필요가 있다. 하지만 이는 e-물류 거래의 본질을 왜곡할 우려가 있다.

② EDI 거래에 있어서 전자데이터 메시지의 교환에 의하여 성립한 계약이 법적 구속력을 갖는다는 취지를 당사자간에 사전에 합의해 두는 것이 바람직하다.

48) 박명섭 외(2003), On and Off Line 무역실무, 두남, pp.79~84.
49) 단순한 증여의 경우 대가적인 관계가 존재하지 않기 때문에 법적 구속력이 없다.

Chapter **11**

전자 선화증권

1 선화증권의 기능과 성질

1) 선화증권의 기능

선화증권이란 운송계약의 증거, 화물의 수령 및 화물의 권리를 표시하는 서류이다. 화주와 운송인간에 체결된 운송계약의 증거인 선화증권은 운송인이 화물을 수령·선적하여 이를 해상운송을 거쳐 선화증권의 정당한 소지인에게 인도할 것을 약정하는 유가증권이다

선화증권은 증권 상에 기재된 화물의 권리를 구현하기 때문에 오늘날 무역에서의 상징적 인도에 중요한 역할을 하고 있다.

선화증권은 법적인 관점에서 보면 여러 가지의 기능을 하고 있다.

① 선화증권은 운송계약의 자체는 아니지만 운송계약의 유력한 증거(an evidence of contract of carriage)이다. 왜냐하면 보통의 경우 운송계약은 선화증권이 발행되기 이전에 체결되기 때문이다.

② 선화증권은 선적된 화물의 수령증(a receipt for the goods shipped)으로서 선적되는 시점에 있어서 물품의 수량과 상태를 확인하는 것이다.

③ 선화증권은 권리증권(document of title)이라는 것이다. 즉, 선화증권을 소유하고 있는 것은 물품을 소유하고 있는 것과 법적으로 동일하다. 따라서 선화증권의 소지인은 양륙항에서 물품을 인도받을 수 있고, 물품이 운송되고 있는 사이에도 선화증권을 양도함에 의해서 물품을 인도할 수가 있다.

2) 선화증권의 성질

(1) 유가증권으로서의 성질

유가증권이란 재산적 가치가 있는 사권이 표창되어 있는 것으로서 권리의 발생, 행사 및 이전이 증권에 의하여 이루어지는 것을 말한다. 선화증권은 선적되는 화물을 대표하고 그 인도청구권이나 처분권 등이 법적으로 보장되어 있기 때문에 유가

증권으로서 다음의 성질을 갖고 있다.

- 선화증권은 상법이나 기타 준거법에 명시된 법적 기재사항을 기재하여야 유가증권으로서 효력이 있는 요식증권이다.
- 선화증권은 운송계약에 따라 운송인이 화물을 수령하였다고 하는 원인이 있어야 발행되는 것이기 때문에 요인증권이다.
- 선화증권은 그 권리의 내용이 증권 상에 기재된 문언에 의하여 결정되기 때문에 문언증권에 속한다.
- 선화증권은 배서나 인도에 의하여 권리가 이전되는 유통증권이다.
- 선화증권을 정당한 소지인에게 인도하는 것은 이에 기재된 화물을 인도하는 것과 동일한 효력이 있다는 의미에서 인도증권이다.
- 지시식 선화증권과 무기명식 선화증권은 배서에 의하여 자유로이 양도할 수 있는 지시증권성이다.
- 선화증권을 작성한 경우에는 화물에 관한 처분은 선화증권으로만 하여야 하기 때문에 처분증권이다.
- 화물의 인도는 선화증권과 상환으로만 청구할 수 있기 때문에 선화증권은 상환증권에 속한다.
- 선화증권의 제시가 있어야 운송인이 화물을 인도하기 때문에 제시증권이라고 한다.

(2) 증거증권으로서의 성질

선화증권은 송화인과 운송인 사이에 해상운송계약이 체결되었으며, 또 증권 상에 기재된 대로의 화물이 운송인에게 인도되었음을 추정적으로 증명한다는 의미에서 증거증권성이 있다.

(3) 면책증권으로서의 성질

선화증권은 운송인이 정당한 선화증권을 제시하는 자에 대하여 운송화물을 인도함으로써 그 책임을 면한다는 의미에서 면책증권으로서의 성질을 갖는다.

2 선화증권의 종류

1) 적재에 대한 기재문언에 의한 분류

(1) 선적 선화증권 (Shipped B/L)

화물이 실제로 본선에 적재되었음이 기재된 것으로 보통 증권면에 "shipped on board vessel"로 표기되며, "on board notation"으로 표기되기도 한다.

(2) 수령 선화증권 (Received for shipment B/L)

화물이 선박회사가 지정한 장소에서 운송인에게 인도되면 화주에게 발행되는 선화증권으로서, 증권면에는 "Received … for shipment"로 기재된다. 신용장 통일규칙에서는 선적선화증권을 요구하고 있으므로 수령 선화증권은 물품의 본선적재일의 표시 (on board notation)가 있어야 수리한다고 규정하고 있다

2) Remarks의 유무에 따른 분류

(1) 무무고장 선화증권 (Clean B/L)

증권 상에 포장이나 수량 등에 관한 유보사항이 기재되지 않은 것으로 보통 "Shipped on board in apparent good order and condition"으로 기재되어 있다.

(2) 고장부 선화증권 (Foul/Dirty B/L)

선적된 물품의 포장상태가 불완전하거나 수량이 부족하면 비고 (Remarks)란에 기재되는데. 이런 사실이 기재된 선화증권을 말한다. 화주는 고장부 선화증권으로 수출대금을 회수할 수 없기 때문에 파손화물보상장 (Letter of Indemnity: L/I)을 선박회사에 제공하고 무고장 선화증권을 교부 받아 수출대금을 회수하는 수도 있다.

3) 수령인의 표시방법에 따른 분류

(1) 기명식 선화증권 (Straight B/L)

선화증권의 수화인 (Consignee)란에 특정인이 기입된 것을 말한다. 일반적으로 항공

화물운송장(Air Waybill)이나 해상화물운송장(Sea Waybill)은 기명식으로 발행된다.

(2) 지시식 선화증권(Order B/L)

선화증권의 수화인란에 특정인을 기입하지 않고 "Order of A", "Order" 또는 "Order of X Bank" 등으로 기입되어 있으며, 화주는 백지배서만 하면 이 증권의 소지인이 화물에 대한 소유권을 갖도록 할 수 있는 선화증권이다.

4) 운송지역에 따른 분류

(1) 해양 선화증권(Ocean B/L)

국외의 해상운송의 경우에 발행되는 선화증권이다. 보통, 무역에 사용되는 선화증권이 거의 해양 선화증권이다.

(2) 내국 선화증권(Local B/L)

통운송의 경우 제2운송인이 자신의 운송구간에 대하여 발행하는 선화증권 또는 해외운송에 접속되는 국내운송에서 사용하는 선화증권이다.

5) 유통성 여부에 따른 분류

(1) 유통성 선화증권(Negotiable B/L)

선화증권에 "(or his or their) assigns"라는 문구가 기재된 것으로 B/L의 배서 또는 인도에 의하여 제3자에게 유통가능한 선화증권이다. 기명식 B/L이나 해상화물운송장 그리고 항공화물운송장은 유통가능 선화증권이 아니다.

(2) 비유통성 선화증권(Non-negotiable B/L)

선화증권의 양도에 의해 소유권이나 물품의 인도청구권이 이전되지 않는 것이다.

6) 특수선화증권

(1) 통선화증권(Through B/L)

운송화물을 목적지까지 운송하는 선주가 다른 선박회사의 선박을 이용하거나 해운과 육운을 교대로 이용하여 운송될 경우 최초의 운송업자가 전구간의 운송에 대하여 책임을 지고 서명하여 발행한 선화증권이다. 미국에서는 해상과 육상운송을 겸한 선화증권을 Overland B/L이라고 한다.

(2) 복합운송 선화증권 (Combined Transport B/L)

복합운송인이 전 구간의 운송에 대하여 책임을 지고 발행하는 선화증권이다.

(3) 약식 선화증권 (Short Form B/L)

Long Form B/L의 이면약관이 생략된 선화증권이다.

(4) 적색 선화증권 (Red B/L)

선화증권과 보험증권을 결합시킨 것이다.

(5) 기간경과 선화증권 (Stale B/L)

선화증권의 제시시기가 필요이상으로 지연된 선화증권을 말한다.

(6) 환적 선화증권 (Transshipment B/L)

운송경로의 표시에 있어 운송도중에 환적이 되었음이 B/L상에 나타난 선화증권을 말한다.

(7) 부서부 선화증권 (Counter-sign B/L)

선화증권상 운임의 도착지 지급 또는 다른 채무가 있을 경우 수화인은 운임과 채무액을 선박회사에 지급하고 화물을 인수하게 되는데 이 때 선박회사는 결제가 완료되었음을 증명하기 위해 선화증권에 부서를 한다. 이와 같이 부서된 선화증권을 부서부 선화증권이라 한다.

(8) Groupage B/L

운송인이 다수 화주의 화물을 집화한 운송주선인에게 1건으로 발행한 선화증권으로 Master B/L이라고도 하며, House B/L은 각기 다른 화주의 화물을 혼재하는 운송주선인이 개별화주 앞으로 발행한 것이다. House B/L은 법리적으로 선화증권이 아니다.

3 선화증권의 기재사항과 발행[50)]

1) 선화증권의 기재사항

① 법정기재사항 : 상법 제814조에 규정된 법정기재사항은 선박의 국적, 명칭과 톤수, 운송품의 종류, 중량과 용적, 포장의 종류, 개수와 기호, 운송물의 외관상태, 송화인·수화인의 성명 또는 상호, 선적항과 양륙항, 운임, 선화증권의 발행일자 및 장소, 발행통수 등이다.

② 임의기재사항 : 본선항해번호(Voyage No.), 통지처(Notify Party), 운임지급지와 지급조건, 선화증권 번호(B/L No.), 컨테이너 번호 및 봉인(Sealing) 번호, 일반약관 등이다.

2) 선화증권의 발행 및 배서형식

(1) 발행형식

선화증권은 기명식, 지시식, 소지인식, 기명소지인식 및 무기명식으로 발행된다.

기명식은 수화인란에 특정인의 이름을 기입하는 것이다.

지시식은 "Order of Shipper" 또는 "Order"와 같은 단순지시식, "Order of A"와 같은 기명지시식, "A or Order"와 같은 선택지시식이 있다.

소지인식은 "Bearer"로 기입되며, 기명소지인식은 "A or Bearer"로 표기된다.

무기명식은 일명 백지식이라고도 하며, 수화인란을 Blank로 두는 것인데 이 경우 소지인식과 같이 취급한다.

(2) 배서형식

피배서인의 표시방법에는 기명식, 지시식, 백지식, 선택무기명식이 있다.

50) 신황호 외(2002), 무역계약론, 동성사, pp.140～145.

기명식 (full endorsement)은 피배서인 (endorsee)의 이름을 명기하고 배서인 (endorser)이 서명하는 경우이다. 연속된 배서에 의하여 권리가 이전된다.

지시식은 피배서인으로 “Order of A”, “A or Order”와 같이 기재한다.

백지식 (Blank endorsement)은 배서인만 서명한 것이다. 이 경우 배서연속의 문제는 발생하지 않는다.

소지인식 (선택무기명식)은 배서를 요하지 않고 단순히 선화증권의 인도만으로 이전효과가 발생한다.

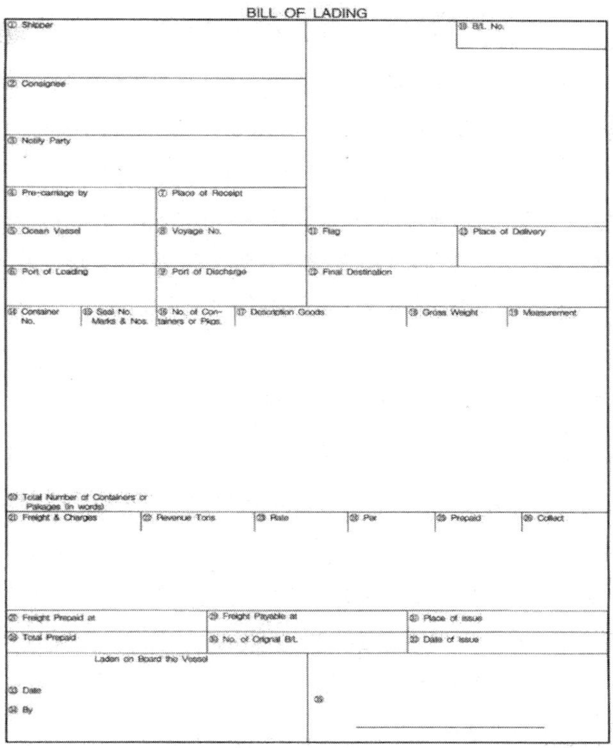

4 전자식 선화증권 (Electronic B/L)

1) CMI의 전자식 선화증권

최근 무역거래에서 서류를 전자적인 메시지에 의하여 대체하려고 하는 움직임이 서서히 높아지고 있다. 이것은 컴퓨터간의 통신에 의해서 이루어지며, 보통 EDI (Electronic Data Interchange: 전자자료교환)이라고 불리어진다.

EDI란 "전자적인 정보교환을 의미하지만, 기업간에 거래에 관한 정보를 통신회선을 개입시켜 컴퓨터간에 교환하는 것" 또는 "거래관계가 있는 복수의 기업간에 컴퓨터를 통신회선에 연결하여 업무의 데이터를 교환하는 것"을 말한다.

이와 같이 전자식 선화증권 (Electronic B/L)이란 선화증권을 발행하는 대신에 그의 내용을 컴퓨터에 보존하고, 선박회사와 송화인 또는 양수인 (수화인)이 상호간 EDI 메시지를 전송하여 권리의 증명으로서 개인키를 사용함에 의해 물품에 대한 지배·처분권의 이전과 물품의 인도를 행하는 방법을 말한다. 컴퓨터 통신기술의 발달과 도입에 따른 EDI 방식의 무역시대에 전자식 선화증권의 유통성을 보장하기 위하여 국제해사위원회 (CMI)는 1990년 6월에 개최된 제34회 총회에서 "전자식 선화증권에 관한 CMI 규칙"을 채택하였다.

◆ 개인키에 의한 권리의 전자적 이전

전자식 선화증권에 관한 CMI 규칙에 규정되어 있는 전자식 선화증권은 중앙등록기관으로서 해상운송인을 이용하여 전송되고, 현행의 선화증권 소지인이 갖는 것과 동일한 권리를 향유할 자격을 가진 당사자가 해상운송인에 대하여 행한 전자지시 시스템에 기초하고 있다. 해상운송물의 인도청구권의 이전은 선화증권을 발행하지 않고, 운송인이 동 증권의 내용을 구성하는 정보를 전자적 방법에 의하여 보존하고, 암호번호를 인식하고 있는 권리자의 지시에 따라 양수인에게 전송하는 방법으로 행해진다.

이 시스템은 서면형식의 선화증권을 발행하지 않고 이것과 동일한 정보를 포함하고 있는 전자서류를 중앙등록기관인 운송인에 의해 송화인의 전자주소에 전송되는 것으로 시작하여 최종적인 양수인에 도달하는 일련의 권리의 전자적 이전이 행해지지만, 이것의 중심은 권리를 표창한 전자식 선화증권의 발행·양도를 가능하게 하는 개인키 (Private Key)이다. 개인키란 운송인이 송화인으로부터 화물을 수령한 후 UN 표준메시지에 의해서 구성된 선화증권에 해당하는 정보를 화물수령 메시지로서 전자적 방법으로 송화인에게 전송할 때에 함께 송부된 비밀코드이다.

개인키는 숫자문자를 조합시킨 것으로 운송인에 대한 운송물에 관한 지시메시지의 진정성과 완전성을 보증하기 위하여 사용되며, 권리가 양도될 때마다 변경되며, 그리하여 개인키의 소지인만이 권리양도의 지시를 할 목적으로 운송인과 연락을 취할 수 있는 방법이다. 즉, 개인키가 포함되어 있는 화물의 수령메시지 (또는 양도메시지)는 유통성 선화증권의 기능을 하며, 개인키의 유효한 소지인에게만 화물에 접근 (예컨대, 화물인수청구권, 처분권의 취득)할 수 있다.

2) CMI 전자식 선화증권의 특징

CMI 규칙에 의한 전자식 선화증권의 특징은 ㉠ EDI에 의해 서면형식의 선화증권의 유통과정을 모방하고 있다는 것, ㉡ 기본적으로는 EDI 메시지에 의한 통지와 그것에 대한 확인시스템이라는 것, ㉢ 전자식 선화증권의 중앙등록기관으로서 해상운송인이 설정되었다는 것, ㉣ 개인키 시스템을 도입하여 전자식 선화증권의 유통성을 보증하고 있다는 것, ㉤ CMI 규칙은 조약 또는 강행법규가 아니기 때문에 당사자의 계약자유의 원칙에 기초해서 해당 규칙에 따라 거래를 한다는 합의가 이루어진 경우 적용된다는 것이다. 또 ㉥ CMI 규칙에 의한 전자식 선화증권 메시지의 전송에는 이것에 저촉되지 않는 한 당사자간의 행동규범으로서 UNCID (Uniform Rules of Conduct for Interchange of Trade Data by Teletransmission: 전송에 의한 무역자료교환의 취급에 관한 통일규칙)가 채택되고, 선화증권의 포맷으로서 UN Layout Key (유엔출력부호)가 사용되는 것, UN/EDIFACT (United Nations Rules of Electronic Data Interchange for Administration, Commerce and Transport: 행정, 商役 및 운송을 위한 전자식자료교환에 관한 유엔규칙) 표준이 적용되는 것 등이다.

3) CMI의 전자식 선화증권의 문제점

서류의 선화증권상의 기재내용에 해당하는 수령 메시지에 나타나고 있는 권리의 수락과 서명에 해당하는 개인키의 취득이라고 하는 권리이전의 방식을 갖고, 종래의 선화증권의 유통성을 창출할 수가 있느냐의 문제가 남는다. 이것은 ㉠ 선화증권의 기재내용은 운송인이 관리하기 때문에 정말로 개인키를 포함한 수령메시지가 양수인에 의해서 운송물에 관한 결정적인 증거로 되는가 하는 것, ㉡ 개인키에 의해서 행하여지는 권리이전의 때에 운송인에 의한 현재의 소지인의 개인키의 파기와 권리의 양수인에게로의 새로운 개인키의 발급 사이에 있어서 시간적 차이가 발생하는 경우 종래와 같은 동시적인 권리의 이전이 되지 않는 것, ㉢ 개인키의 선의의 양수인에게 종래의 선화증권과 같은 운송인에 대한 화물인도청구권을 비롯한 운송계약상 권리가 이전되도록 되어 있는 경우, 중앙등록기관의 승인이 없는 대로 제3자에게 개인키가 사기적으로 이전될 가능성을 배제할 수 없다는 것이다.

CMI 규칙은 강행규칙이 아니기 때문에 수령메시지와 개인키로 구성된 전자식 선화증권이 종래의 서면형식의 선화증권과 동일한 효과를 갖는다는 규정만으로는 서면형식의 선화증권과 동일한 법적효력을 부여한다는 데에 문제가 있고, 이것을 위하여 관련법의 제정이 필요하다. 또 CMI 규칙에는, 운송계약약관 등은 전부 전송하는 것이 아니다. 기존 서면형식의 선화증권에 기재된 약관을 참조하도록 한 형식으로 정보를 전송하도록 되어 있고, 또 당사자간은 해당계약이 국내법에 의해 요구되는 서면에 의한 것이 아니라는 것을 항변으로 주장할 수 없다고 되어 있다. 이러한 점에서 볼 때 각국의 선화증권에 관한 국내법이 이 규칙의 효력을 인정하지 않을 우려가 있다.

5 볼레로 (BOLERO) 시스템

1) 개념

BOLERO (Bill Of Lading Electronic Registry Organization)시스템은 국제물품 매매, 운송, 보험 및 결제 등 무역거래에서 전통적으로 사용해 온 종이서류를 인터넷을 통한 전자문서 (electronic message)로 대체하는 상업적 시스템이다.

2) 추진연혁

① 1994: 구주위원회에서 추진하던 BOLERO pilot 프로젝트를 세계적인 은행간 결제 시스템인 SWIFT와 해운업계 상호보험회사인 TT CLUB에서 50%씩 출자하여 인수.

② 1995: BOLERO project에 관심을 기울인 기업을 중심으로 범 산업적 Bolero Association Limited 발족.

③ 1996: Bolero Project 착수.

④ 1997.7: 노르웨이 국영 석유회사 Statoil, 일본 三井物産과의 실험 결과 발표.

⑤ 1997.12: Bolero Project의 연구 결과를 토대로 실증사업계획 수립.

⑥ 1998.04: SWIFT와 TT Club의 투자에 의해 Bolero International Limited 설립.

⑦ 1999.09: bolero.net 상용서비스 개시.

2002. 5월 현재 우리나라 가입기업 : 우리은행, 외환은행, 삼성전자, 포스코, 현대상선, 조양상선, 한진해운, 대한해운, 거양해운 등이다.

3) BOLERO의 조직과 기능

(1) Bolero International Ltd (BIL)

- SWIFT와 TT Club이 50 : 50 비율로 출자한 합작투자회사
- Bolero시스템의 운영을 담당
- CMI 규칙에서 운송인이 수행하던 개인키의 발행과 취소 및 권리자의 확인업

무를 중앙등록시스템을 통하여 수행

- 사용자가 BIL에 가입하기 위해서는 BIL이 제공하는 서비스, 보안, 사용자 지원 서비스 및 BIL이 요구하는 사항의 수용 여부 등을 열거하고 있는 운용서비스계약(Operational Service Contract)을 체결

(2) Bolero Association Ltd (BAL)

- Bolero 시스템의 모든 사용자들로 구성된 조직
- Bolero 시스템의 사용자가 되고자 하는 회사나 개인의 신원(identity) 확인을 위한 자료를 수집함으로써 사용자의 시스템 등록과정에 중요한 역할 수행
- BAL은 개개 사용자의 대리인으로서 개개 사용자를 대리하여 기존의 사용자 및 미래의 잠재적인 사용자 또는 기타 일체의 사용자와 Bolero Rule book에 기초한 시스템의 사용계약을 체결함.

4) Bolero의 계약구조

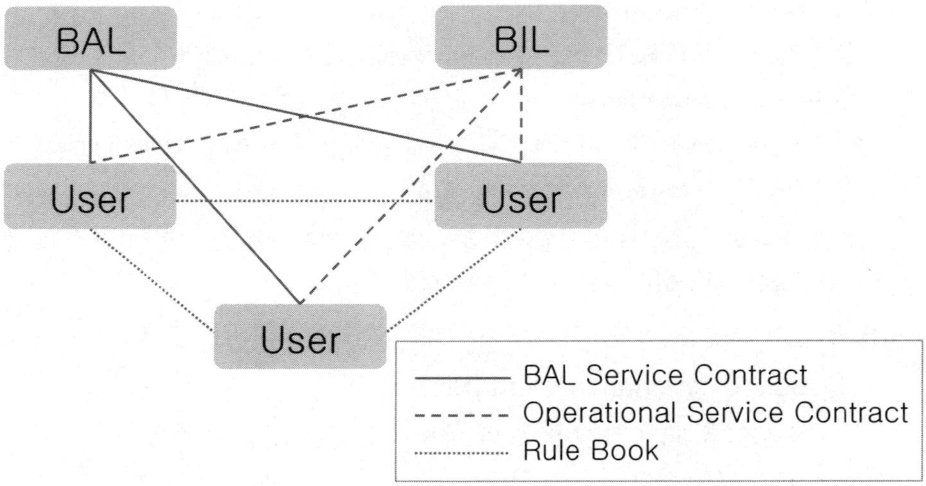

5) Rule book

(1) 구 성 :

① 정의,

② 전자적 증거의 지위문제, 메시지의 송수신에 관한 추정문제 및 메시지에 대한 책임문제

③ 볼레로 선화증권의 권리등록과 관련한 특칙,

④ 운용절차(Operational Procedures)라고 명명된 별도의 문서에 포함되어 있는 운용규칙으로 구성

(2) 기본전략 :

전통적 선화증권하의 당사자의 권리가 전자문서 하에서도 그대로 존속하는 것이며 기존의 계약관계를 가능한 침해하지 않는 것

(3) 중심내용 :

- BBL(Bolero Bill of Lading)의 생성, BBL의 권리, 점유이전, 운송계약의 경개(更改) 등으로 구성.
- 또한 BBL의 관련 당사자 즉 송화인, 운송인, 소지인, 질권자, 수하인 등의 기능과 권리뿐만 아니라 BBL 사용자가 아닌 당사자에게 물품이 전매될 경우 종이 선화증권으로의 전환에 대해서도 규정.

(4) 의 의 :

- Bolero 사용자는 누구나 Bolero 시스템의 사용허가를 받기 전 Rule book에 서명해야하는데, 이때 서명의 의미는 전자문서의 문서성을 인정하겠다는 약속이며 Bolero의 전자서명의 유효성을 인정하겠다는 동의의 표시임.
- Rule book은 EDI 하의 쌍무적인 교환약정과는 달리 BAL의 구성원인 일체의

사용자가 Rule book에 동의한다는 의미의 서명을 의무화함으로써 모든 사용자를 구속하는 계약 또는 다자간 교환약정임.

6) 주요 특징

① 글로벌성을 띠고 있으며 일개회사에 과도한 지분소유를 배제했다.

② 볼레로가 제공하는 서비스에 국한해서는 Rule book에 의하여 구속력을 가하도록 했다.

③ 기존의 제도적 환경과 연계시켰다.

④ 신뢰할 수 있는 제3자(trusted Third Party), 즉 서비스 제공자를 개입시켜 시스템 장애 발생시 Bolero사에 손해배상 청구가 가능하도록 했다.

Chapter 12

제3자 물류

1 제3자 물류의 정의

제3자 물류(Third-Party Logistics : 3PL or TPL)라는 용어는 1988년 미국물류관리협회(Council of Logistics Management : CLM)가 하주를 대상으로 시행한 설문조사에서 처음으로 사용한 이후 관련 업계에 급속히 확산되었다. 먼저 제3자 물류에 대한 CLM의 정의를 살펴보면, 제3자(Third-Party)란 물류채널 내의 다른 주체와 일시적이거나 장기적인 관계를 가지고 있는 대행자 혹은 매개자를 의미하며, 제3자 물류란 하주와 단일 혹은 복수의 제3자간에 일정기간 동안 일정비용으로 일정 서비스를 상호합의 하에 수행하는 과정이라고 밝히고 있다.

제3자 물류가 가장 일반화되어 있는 미국의 경우, SCM이 도입되기 이전에는 제3자 물류라 할 경우, 하주와 실제 운송업자 사이에서 게재하는 사업자를 총칭하는 것이었으나, 프레이트 포워더를 중심으로 이들 사업자가 SCM을 간판으로 한 물류서비스를 제공하게 됨에 따라 제3자 물류의 개념이 바뀌기 시작하였다. 실제 운송업자도 프레이트 포워더와 경쟁하기 위해 SCM에 참여하기 시작함으로써 현재는 제3자 물류라 할 경우, SCM에 있어 물류부문을 담당하는 사업자라는 의미가 강해지고 있다.

일본의 경우, 1997년 4월 閣議의 결정에 따라 발표한 「總合物流施策大綱」[51]에서 제3자 물류를 "하주에 대하여 물류개혁을 제안하고 포괄적으로 물류업무를 수탁하는 업무"라고 그 정의를 내리면서 규제완화를 통한 경쟁적 환경을 바탕으로 다양화, 고도화하고 있는 물류수요에 대응한 업태·서비스로서 제3자 물류를 육성해야 한다고 밝히고 있다.

일본의 산와[三和]종합연구소는 제3자 물류의 정의에 대해, 고객으로부터 운송업무를 개별적으로 하청 받는 것에 그치지 않고 조달에서부터 배송까지 고객의 모든 물류업무를 포괄적으로 맡아 기업의 경영전략상 최적이 되도록 물류시스템을 설계하여 그 물류업무를 자사 혹은 타사의 물류설비를 이용하여 실제로 수행하는 사업이라고 정의하고

51) 寺前秀一(1998), 「經濟構造改革と物流」, 日通總合研究所, p.153～181.

있다[52]. 즉 제3자 물류는 어떤 식으로 포장하여 그것을 어떻게 창고에 보관하고 어떤 수송기관을 이용하여 어느 수송경로를 통해 어떤 타이밍으로 배송하는 것이 좋은가에 대해 고객의 제품흐름 전체가 최적이 되도록 설계한다. 또 설계한 물류업무에 대하여 어느 정도의 인원체제로 임하는 것이 좋은가를 제안하기 때문에 제3자 물류는 고객의 조직개혁까지 포함하는 것으로 점차 확산되고 있다.

대한상공회의소는 1999년 8월, "제3자 물류업체의 경영실태조사" 결과를 발표하면서 그 정의를 하주기업이 고객 서비스 향상, 물류비 절감 등 물류활동을 효율화할 수 있도록 supply chain 상의 기능 전체 혹은 일부를 대행 또는 수행하는 업종으로 정의하고 있다[53]. 또한 동보고서에서 제3자 물류가 기존의 물류 아웃소싱과 다른 점은 하주기업과 물류기업간의 관계가 거래기반 관계에서 전략적 제휴관계로 전환되고, 이에 따라 서비스 내용에 있어서도 운송, 보관 등 부분적 물류기능을 대행·제공하는 정도를 넘어서 효율적인 물류전략·계획의 제안, 통합물류서비스의 제공 등 보다 긴밀한 관계에서나 가능한 서비스까지 제공된다는 특징이 있다고 밝히고 있다.

정종석은 「자사물류 ⇒ 물류자회사 ⇒ 제3자 물류」 라는 단순한 절차로 제3자 물류의 발전과정을 설명하고 있는 경우가 많다고 지적하면서, 실제 이행과정은 이보다 복잡한 구조를 보일 것으로 추측된다고 하면서, 제3자 물류는 서비스의 깊이 측면에서 볼 때 물류활동의 「운영·실행 (1PL) ⇒ 관리·통제 (2PL) ⇒ 계획·전략 (3PL)」 으로 발전하는 과정을 거치고, 서비스의 폭면에서는 「기능별 서비스 (1PL) ⇒ 기능간 연계·통합서비스 (2PL) ⇒ 기업간 연계·통합서비스 (3PL)」 의 발전과정을 거칠 수 있다고 밝히고 있다.

제3자 물류에 대하여 많은 논문을 발표하고 있는 미국의 Lieb and Randall, 호주의 Dapiran, Peter et al. 등 대부분의 학자들은 제3자 물류가 전통적으로 기업의 한 조직 내에서 수행하여 오던 물류기능을 전체 물류과정 혹은 그 과정 중의 일부 물류활동을 제3자

52) 上野裕子(1998), 「物流を變えるサ-トバ-ティロジスティクス」, 三和總合研究所, pp.1～2.
53) 대한상공회의소(1999), 「제3자 물류업체의 경영실태조사」, 대한상공회의소, p.4.

에 의해 수행토록 하는 것으로 보고 있다.

<표12-1>은 제3자 물류서비스에 대한 이상의 정의를 요약한 것이다.

<표12-1> 제3자 물류에 대한 제정의

발표자 (연도)	정의
미국물류관리협의회 (1988)	하주와 단일 혹은 복수의 제3자간에 일정기간 동안 일정비용으로 일정서비스를 상호 합의 하에 수행하는 과정
John Africk/A.T. Kearney(1996)	단일 물류서비스 공급자가 계약에 기초하여 복합적인 물류서비스를 제공하는 것
La Londe, Cooper (1989)	로지스틱스 경로상 다른 당사자와 단기적 또는 장기적인 관계를 구축하는 로지스틱스 경로내의 대리중개자
Lieb, Millen, Wassenhove (1993)	전통적으로 기업의 한 조직 내에서 수행하여 오던 물류기능을 전체 물류과정 혹은 그 과정 중의 일부 물류활동을 제3자에 의해 수행토록 하는 것
대한상공회의소 (1999)	하주기업이 고객서비스 향상, 물류비 절감 등 물류활동을 효율화 할 수 있도록 공급체인(Supply Chain)상의 기능 전체 혹은 일부를 대행·수행하는 업종
日本 總合物流施策大綱 (1996)	하주에 대하여 물류개혁을 제안하고 포괄적으로 물류업무를 수탁하는 업무
日本 三和總合研究所 (1998)	조달에서부터 배송까지 고객의 전물류업무를 포괄적으로 맡아 기업의 경영전략상 최적이 되도록 물류시스템을 설계하여 그 물류업무를 자사 혹은 타사의 물류설비를 이용하여 실제로 수행하는 사업
Sink, Langley, Gibson (1996)	하주기업에 의해 제공되거나 관리되는 것이 바람직하지 않은 기능을 수행하기 위해 재고에 대한 소유권을 행사하지 않으면서 외부인에 의해 제공되는 복합적인 유통활동

자료 : 허문구, 「수출입 기업의 제3자 물류서비스 활용에 관한 실증적 연구」, 한국해양대학교 박사 학위논문, 2001, p.43.

한편, 이상과 같은 정의들을 바탕으로 제3자 물류의 이용자인 하주기업의 입장에서 생각해 보면, 제3자 물류란 자사에서 전적으로 물류업무를 처리해 오던 단계(1자 물류 : 1PL)에서 분사화를 통해 물류자회사에 의해 서비스를 받던 단계(2PL)를 벗어나 하주기업 본연의 핵심역량을 강화할 수 있도록 공급연쇄(Supply Chain)상 아웃소싱의 대상이 될 수 있는 물류부문의 일부 혹은 전부를 물류 전문업체와 계약을 체결하여 위탁하는 것이라 할 수 있다. 3PL을 활용할 때 하주기업은 자사 내 물류부문의 리스터럭처링(Restructuring)이 이루어져 기존의 담당조직이 축소될 수 있거나 보유하고 있던 일부 혹은 전부의 사내 물류관련 하드웨어가 처분이 가능하게 될 것이다.

이상의 내용에서 언급한 물류의 정의 하에서 제3자 물류서비스 주체는 하주와 전통적인 거래기반관계에서 전략적 제휴관계로 전환하여야 하고, 이에 따라 서비스 내용에 있어서도 운송, 보관 등 부분적 물류기능을 대행·제공하는 정도를 넘어서 효율적인 물류전략·계획의 제안, 통합물류 서비스의 제공 및 컨설팅 등 보다 긴밀한 관계에서나 가능한 서비스까지 제공한다는 전제를 가지게 된다.

2 제3자 물류서비스의 발달배경

전문 물류업은 1980년대 미국에서 활성화되었으나 최초로 전문 물류업체가 활동하기 시작한 곳은 영국이다. 영국은 규제완화의 선두주자로서 1968년 트럭 운송업의 규제를 철폐하기 시작했고, 1970년에 면허제에 의한 양적 진입규제와 운임규제가 철폐되었다. 운송시장의 규제완화로 운임경쟁이 치열해져 하주는 낮은 운임을 향유할 수 있었으나, 수송업체간의 경쟁은 더욱 치열해져 운임이외의 이익을 창출할 수 있는 새로운 사업으로 전문물류업이 탄생하게 된 것이다. 영국의 하주기업도 비용절감을 위하여 전문물류업체로부터 아웃소싱하기 시작하여 창고업무를 중심으로 전문 물류업이 발전하기 시작하였다.

미국과 유럽에서 전문 물류업이 활성화된 배경은 1980년대 수송부문의 규제완화, 경제활동의 세계화, 고도화된 물류전략의 추진, 급속한 기술발전과 물류업체의 전문화 등을 들 수 있는데, 이를 좀 더 자세히 살펴보면 다음과 같다.

첫째, 1970년대 후반부터 미국의 물류업계에 불어 닥친 항공서비스의 규제완화, 그리고 1980년대에 철도와 트럭수송의 규제완화로부터 복합운송이 비약적으로 확대되었고, 1984년 미국의 해운법 개정으로 진입규제의 대폭완화와 운임신고의 폐지 등으로 물류업체가 참여할 수 있는 기회가 대폭 확대되었다. 규제완화 이전에는 수송수단간 규제 때문에 종합적인 물류서비스의 제공이 곤란했으나 규제완화로 州間수송, 진입조건 등의 규제가 철폐되어 물류서비스 개선을 위하여 가장 효율적인 수송수단의 선택과 운행이 가능하게 되었다. 하주기업도 급속한 기술발달과 치열한 경쟁환경 하에서 경영 효율화를 위하여 물류업무를 외부의 전문업체에게 위탁함으로써 기업의 부담을 줄이고 생산과 판매 등 핵심 경영활동에 집중하여 재고의 압축, 물류비 절감, 수송시간의 단축을 실현할 수 있게 되었고, 이것은 수송부문의 향상은 물론, 최적의 물류 합리화를 도모하게 되었다.

둘째, 경제활동의 세계화로 기업들의 활동범위가 전세계적으로 확대되고 해외로부터 글로벌 소싱이 확대되면서 이들로부터 특화된 물류서비스의 욕구가 증대되고 있다[54]. 경제활동의 글로벌화로 공급연쇄가 복잡하게 되고 국제물류 체제에서 수배송을 포함한 물류관리의 효율적인 운영이 요구되고 있으나, 자사 물류체계만으로는 효율적으로 국제 물류활동을 수행하기 어렵기 때문이다.

셋째, 고도화된 물류전략을 추진하는 하주기업들이 증가하면서 아웃소싱 또는 전문 물류업 시장이 확대되고 있다[55]. 하주기업들은 시간과 비용을 절감하면서 고객의 욕구를 충족시키기 위해 JIT체제가 확산됨에 따라 재고관리와 물류기능 통제가 생산과 유통활동에서 더욱 중요시 되게 되었다. 즉, JIT 환경 하에서의 운영상 복잡성과 비용 때문에 많은 기업들은 핵심역량을 제외한 기업내부의 인적, 물적 자원을 적절히 외부의 자원으로 대체하는 것이 유리함을 인식하게 된 것이다.

넷째, 정보통신기술 등 급속한 기술발전과 물류업체의 전문화[56]를 들 수 있다. 컴퓨터, 인터넷 등 정보통신기술은 급속히 변화되고 있으며, 하주기업 스스로 추진하기에는 기술개발에 장기간이 소요되며 많은 투자비가 소요되는 대신, 투자위험 또한 높기 때문에 기업 내부적으로 개발, 시행하기보다는 전문업체의 기술을 활용할 경우 하주기업은 고정비를 변동비화시켜 기업운영에 보다 유연성을 가질 수 있게 되는 것이다.

오늘날 물류업체는 정보 시스템의 뒷받침 없이는 신속하고 정확한 화물추적이나 고객 서비스를 제공할 수 없으므로 정보 시스템의 중요성은 어느 요소보다도 강조되고 있다. 한편, 전문물류업체들은 기술발전이나 시장상황에 적합한 수배송 시스템을 구축할 수 있고 특히, 중소규모의 기업일수록 기술분야에서 전문지식과 지원을 필요로 하는 경우가 많아 전문물류업체의 활용에 관심을 가지는 경우가 많다.

---

54) Razzaque, Mohammed Abdure and Sheng, Chang Chen, 「Outsourcing of logistics functions : a literature survey」, International Journal of Physical Distribution & Logistics Management, Vol. 28, Issue 2, 1998.

55) Sheffi. Y., 「Third party Logistics : Present and Future Prospects」, Journal of Business Logistics, Vol, 11, No. 2, 1990, pp.27～39.

56) Maltz, A, B., 「Outsourcing the warehousing function : economic and strategic considerations」, Logistics and Transportation Review, Vol. 30, No. 3, 1994, pp.245～265.

3 제3자 물류서비스의 특징과 유형

제3자 물류서비스의 특징은 다음 세 가지로 요약될 수 있다[57].

첫째, 제3자 물류서비스는 고객의 물류업무 전체를 위탁받아 전체의 최적화를 지향한다. 그 이유는 하나의 부문에서 물류 효율화를 도모하여도 나머지 부문에서 업무가 증대하여서는 전사적으로는 의미가 없다는 것으로 한 개 부문에 의한 코스트 절감에는 한계가 있기 때문이다. 실제로 전체 최적화를 도모하기 위해 제3자 물류업자는 고객의 제품 판매고 예측과 생산계획이라는 기업전략을 파악한다. 그에 따라 포장방법, 수송기관의 선택, 수송경로·타이밍 선택, 창고입지, 재고감축 등에서부터 인재의 적정배치까지 검토, 제안하여 원재료의 조달에서부터 배송까지의 모든 과정에 걸친 물류 효율화와 코스트 절감을 지향한다.

둘째, 제3자 물류서비스에서는 제공자가 그들의 고객과 이해관계를 같이 한다는 점이다. 고객의 물류업무의 효율화와 코스트 절감을 도모하는 것은, 물론 고객에게는 이익이 될 뿐만 아니라, 제3자 물류업자도 그것에 의해 자신의 이익을 얻게 된다.

셋째, 제3자 물류업자와 고객은 물류 코스트 절감을 함께 도모하고 거기서 생겨난 이익을 함께 나누어 가지는 관계이다. 종래의 물류업자의 경우에는 고객에 대하여 하청업자로서의 관계로, 고객에 있어 물류업자는 운임교섭의 상대일 뿐만 아니라 물류 사업자와의 접촉도 각 사업소의 현장이 담당하고 있는 경우가 거의 대부분이었다. 그러나 제3자 물류업자는 생산계획 등 경영에 걸쳐 광범위한 정보를 고객과 공유하여 인원배치 등의 조직체제를 개혁하는 것까지도 하고 있으므로, 그 제안의 실행에 있어서는 고객의 최고경영자이며, 이러한 점에서도 고객과 대등한 관계에 위치하게 된다.

---

57) 上野裕子(1998), 전게서, pp.3~4.

물류분야에서 아웃소싱의 가장 긴 역사를 보유하고 있는 것은 창고이며[58], 이후 Richardson은 마케팅, 포장, 운송, 그리고 수출입 업무를 그 대상에 포함시켰다[59]. Lieb과 Randall은 많은 제3자 물류업자들이 물류정보 시스템, 혼재, 창고관리, 운송업자 선택, 운임협상, 제품반품 처리, 주문처리, 부품공급, 공급자 선택, 그리고 구매관리까지도 시행하고 있다고 주장했다.

제3자 물류업의 대표적인 유형으로는 자산(Asset)형과 비자산(Non-Asset)형이 있다[60]. 자산형이 트럭, 창고 등의 자산을 보유하는 형태임에 비하여, 비자산형은 이들 자산을 보유하고 있지 않은 유형이다. 그러나 각종 자산을 리스(Lease)하여 이용하는 경우라든가 자산만을 보유하고 있는 경우도 있어서 엄격히 구분하기는 어렵다. 또, 자산형의 경우에도 자사의 자산에만 한정하지 않고 타사의 자산을 이용하는 경우도 많다. 자사의 자산 가동률에 얽매이면 제3자 물류로서 SCM의 전체 최적을 이룩하기가 어렵기 때문이다.

자산형의 장점은 성수기에도 확실하게 이용할 수 있고 트럭이나 창고 등의 자산도 고객중심으로 전적으로 상업화할 수 있다는 점을 들 수 있다. 또 자산의 이용방법이나 실무 면에서도 정통하고, 개선효과를 올리기 쉽다는 점, 중간업자가 개재하지 않기 때문에

---

58) Goldsmith, M., 「Outsourcing plays a role in corporate strategies」, Transportation and Distribution, October, 1998, pp.18～22.

59) Richardson, H. L., 「Outsourcing : the power worksource」, Transportation and Distribution, July, pp.22～24.

60) Muller는 3PL 사업자의 유형을 다음 네 가지로 분류하고 있음.

① Asset-based vendors : 전형적으로 트럭이나 창고 혹은 둘 다를 사용하여 물류 서비스를 제공하는 기업

② management-based vendors : 일부분 혹은 전체적으로 고객기업의 물류부서 역할을 수행하면서 시스템 데이터 베이스와 컨설팅 서비스 등 물류관리서비스를 제공하는 기업

③ integrated vendors : 전형적으로 트럭, 창고 혹은 둘 다를 보유하나, 자사의 것들에만 한정하지 않고 필요시 타사의 것들도 계약을 통해 활용하는 기업

④ Administration-based vendors : 주로 운임지불과 같은 관리적인 서비스를 제공하는 기업 (Muller, E. J., 「the top guns of third-party logistics」, Distribution, March, 1993, pp.30～38.)

개선효과가 직접 하주에게 환원된다는 점 등을 들 수 있다. 그러나 이용가능성을 높이기 위해 특정고객에게 전용하는 경우에는 이용률에 있어서 자가용과 별다른 차이가 없어지는 문제점이 발생한다.

한편, 비자산형의 경우에는 자산을 보유하지 않는 만큼 자사 자산을 이용하는 것에 한정하지 않고 보다 유연한 서비스를 제공할 수 있다. 자사자산이 유휴화하는 문제도 생기지 않기 때문에 비용의 절감을 포함하여 대담한 물류 효율화를 제안할 수 있다. 그 반면 비자산형의 경우 신뢰성이 의문시되는 경향도 있는데, 타사의 서비스를 이용하여 운송하거나 창고를 빌리게 되나, 충분한 관리감독 능력이 있는가 또는 성수기에도 확실하게 이용할 수 있는가라는 점이 불안 요인으로 작용하기 때문이다. 또한 프로젝트가 실패하거나 도산한 경우, 자산이 적은 만큼 배상책임을 완수할 수 있는가의 문제도 제기된다.

미국에서는 자산형과 비자산형의 사업자 중에서 대형 사업자는 전자가 많다[61]. 향후 대형 자산형 사업자가 비자산형 사업자들을 사들여 확대를 도모하고 소규모 자산형 사업자는 모회사의 전속 물류회사로서 존속하여 나갈 것으로 보인다.

하주가 3PL 서비스를 이용하는 방법에는 공개입찰, 세일즈에 의한 경우 등이 있다. 공개입찰인 경우에는 하주기업이 제시하는 정보를 바탕으로 3PL 사업자가 제안서를 제출하여 경쟁을 하는 경우가 많다. 계약형태에 대해서는 수송기자재·창고시설의 리스가 포함되는 경우는 리스 기간을 고려하여 3년 이상으로 하는 경우가 많다. 계약방식은 실비에 수수료를 더하는 경우가 많고, 그 외에도 취급단가에 의한 거래(Transaction)방식[62], 코스트 절감의 목표를 정하는 방식, 게인 쉐어링(Gain Sharing)방식[63] 등이 있다.

61) 上野裕子(1998), 전게서, p.7.

62) 한 건당, 한 계약기간 당, 혹은 한 평당 서비스계약을 체결하는 방식.

63) 계약시에 하주기업에 대해 일정의 물류코스트 삭감의 목표를 보증하여, 그 목표 이상의 성과를 거둔 경우에는 그 이익을 물류업자와 하주기업이 배분하는 방식을 말하는 것으로 이를 통해 3PL업자와 하주기업은 공동의 이익을 위해 상호협력하게 됨. (上野裕子, 「物流が変わる!」, 三和總合研究所, 2000, p.2.)

4 제3자 물류서비스 이용의 편익과 문제점

Lieb과 Randall[64]의 연구결과에 의하면, 제3자 물류서비스를 이용하고 있는 미국의 제조업체들은 다양한 편익을 경험하고 있는 것으로 나타났으며, 물류비용 절감(38%), 인력전문성/시장지식의 향상(24%), 운영효율성의 개선(11%), 고객서비스의 개선(9%) 등의 순으로 나타났다. 또한 제3자 물류서비스의 이용을 통해 기업들이 자사물류인력을 크게 절감시킨 것으로 나타났는데, 조사업체의 48%가 자사물류인력을 절감시킨 것으로 응답하였으며, 이중 33%는 20%이상의 자사물류인력을 절감시킨 것으로 응답하고 있다.

Sink and Langley[65]는 제3자 물류서비스 도입의 편익과 문제점을 좀 더 구체적으로 조사하였으며, 편익측면에서는 물류외주비용의 절감, 유연성의 향상, 외주물류 서비스 수준의 향상, 인력절감, 핵심부문에 대한 집중력 강화 등에 높은 응답률을 보였으며, 이와 함께 문제점으로는 외주가 이루어진 물류기능에 대한 통제력의 저하가 가장 많이 지적되고 있는 것으로 나타났다.

<표 12-2> 제3자 물류서비스 도입의 편익과 문제점

	물류기능 외주의 효과	응답비율(%)
편 익	물류외주비용의 절감	57.7
	유연성의 향상	56.3
	외주물류 서비스수준의 향상	52.1
	인력절감	50.7
	핵심부문에 대한 집중력 강화	38.0
	물류활동을 위한 자본비용의 절감	31.0
	물류전문인력 활용능력의 강화	26.8
	정보통신기술 활용의 개선	19.7

64) Lieb, R. C. and H. L. Randall(1996), "A Comparison of the Use of Third-party Logistics Services by Large American Manufacturers, 1991, 1994, and 1995", Journal of Business Logistics, Vol. 17, No. 1, pp.305-320.
65) Sink, H. L. and C. J. Langley, Jr.(1997), "A Managerial Framework for the Acquisition of Thid-party Logistics Services", Journal of Business Logistics, Vol. 18, No. 2, 163-189.

문제점	외주물류기능에 대한 통제력 저하	35.2
	물류활동을 위한 시간과 노력이 감소되지 않음	33.8
	실질적인 비용절감이 이루어지지 않음	25.4
	제3자 물류업체 인력의 질에 문제가 있음	22.5
	서비스 수준이 기대에 미치지 못함	21.1
	적용단계에서 전환과정이 만족스럽지 못함	18.3
	고객불만이 높아짐	12.7

자료: Sink and Langley (1997)

한편, 제3자 물류서비스의 활용은 하주 뿐 아니라 서비스 제공업체도 편익을 향유할 수 있다. Ellram과 Cooper는 하주와 제3자 물류서비스 제공자간의 파트너십 구축을 통해 얻어지는 편익을 하주와 제3자 물류서비스 제공자 입장에서 각각 비교하였는데[66], 그 내용은 다음 <표 12-3>과 같다.

<표 12-3> 하주와 제3자 물류서비스 제공자간 공급체인 구축 시 편익효과

		하주	제3자 물류서비스 제공자
편익	경제적	• 장비 및 설비관련 재무위험 전가 • 비용절감 / 품질향상 • 규칙적인 거래 • 제3자의 전문성의 이용 • 정보시스템 개발비용 부담	• 장비 및 설비의 이용효율 향상 (규모의 경제 실현) • 소수 하주와의 관계를 통한 운영절차 감소로 운영효율 향상
	관리적	• 핵심역량에 집중 • 소수업체와의 체인구축을 통한 관리 상 용이	• 소수의 하주에게 전문능력 집중 • 소수 하주와의 체인구축을 통한 관리 상 용이
	전략적	• 경쟁우위획득 • 채널멤버간 상호정보 교환을 통한 전략적 재고배치 • 소수업체 이용을 통한 적절한 배송 스케줄로 고객서비스 충족	• 장기계획을 통한 투자범주 • 핵심서비스만 집중함으로써 전문영역 개발 및 연마

자료 : Ellram & Cooper(1990), 전게서, pp.4～7.

---

66) Ellram, Lisa and Cooper, Martha, 「Supply Chain Management, Partnerships and the Shipper-Third party Relationship」, The International Journal of Logistics Management, Vol.21. No.1, 1990, pp.4～7.

5 제4자 물류

제4자 물류는 앤더슨컨설팅에서 처음 사용한 용어로서 이외에도 LLP (Lead Logistics Provider)등으로 사용하고 있다. 제4자 물류의 개념은 다양한 조직들의 효과적인 연결을 목적으로 하는 single contact point로서 supply chain의 모든 활동과 계획관리를 전담한다.

본질적으로 제4자 물류공급자는 광범위한 서플라이 체인의 조직을 관리하고 기술, 능력, 정보기술, 자료 등을 관리하는 공급망 통합자이다. John Gattorna의 "Supply Chain Alignment"에 의하면 현 관행에서 제3자 물류가 받아들여지고 있지만 최근의 서플라이 체인에 대응할 수 있는 부분으로 4PL이 등장하고 있다.

4PL의 두 가지 중요한 특징은 첫째는 4PL은 범위가 넓은 서플라이 체인 역할을 담당하고, 두 번째는 전체적인 서플라이 체인에 영향을 주는 능력을 통하여 가치를 증식시킨다. 오늘날 조직의 범위가 넓고 복잡한 의사결정을 충족시키기 위한 4PL은 확장된 서플라이 체인이 특정한 고객의 요구에 맞추는 서비스가 필요하다.

4PL은 서플라이 체인작업에 있어 다음의 네 단계를 거친다.

4PL의 가장 상위 단계는 재창조 (Reinvention)이다. 서플라이 체인에 참여하고 있는 복수의 기업과 독립된 서플라이 체인 참여자들 사이에 협력을 넘어서 서플라이 체인의 계획과 동기화에 의해 가능하다. 재창조는 재디자인하고 참여자의 서플라이 체인을 통합하기 위해서 비즈니스 전략을 서플라이 체인전략과 제휴하면서 전통적인 공급망 컨설팅 기술을 강화한다.

두 번째 단계는 변환 (Transformation)이다. 이 단계는 판매, 운영계획, 유통관리, 구매전략, 고객서비스, 서플라이 체인 기술을 포함한 특정한 서플라이 체인에 초점을 맞춘다. Transformation 단계에서는 전략적 사고, 프로세스 재설계, 조직변화관리, 고객의 서플라이 체인활동과 프로세스를 통합하기 위한 기술을 강화한다.

세 번째 단계는 이행 (Implementation)이다. 4PL은 비즈니스 프로세스 제휴, 조직과 서비스의 경계를 넘은 기술의 통합과 배송운영까지를 포함하여 실행한다. 4PL에 있어서 인적자원관리가 성공의 중요한 요소로 인식되면서 조직변화에 조심스럽게 관심이 모아지고 있다. 기업이 진정으로 서플라이 체인을 실행하려면 인적자원관리라는 과제에 끊임없이 부딪치게 된다. SCM에 대한 정보시스템과 기술은 이미 널리 이용되고 있는 것들로써 상대적으로 단기간 내에 실행이 가능하며 이에 따른 기술적 어려움도 극복할 수 있다. 또한 재고와 수송관리체계도 이미 널리 알려져 있어 실행이 어렵지 않다. 그럼에도 불구하고 많은 공급망 운영이 실패로 끝나는 것은 구성원들이 기대하는 결과에 대한 의사소통이 미흡하고 이에 따라 바람직하지 않은 형태가 나타나기 때문이다.

마지막 단계는 실행 (Execution)이다. 4PL 제공자는 다양한 서플라이 체인기능과 프로세스를 위한 운영상의 책임을 진다. 그 범위는 전통적인 운송관리와 물류 아웃소싱보다 범위가 크다. 조직은 서플라이 체인활동에 대한 전체적인 업무를 4PL 공급자에게 아웃소싱할 수 있다. 4PL 공급자가 커버할 수 있는 범위는 3PL 공급자, IT회사, 컨설팅회사, 물류솔루션 업체 들이다.

제1단계	재창조 (Reinvention)	재디자인하고 참여자의 서플라이 체인을 통합하기 위해서 비즈니스 전략을 서플라이 체인전략과 제휴하면서 전통적인 공급망 컨설팅 기술을 강화
제2단계	변환 (Transformation)	전략적 사고, 프로세스 재설계, 조직변화관리, 고객의 서플라이 체인활동과 프로세스를 통합하기 위한 기술을 강화
제3단계	이행 (Implementation)	비즈니스 프로세스 제휴, 조직과 서비스의 경계를 넘은 기술의 통합과 배송운영까지를 포함하여 실행
제4단계	실행 (Execution)	4PL 제공자는 다양한 서플라이 체인기능과 프로세스를 위한 운영상의 책임

【그림 12-1】 4PL의 서플라이 체인작업

Chapter 13
기업경영상의 전략적 측면

1 제조업체의 물류전략

1) 제조업 물류의 세 가지 특징

일반적으로 제조업의 물류는 매우 종합적이라서 복잡하다고 하지만 단순한 측면도 있다. 그것은 유통업에 비해서 상품종류가 적다는 것이다. 이런 까닭으로 상품관리는 쉽다고 말하는 것이다. 단지, 소비자는 상품품질의 책임의 소재를 그 브랜드를 가진 제조업에 요구하는 경향이 있기 때문에, 제조업물류는 모든 유통과정까지 시야에 들어오는 시스템관리를 실행할 필요가 있다. 이와 같은 제조업의 물류에는 세 가지의 특징이 있다.

(1) 생산종속

유통업체는 시장상황에 맞춰 필요한 상품을 필요한 만큼 사들이고, 팔리지 않는 상품은 더 이상 취급하지 않는 식의 간단한 사이클을 사용할 수 있지만 제조업에서는 그렇게 간단·신속할 수 없다. 제조업에서의 물류활동이 복잡하고 진중할 수밖에 없는 이유는 상품의 연구·개발기간에 상당한 시간과 비용이 들기 때문이다. 더욱이 R&D를 거친 상품의 경우, 제조를 위해서 새로운 공장을 건설하고 생산라인을 설치해야 하기도 한다. 따라서 한번 시장 투입한 상품은 장기간을 고려해야 한다. 만약 생산을 계획한 물량만큼이 계속 흘러가지 않으면 기업은 커다란 타격을 입게 된다. 생산계획, 판매계획에 근거하여 물류가 행해져야 할 필요가 여기에 있다.

흔히들 시장이 요구하는 상품을 생산·판매해야 한다고 말하고, 그러한 노력이 필요한 것 역시 사실이지만, 생산량에 많은 영향을 받는 것이 제조업의 현실이다. 제조업물류는 생산계획과 판매계획에 많은 영향을 받을 수밖에 없는 것이다.

(2) 조달물류

상품을 만들기 위해서는 제조에 들어가는 원재료나 부품의 조달이 선행되어야 한다. 결국 이것이 되지 않으면 다른 물류활동이 있을 수 없다. 매우 규칙적인 생산계획 맞춰서 이러한 조달을 실행하는 업종도 있지만 대부분의 경우 납기문제나 재고문제가 상존하고 있다. 조달물류가 제조업체에 중요한 이유다. 이처럼 중요한 조달물류 전부를 공급자에게 맡길 수는 없으므로 제조업체의 주도적인 역할이 필요하다. 각각 독립체인 제조업체와 협력사를 최대한 유기적으로 통합시키는 시스템이 지속적으로 간구되어져야 한다.

(3) 전체장악

제조업, 특히 소비재 제조업에 있어서는 소비가 완료되는 시장의 말단까지의 관리가 필요하다는 것이다. 제품흐름의 맨 마지막에 위치한 최종소비자라 할지라도 브랜드를 매개로 하여 제조자와 직접적으로 연관되어 있다고 할 수 있다. 그래서 제조업의 물류도 판매처를 넘어서 시장의 말단까지 관리할 수 있는 물류 시스템이 필요한 것이다. 간혹 재고관리나 영업방식으로 판매대행사와 불협화음이 발생하기도 하지만 제조업체로서도 간과할 수 없는 면이 있다.

2) 제조업물류의 난점

(1) 물류시스템의 광역성

조달물류, 사내생산물류, 판매물류, 그리고 그것에 더하여 채널물류(자사를 넘어서 소비자까지)의 4가지의 영역을 전부 커버해 물류시스템을 구축해야 하는 것이다. 물류는 물리적인 활동의 연속이므로 반드시 현장이 주체가 된다. 그 때문에, 이제까지는 각 영역 각각이 독자적으로 물류의 방법이나 시설을 개발·설치하는 경향이 있었다. 그러나 현재의 그 복수의 영역을 통합해서 전사적인 물류전략과 물류시스템을 전개하는 추세에 있다.

(2) 물류비용

기업의 입장에서 비용의 약 10~15%, 소비자의 입장에서는 구입하는 상품가격의 7%정도가 평균적인 물류비가 된다. 그런데 이러한 물류비용의 60% 이상이 제조단계에서 발생하는 것이다. 명확히 나눌 수는 없지만, 상품의 일부로 볼 수 있는 용기나 상품포장도 포함하면, 물류비의 총액은 상품가격의 10%나 된다고 말한다. 그 용기나 상품포장의 비용은 제조업체가부담하는 것이다. 이러한 물류비용은 제조업에 있어서 큰 부담이다. 그런 까닭으로, 제조업체는 끊임없이 물류비 삭감을 위해 대책을 강구해 나가야 하는 것이다. 그러나 이것은 지극히 힘든 일이다. 현장에 있어서의 개개 활동의 합리화에는 한계가 있기 때문이다. 그 때문에 제조업체는 지속적으로 경영면에서 합리적인 물류가 행해질 수 있도록, 그 물류체계 전체를 경영전략에 맞춰 개선·조정해 나가야만 한다.

(3) 다품종 단명화

간단히 말해서 제품수명주기가 매우 짧아졌다는 것과 상품의 종류가 다양화되고 있다는 것이다. 그 때문에 단품 레벨로는 상품수가 커지고, 그 중에서 차례대로 신상품을 투입하면서 비인기 상품을 단종시켜 나가지 않으면 안 된다. 제조업의 물류시스템이 보다 높은 차원의 관리를 필요로 한다는 것을 의미한다. SCM에는 조달단계부터 시장의 말단단계까지를 관리한다는 의미 외에, 하나의 상품의 개발에서 시장투입까지 그 라이프사이클을 일괄적으로 관리한다는 뜻도 포함된다. 이러한 많은 상품의 복잡한 움직임을 관리하기 위해서는 SCM의 마인드와 테크닉을 도입해야만 하는 것이다.

(4) 유통채널의 변화

현재 도매단계, 소매단계를 중심으로 한 유통채널은 크게 변화하고 있다. 도매업계는 재편성의 한가운데 있고, 소매업계도 체인스토어를 중심으로 상위 집중화, 재편성이 진행되고 있다. 이러한 유통기구의 변화에 제조업체는 혼란스러움을 겪고 있다. 대형화된 유통업체가 오히려 제조업체를 좌우하기 시작한지 오래다. 급격한 유통채널의 변화 속에서 물류 시스템을 어떻게 전개해 갈 것인가 하는 난제가 산적해 있다.

2 유통업의 물류[67)]

1) 도매업경영과 물류

(1) 도매기능으로서의 물류

도매업은 곧 물류업이라는 의견이 있다. 그것은, 도매업의 존재의의는 물류라는 의미이다. 도매업은 유통의 중간에 있어서 생산자와 소매업, 업무용 사용자의 사이를 이어주는 역할을 담당하고 있다. 그 역할이 집하분산이라는 것이다. 여러 생산자로부터 여러 상품을 모아 집하하여 여러 소매업자나 업무용사용자에게 공급하는 것이 도매업이 맡은 유통기능이라고 말할 수 있다. 이 집하분산은 몇 갈래의 흐름 속에서 실행된다. 그 흐름이라는 것은 주문의 흐름, 정보의 흐름, 돈의 흐름, 상품의 흐름 등 이다. 예전에는 이 흐름을 도매업이 담당하고 유통 안에서 도매업은 강력한 힘을 과시했었다.

그런데 산업의 근대화 속에서 제조업이 대규모화 되고, 강한 힘을 가지기 시작했다. 은행과 보험회사라고 하는 금융관계의 산업도 확립되고 정보전달 수단은 현격히 진보되었다. 그 때문에 이들에 관계되는 기능에 있어서는 도매업의 힘은 상대적으로 약해졌던 것이다. 남겨진 것은 물류기능이다. 물류에 있어서도 장거리·대량수송에 대해서는 수송산업이나 교통시스템이 발전해 왔기 때문에 전문수송기관에 맡기는 것이 많아졌다지만 역내물류에 대해서는 종래대로 도매업이 담당하는 것이 보통이다. 여기서 도매업의 큰 역할이 남겨진 것이다. 또한 제조업체는 독자적인 물류시스템을 고도로 진화시켜 자사영역내의 물류를 효율적 · 효과적으로 실행하고 있다지만 그 중에서 복잡하고 비효율적인 부분은 도매업에 의존하고 있다.

종래부터 도매업은 불가결한 존재였고, 도매상 무용론이 다양한 곳에서 얘기되어졌지만, 20세기 중반 까지도 도매업의 성장이 계속되었다. 그런데 21세기에 들어

67) 宮下正房·中田信哉(2004), 전게서, pp.114～131.

서면서부터 도매업은 급속히 그 기업 수를 감소시키기 시작했다. 그리고 각 도매업계에 있어서의 상위기업이 합병이나 흡수를 실행하고 상권의 확대를 꾀하고 전국 도매업으로서 과점화의 양상을 보이기 시작한 것이다. 소규모인 로컬도매업이나 중견도매업이 도태되기 시작했다. 도매업계의 재편이 가속화되었던 것이다.

이에는 제조업의 판매자회사가 힘을 강화한 것, 채널스토어가 조달물류시스템을 완성시키기 시작한 것 등의 이유도 있지만 물류비용의 상승에 부가가치가 낮은 도매업이 견딜 수 없게 된 원인도 들 수 있다. 도매업계에는 지금 격심한 구조재편의 바람이 불어오고 있다. 그 속에서 살아남기 위해서는 물류기능의 강화는 필연이라고 말한다.

아무리 제조업체가 SCM을 전개해도 물류의 operator로서의 도매업의 역할은 필요하다. 채널스토어도 스스로의 힘만으로 완전한 조달물류를 실행할 수는 없으며, 소규모인 소매업자나 업무용 사용자도 아직 많이 남아 있다. 그러나 도매업의 선별이 진행되고 있는 것은 사실이다. 살아남기 위한 조건은 고도로 효율적인 물류시스템을 가지는 것이라고 말할 수 있다. 물류기능이야 말로 도매업의 생명선인 것이다.

그렇기는 하지만 도매업은 재편의 파도 속에서 기능적 전문도매업으로 분화해 간다고 말할 수 있다. 이러한 전문도매업체 속에는 물류기능의 모두 혹은 대부분을 제거한 곳도 포함된다. 물류기능을 강화하든 제거하든, 확실한 전략적 방향을 결정한 전문기능자만이 살아남게 되는 것이다.

(2) 도매업의 복잡한 물류문제

물류는 도매업에 있어서 가장 중요한 전략기능이라고 말할 수 있지만 한편으로 도매업 경영에 있어서 물류는 비용면에서 큰 부담이기도 하다. 도매업에 있어서 물류는 앞으로 기업이 살아남고 성장해 가는 전략에 있어서 빼놓아서는 안 되는 것이지만 비용문제가 큰 장애가 되는 면도 있다. 한편으로는 물류기능을 강화하고 물류서비스율을 높여가려면 거대한 투자를 하는 것도 도매업의 경쟁수단으로서 대단히 유효할 것이다. 그러나 그러기 위해서는 물류비용의 증가를 각오하지 않으면 안 된다. 그렇지 않아도 빠듯한 비용으로 물류서비스를 전개하고 있기 때문에 이 이상 물류비용을 추가시키는 것은 경영상의 어려움을 부를 위험도 있다.

물류의 합리화를 실행하여 저비용고효율인 물류시스템을 구축하면 좋다고 간단히 말하지만 계획화, 대량화, 간소화, 기계화, 효율화 등의 물류개선책으로 손쉽게 합리화를 도모한다면 그것은 제조업체라도 채널스토어라도 할 수 있을 것이다. 특별히 도매업에 물류를 의존하지 않아도 될 것이라는 뜻이다. 오히려 작고, 번잡하고, 다양한 물류활동을 해 주기 때문에 제조업자도 소매업자도 업무용 사용자도 도매업의 물류시스템에 의존하고 도매업자와의 거래를 시행하는 것이다.

그렇기 때문에 도매업의 물류개선에는 물류의 효율화와 동시에 물류서비스의 향상도 실현하는 물류시스템의 개발이 필요한 것이다. 현재의 도매업의 부가가치로는 그것도 곤란하다.

더욱이 도매업의 물류시스템에는 그것들과 맞춰서 고도의 정보화도 필요하다. 생산과 소매·소비의 중간에 있어서 쌍방에서 세세한 정보를 얻어야 하는 도매업이기 때문에 그 기본적인 데이터를 수집, 가공하고 그에 따라 고도의 물류활동을 실행하고, 또는 생산이나 시장의 말단에 대해 정보를 제공하는 정보시스템도 필요하다. 시스템 개발이 자력으로 행하는 것이 어렵다면 공동·제휴·합병 등의 방법을 취할 필요도 있다. 도매업에 있어서의 물류란 이중고 삼중고를 안고 있는 문제다. 여기에 현재의 도매업 경영의 어려움이 존재한다.

(3) 경영전략과 물류개선

금후 도매업의 물류개선 방향에 대해서는 물류가 도매기능과 밀접하게 관련되어 있기 때문에 어느 하나의 방향으로 한정하는 것은 어렵다고 생각된다. 오히려 도매업의 향후 경영전략과의 관계에서 물류의 모양을 생각해 보는 편이 낫다.

앞으로의 도매 경영은 시장표적과 기능강화의 두 가지 시각으로 접근해야 한다. 시장표적으로서는 주된 고객층을 어떻게 좁혀 갈 것인가로, 그 고객층으로 다음을 생각할 수 있다.

① 백화점. 통합슈퍼 등의 대형 소매업
② 특정 업무용사용자(고급음식점과 패스트푸드체인, 레저산업 등)
③ 소규모 소매업 · 업무용사용자
④ 판매점이 아닌 특정 제조업체의 판매대리점이 되는 것
⑤ 그 외

게다가 그 대상에 대해 어떻게 기능을 제공하는가에 대해서는 다음과 같은 것을 생각할 수 있다.

① 납품업무를 특화하고, 고도의 납품서비스를 제공한다.
② 통합적인 물류시스템을 개발하고 낮은 비용의 서비스를 제공한다.
③ 정보시스템을 강화하고 고객에의 정보제공 · 지도를 중심으로 실행한다.
④ 고객을 조직화하고, 체인·오퍼레이션을 실현하는 시스템을 제공한다.
⑤ 도매기능 안에 어떤 특정의 기능만을 특화해 실행하고 다른 기능을 생략한다.
⑥ 도매기능 이외의 기능을 부가한다.
⑦ 그 외

대상고객과 특화기능을 크로스시킨 경영이 앞으로의 방향이라고 말할 수 있다. 이것에 상권의 확대와 압박이 더해진다. 이러한 가운데 도매업의 물류개선은 진행되는 것이다.

그 대표적인 것이 첫째 중간유통으로의 제조업이나 소매업이 실현할 수 없을 정도의 고도화 된 물류시스템의 개발이다. 이것은 대규모이고 강력한 도매업의 방향이다. 두 번째는 복수의 도매업과의 공동화, 또는 타 지역의 동업종 혹은 이업종의 도매업과의 제휴에 따른 효율적 물류서비스의 제공, 세 번째는 물류기능의 일부만 시행하되 차별화된 서비스를 제공하는 것이다. 네 번째, 물류기능은 모두 전문업자에게 위임하고 자신은 물류는 시행하지 않는 것이다. 대리상과 같이 판매에 특화된 도매업

이 해당한다. 그 외에, 제조업이나 체인스토어 SCM의 일부로 짜인 전문적 입장으로 공급망의 일부를 맡는 도매업이 있다. 납품도매상 등이라고 불리는 것이 이것이다. 이렇게 도매업계는 물류기능을 중심으로 세분화되어 간다고도 생각할 수 있다.

2) 소매업의 로지스틱스 관련 문제

(1) 합리화하는 백화점

백화점에 있어서의 물류는 이전에는 배달이었다. 고객이 구입하거나 선물하는 상품을 전달하는 것이었다. 대형가구나 수리를 수반하는 의료품 등을 고객의 가정으로 전달하는 것이었다.

한편 백화점 점포에의 상품납입 조달물류는 긴 시간, 납입업자가 점포에 부속하는 납품장 또는 플로어에 직접 반입하여 검품을 받고, 납품하는 방법이 취해졌다. 그러나 그것도 고도경제성장기에 진행된 납입상품 등의 확대와 납입량의 증대, 및 백화점 주위의 교통혼잡 때문에 어려워지고 백화점에서는 점포에 비교적 가까운 장소에 납품센터를 두게 되었다. 이 납품센터에 납입상품을 전달 받아 플로어 별로 분류하고 피스톤 차로 점포에 가지고 들어오는 것이다. 그러나 이러한 방법을 취해도 점포에 있어 납품장소는 필요했고 재고장소도 귀중한 점포의 면적을 나누어 확보해야할 필요가 있었다.

지금 백화점 업계에서는 물류합리화에 적극적이다. 일본에서는 배달에 있어서 백화점간의 공동화가 일부 실행되고 있고 그것이 확대될 움직임이다. 그 전제로서 백화점이 독자적으로 시행하는 배달체제를 그만두고, 전문업자에게 배달을 위탁하는 경향이 생겨났다. 이에 따라 전체적 공동화가 더욱 진행될 것이다. 조달물류에 있어서는 전문업자가 납입업자의 장소를 돌고 납품상품을 모아 검품도 하고 각 백화점의 플로어까지 가지고 들어오는 납품대행을 해왔다. 납품센터의 백화점에 의한 공동이용도 행해지고 있다.

(2) 슈퍼체인과 물류센터

슈퍼체인의 점포납품에 관한 물류는 슈퍼체인이 등장한 당시 모든 납품업자의 책임으로 취급되었다. 그것은 소매업의 자연스런 모습이었다. 또한 당시는 점포수도 적고 조달시스템도 준비되어 있지 않았기 때문도 있다. 그러나 1960년대부터 70년대에 걸쳐 각 지구에서 성장하기 시작한 슈퍼들이 점포수를 늘려서 본격적인 슈퍼체인이 생겨났다. 동시에 체인오퍼레이션 시스템개발로 모든 체인의 표준화도 실행되었다. 여기에 물류문제가 발생한 것이다.

각 점포에 상품을 배송하는 납입업자의 능력문제가 생겨난 것이다. 표준화된 시스템에 있어서는 점포에서의 보충발주, 납입상품의 인수는 계획화된 표준스타일이 있어야 한다. 혹시, 어떤 가공식품의 도매업자가 대형업체라면 복수의 슈퍼체인에 납품을 하게 되고 완벽하게 대응할 수 없는 문제도 생긴다. 슈퍼체인 측에서 말한다면 생각대로 납품을 받을 수 없게 된다. 또 슈퍼체인의 점포대형화가 진행 되어 점포에는 많은 납입업자가 매일 많은 상품을 납입한다. 그러면, 결국 여유를 가지고 토지를 확보하고 있다고는 말할 수 없는 점포의 납입상품의 인수는 포화상태가 된다.

이제 점포의 물리적 사정과 체인오퍼레이션 시스템상, 점포에 납품하는 상품을 일단 한 곳에 집약하고 점포별로 분류해 점포에 배송차를 보내서 납품하는 상품센터를 설치할 필요가 생겼다. 1970년대부터 80년대에 걸쳐 많은 슈퍼체인이 상품센터를 설치하고 종합납품의 형태를 시작했던 것이다. 이 시기에는 다음의 3가지 방법으로 상품센터가 만들어졌다.

① 자사에 상품센터를 설치하는 경우
② 물류업자(운수업)의 시설을 이용하는 경우
③ 복수의 슈퍼·체인이 공동으로 상품센터 회사를 만드는 경우

현재로는 전국적으로 복수의 상품센터를 설치하는 곳도 있기 때문에 다양한 방식을 조합한 형태가 되었지만 결국 많은 슈퍼체인이 상품센터를 보유하고 있다.

이 상품센터는 다음의 3가지 패턴으로 분류된다.

① Distribution Center (DC)
② Transfer Center (TC)
③ Process Center (PC)

DC는 구입한 상품을 재고해두고 점포의 발주에 따라 상품을 모두 갖추어 출하하는 기능이고, TC는 재고하지 않고 복수의 점포에 납입하는 상품을 일괄적으로 여기에 납품해 받아 이것을 점포별로 분류하고 바로 출하하는 기능이고, PC는 원재료가 되는 것을 납품시키고 기초적인 가공을 해 점포에 출하하는 기능이다. 이들 센터는 모두가 다른 시설인 것이 아니라, 동일한 시설 안에서 기능을 겸비한 것도 있다.

센터 경유 외에 점포직납이라는 프로세스도 존재하지만, 센터가 갖는 한 가지 문제는 사용료에 있다. 원래 슈퍼체인에 있어 조달물류의 납품가격은 점포까지 오는 일체의 비용을 포함하는 것을 전제로 하고 있다. 따라서 센터에서 점포까지의 상품물류에 필요한 비용은 납입업자가 부담해야 한다고 슈퍼체인 측은 생각하고 있다. 그래서 이 비용을 센터사용료로서 납입업자에게 부담시켰다. 단, 개별상품의 물류비 계산은 곤란했기 때문에 납입가격의 일정 백분율을 취한 것이다. 납입업자 측에서 보면 여기에 불만도 있는 것이다.

(3) 중소소매점 물류의 문제점

중소소매점에 있어서의 물류상의 문제점은 우선 수하작업이다. 시내의 번화가나 주택지에 있는 소규모 소매점에서는 도매업자 등의 배송차 주차문제가 있다. 좁은 도로에 차를 세워 짐을 내리면, 교통상의 문제가 발생하고 가게 앞에 트럭이 서 있으면 쇼핑객에게 폐를 끼치게 된다. 특히 상점가에 보행자천국 등을 실시하고 있다면 차는 상점가의 가운데로 들어갈 수 없기 때문에 배송차를 상점가의 변두리의 가도 인접한 곳에 세워 짐을 짊어지거나 해서 소매점에 반입해야 한다. 그사이 주차장소에서는 주차위반에도 신경을 써야만 한다.

납입업자는 이러한 상황을 싫어하고 소량씩 납품을 하는 것은 도매업 등에 있어서도 효율성 문제가 발생한다. 중소소매점의 납품물류의 문제는 받는 쪽의 소매점에도 배송 측의 도매업에 있어서도 신경 쓰이는 문제이다. 이러한 납품물류문제를 해결하기 위해 지금까지 다양한 방법이 생각되었다. 가장 간단한 방법으로서 차량통행금지 상점가에서는 야간납품을 실행하고 있다. 밤 8시에 가게가 문을 닫고 차량통행금지가 해제되고 나서 납품을 실행하는 것이다. 배송 측에서도 받는 측에서도 시간외 작업이 발생하지만 배송, 납품의 효율면에서는 더없이 좋은 것이다. 또한 장소에 있어서는 할 수없는 곳도 많지만 상점가의 현관에 통로가 있는 어떤 가게가 뒷문도 도로에 면하고 있는 경우, 납품은 뒤로 지나가도록 하는 방법이 있다. 또한 납품을 지하에서 실행하는 방법도 있다. 납품 입구는 지하도에 연결되어 있어 지하를 통해서 각 점포에 납품을 들어가는 것이다. 혹시 상점이 넓은 도로에 면하고 있는 경우는 도로에 트럭용 주차공간을 만들어 일반교통을 걱정할 것 없이 짐을 내리는 것이 가능하다.

이 가운데 상점가의 물류효율화에 있어서 가장 기대 받는 것이 상점가의 공동수하이다. 이것은 상점가의 변두리 등 적당한 곳에 공동수하장을 설치하고 상점가의 각 점포에 납품되는 상품은 각 납품업자가 이 공동수하장에 내린다. 여기에서 각 점포에 갈 상품을 분류한 후 점포에 반입하는 것이다.

다만 납품하러 온 배송차의 운전자가 각각 개별로 전하는 장소의 점포에 가져가는 것은 의미가 없다. 공동수하장에는 전문전달자가 있기 때문에 배송차는 공동수하장에 상품을 내리면 바로 돌아가도 상관없다. 이러한 시스템은 굉장히 효과적이나 문제는 공동수하장의 비용부담이다. 배송을 하는 도매업이 부담한다면 배송비가 올라가는 도매업자도 나올 것이다. 각 상점가의 점포가 부담한다면 영세한 상점은 견딜 수 없을지도 모른다. 배송효율이 올라가는 납품업자, 수하가 부드럽게 이루어지는 상점, 환경이 좋아지는 상점가, 교통이 개선되는 지방자치단체, 이 4자가 공동으로 함께 부담하는 것이 가장 좋다. 사실 성공적인 공동수하를 실행하고 있는 상점가에서는 비용부담문제가 잘 해결되고 있다.

3 국제 로지스틱스 전략

1) 국제로지스틱스의 관리와 조직구조

국제 로지스틱스 부문은 제조업 혹은 유통업의 국제 로지스틱스활동의 관리부문인데 관련업자로서는 운송업, 포워더, 무역업자 등이 있다.

로지스틱스의 관리기능은 자재관리(기업과 자재 공급자간의 관계), 생산관리(투입과 함께 시작하는 기업활동), 물류관리(기업과 그 고객과의 관계)라고 하는 세 가지의 관리를 분리해서 행한 경우의 성과보다 통일적인 로지스틱스 관리의 성과가 더 크게 됨으로써 달성된다.

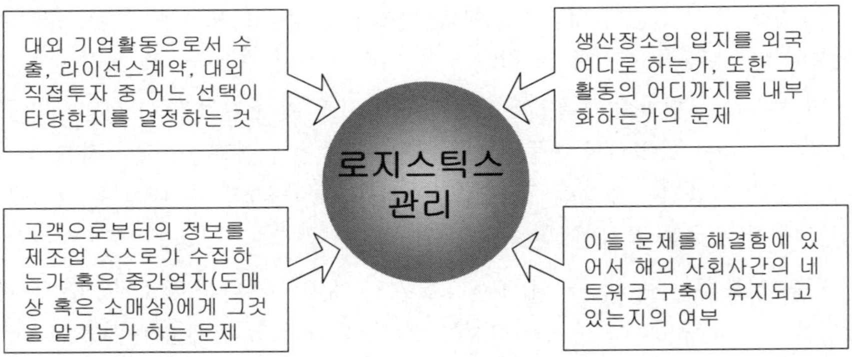

【그림 13-1】 로지스틱스의 관리기능

로지스틱스 관리의 핵심은 이러한 과정을 통해 구축된 조직구조와 시장부문과의 관계를 아웃소싱의 요소를 도입하면서 통합하는 것에 있다. 우수하고 신축적인 매니지먼트 시스템이 통합의 성공에 필요하다.

2) 국제로지스틱스 전략의 확립과 유지

국제거래에 종사하는 많은 대기업은 진정한 글로벌 기업이 되고자 노력하고 있다.

선진국 로지스틱스 실무의 예를 들면 가장 대표적인 것이 바로 CALS (Computer aided Acquisition and Logistic Support: 생산, 조달·운용 지원 시스템)의 출현이다. 즉 생산·조달 시스템과 ED I (Electronic Data Interchange) 등 물류·상류(商流)의 시스템을 융합한 국제 로지스틱스 네트워크가 형성되었다. 가상 통합 데이터베이스를 실현할 수 있는 CALS와 가상 통합 시장 네트워크를 실현할 수 있는 EDI가 일체화됨으로써 전자상거래 (e-commerce)가 실현되었다. CALS의 궁극적인 목적은 단지 재고비용의 삭감만이 아니고, 시장의 움직임을 민감하게 파악하고 판매를 효율적으로 만드는 토털시스템의 구축이다.

4 물류효율화 전략

물류 수급 불균형의 해소는 직접적으로는 물류의 공동화, 정보화, 표준화 등을 통해 물류의 수급 양면의 효율화를 도모, 물류 수요의 적정화 및 물류 공급의 증대를 실현함으로써 가능.

1) 물류공동화의 추진

공동창고와 공동 배송센터의 설치, 물류 터미널의 공동화 등 물류공동화는 공동집하, 공동배송, 혼재 등을 통한 운송 로트(lot)의 대량화에 의한 물류 수요의 적정화, 돌아오는 운송기관의 활용 및 운송 경로 중복의 회피 등에 의한 운송효율 자체의 향상에 의한 물류 공급의 증대효과를 낳기 때문에, 그 추진은 물류 문제에 대한 대응에서 아주 중요하다. 기업간 상생을 위한 크로스마케팅적인 마인드의 인용이 요구된다.

체증 등이 현저한 역내 물류에 관해서는 도소매 · 소비자 간의 공동배송이나 도시내 공동 물류거점의 정비 · 공동이용, 창고의 공동화 · 효율화 · 자동화 등을 통해 대응하는 것이 효과적이다.

2) 물류표준화의 추진

물류공동화는 하드(hardware)면의 공동화인데, 물류표준화는 소프트(software)면의 공동화이다. 물류표준화는 「규격의 표준화」 와 「서비스의 표준화」 두 가지로 나누어진다.

「규격의 표준화」 는 일관 팔레트화(palletization)의 추진과 물류 통일 코드의 도입 등을 의미한다. 전자는 물류 · 화주 각사의 상호이용을 전제로 한 공통의 팔레트, 컨테이너의 개발 · 도입이고, 후자는 바코드의 통일 · 보급 등의 대책인데, 그 외에 작업환경 개선의 관점에서 화물형태의 개량(들고 가기 쉽고 운반하기 쉽게), 상품 · 제품의 소형화 등을 의미하는데, 이들 모두가 메이커, 물류업자, 소비자 등의 상호 이해와 협력에 의해 촉진되어야 한다. 또한 국제적인 범용성을 높이도록 유의해야 한다.

이러한 규격의 표준화에 의해 하역작업이 신속해지고 물류의 효율화가 기대된다.

「서비스의 표준화」 는 물류 서비스의 적정 수준의 표준화를 도모하는 것으로, 과도한 물류 수요를 억제하고, 수요를 적정화하는 효과가 기대될 수 있다. 예컨대 배송 서비스에 관해 표준적인 매뉴얼을 작성하고, 배송 빈도를 미리 상품마다 지정하고, 그 이외의 우발적인 발주는 하지 않기로 하는 것을 들 수 있다.

또한 선도적인 사례 소개 등을 통해 메이커 · 소매점 · 소비자를 계몽하는 것도 중요하다. 더욱이 메이커 · 소매점 간에 POS와 VAN을 중심으로 한 정보 시스템화와 규격 통일 · 유니트화를 행하면 양자 간의 물류는 더욱 효율화될 것이다.

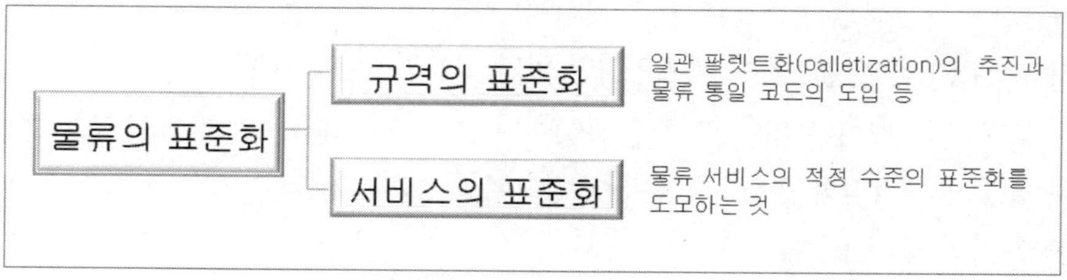

【그림 13-2】 물류의 표준화

3) 물류정보화의 적극 추진

국제화가 진행되고, 이동의 범위와 양이 확대하고, 더구나 스피드가 요구되는 현대에 물류정보화는 불가결한 것이다. 물류기업과 화주기업 자신의 물류정보화는 각 기업이 트럭 등 운송기관의 유효한 활용과 효율적인 제품 재고관리에 의한 물류효율화를 초래하는 이외에 물류업무의 효율화와 관리능력 향상의 효과도 기대할 수 있다. 그리고 화주~물류간 혹은 메이커~물류~소매간의 정보화 추진은 물류 흐름의 전체적인 파악을 통해 가장 효율적인 운송을 실현할 수 있다. 따라서 EDI 시스템과 물류 VAN의 구축, 트럭 정보시스템, 선박 운송 등의 화물 정보시스템 개발의 추진이 요망된다.

4) 물류수요의 표준화

물류수요는 계절·요일 등에 의한 변동이 크고, 그것이 특정 시기에 물류에 대한 수요를 집중적으로 불러 일으켜 비효율적인 물류 공급체제와 교통체증 등의 원인이 되고 있다. 물류수요의 파동성은 상관행 등에 의한 것이 많기 때문에 물류면에서만 발본적인 개선책을 내는 것은 효과가 적다고 본다. 하지만 다음과 같은 대책은 어느 정도의 효과를 기대할 수 있다.

(1) 비용 개념의 도입

물류수요의 집중기에 높은 요금을 설정하는 등 실상에 맞춘 요금 등의 체계를 확립함으로써, 물류작업의 비용 개념을 생산자, 소비자에게 확고히 주지시킴과 동시에 물류수요의 평준화를 제고한다.

(2) 완충기능(재고 등 지원시설) 및 제도의 정비, 강화, 확충

생산지와 소비지 양쪽에서 창고 등의 지원시설을 정비하고, 물류공급면에서 기본적인 잠재력을 강화함으로써 물류수요의 파동성을 줄인다.

5) Just In Time 방식

소량·다빈도 배송에의 대응은 그 적정화·효율화의 방향으로 행해야 한다. 예컨대 하나하나는 소량이라도 공동화에 의해 운송 로트(lot) 전체를 대량화하면 반드시 비효율이 되는 것은 아니며, 다빈도에 관해서도 화주 측의 재고 보완적인 관점에서만이 아니라 물류 측의 배송효율의 관점도 고려하여 정보화의 추진 등을 통해 효율적인 배송시간·빈도 등을 결정하면 운송 효율이 커질 가능성도 있다. 이러한 효율적인 소량·다빈도 배송의 실현을 위해서는 물류 전체의 자세를 고려하는 관점에서 검토할 필요가 있다.

사실 Just In Time 방식은 단지 시간대로 배송이 행해진다고 하는 것만이 아니라, 혼재, 공동집하, 공동배송에 의해 배송방식, 혼재율 등을 검토하면 물류량을 감소시킬 수도 있다. 또한 제품의 성질상 공동운송이 곤란한 것을 제외하면, 동업종의 타회사나 이업종간에 공동 배송센터를 설치하여 화물의 혼재, 공동배송, 공동출하 등을 행할 수 있으면, Just In Time 방식으로 물류를 보다 효율적이고 저렴하게 행할 수 있게 된다. Just In Time 방식을 행할 때에는 장기적으로 보아서 공존 공영하도록 서로 배려하는 자세가 요구된다.

Chapter 14

사례연구 연습

<표 14-1> 사례일람표

순번	제목	구분	
1	여수 엑스포, 항만물류업 도약 기회로	물류정보	정책
2	RFID - 물류정보시스템의 진화		개념
3	국제물류정보센터(KLIC) 운영		운용
4	PLM, SCM, ERP가 글로벌 경쟁력	물류시스템	개념
5	ERP, SCM, CRM 솔루션의 경계가 무너진다		개념
6	이마트의 스마트 카트, 스마트 선반		운용
7	선주문-후생산 물류혁신 ...... 도요타식 JIT 도입		운용
8	삼성테스코, 역발주 시스템의 성과		운용
9	롯데건설, 전자조달시스템 구축으로 윤리경영		운용
10	중소기업 SCM 구축 정책		정책
11	도요타에서 배운다 - 동기생산방식		운용
12	신사정장 유통거품 빼고 사자		운용
13	e몰 배송만족도 높여라	물류시설	현황
14	첨단물류설비로 새는 돈 60억 잡았다		현황
15	주문은 인터넷에서 배송지는 편의점으로	전자상거래	현황
16	대기업 소유, 물류 자회사 너무 많다	물류전략	현황
17	전략물자 수출통제는 국제무역 규범	수출입물류	제도
18	관세청, 전자통관시스템 구축		정책
19	싱가포르항 세계1위의 비결		기관
20	Shipping-Auction.com의 선복경매		현황

사례연구(case study) 방법은 자주 비판받는 연구방법 중의 하나이다. 그럼에도 불구하고 비즈니스 연구에서 사례연구 방법론의 이용에 관한 관심은 계속 증가하고 있다. 그러나 특히 물류나 로지스틱스 관리분야에서는 사례연구 방법이 잘 활용되고 있지 않다는 지적이 많다[68].

이하에서는 국내외의 일간지와 학술지에 실린 기사를 사례연구 자료로서 발췌·인용해 독자에게 소개한다. 이는 현실문제에 대한 이해를 제고함과 동시에 각 사례에 대한 해답을 각자나 그룹이 함께 찾게 함으로써 e-로지스틱스에 관한 초보적인 사례연구의 기회를 학습자들이 갖게 하는데 그 목적이 있다.

68) L.M. Ellram (1996), The Use of The case Study Method in Logistics Research, Journal of Business Logistics, Vol.17, No.2, pp.93~138.

1 여수엑스포, 항만물류업 도약 기회로

2012년 여수 세계박람회 유치 소식에 온 국민이 들떠 있다. 박람회 개최로 10조300억 원의 생산과 4조원 이상의 부가가치가 창출되고, 9만여 명의 고용이 유발된다니 그야말로 국가 경제에 큰 경사가 났다. 특히 항만물류 업계는 여수 엑스포에 거는 기대가 크다.

한국은 삼면이 바다다. 동북아시아뿐 아니라 전 세계 항만물류업의 중심이 될 수 있는 천혜의 조건을 갖추고 있다. 하지만 지난해 컨테이너 처리 물량을 보면 부산항이 세계 5위 항만이었을 뿐 30위권에 드는 항만이 더는 없다. 싱가포르항과 홍콩항이 1, 2위를 다투고 있고 중국도 무려 8개 항이 30대 항만에 이름을 올렸다. 우리가 동북아 물류 중심 국가가 되기 위해선 아직 갈 길이 멀다는 것을 보여주는 지표다.

그동안 정부는 동북아 물류 중심국가 실현을 위해 국내 항만물류 인프라를 지속적으로 확충해 왔다. 업계도 지속적인 항만 현대화와 기계화를 추진해 국제 경쟁력을 높여 왔으나 중국의 추격이 매서운 실정이다. 자칫 잘못하면 항만물류업 역시 선진국의 우수한 인프라와 중국의 추격에 밀려 샌드위치 신세가 될 수 있는 것이다. 항만물류 업계는 여수 엑스포가 이런 샌드위치 상황을 탈피하는 좋은 계기가 되길 기대한다.

여수 엑스포를 계기로 여수 인근 광양항을 세계 10대 항만으로 만들자고 정부와 항만물류 업계 관계자들에게 감히 제안해 본다. 그렇게 된다면 부산항과 함께 연계해 세계 물류시장을 주도하는 한반도 벨트가 구성되고, 항만 효율도 두 배 이상 향상될 것으로 기대된다.

정부가 1987년부터 광양항을 세계적인 컨테이너 부두로 개발하기 위해 많은 노력을 기울이고 있지만 아직 국제적 인지도가 낮고 자체 물동량을 창출하는 데 한계가 있어 국제물류 거점 항만으로서 인정받기에는 부족한 점이 많다.

광양항을 세계적인 항만으로 끌어올리기 위해서는 지금부터 민관이 부지런히 움직여야 한다. 광양항이 물동량을 창출하는 자생력 있는 항만으로 성장할 수 있도록 정부는 배후 물류단지를 확충하고 물류기업을 유치할 수 있도록 노력해야 한다. 우리 항만물류업계도 어려운 경제 여건 속에서도 투자를 아끼지 않고 글로벌 경쟁력을 갖추도록 최선을 다할 것이다.

여수 세계박람회는 해양과학 기술은 물론 최첨단 항만물류 산업의 잔치다. 한국해양수산개발원은 여수 엑스포가 물류업계에 미치는 파급효과가 생산 유발효과 2조원, 부가가치 유발효과 1조1500억원에 이를 것이라고 예측하고 있다. 그만큼 우리의 세계적 항만물류 기술과 역량을 아낌없이 보여줄 좋은 기회다. 이 기회에 세계적인 기업들과 물류네트워크를 맺어 물류 선진국으로 부상할 수 있도록 정부와 업계에 많은 관심과 지원을 당부한다. 다시 한 번 여수 박람회가 성공적인 행사가 되길 기원한다.

(중앙일보 2007/12/06)

생각해 봅시다.

1) 우리나라가 3면이 바다라는 천혜의 조건을 갖추고 있음에도 세계 항만물류업의 중심이 되지 못하고 있는 이유는 무엇인지 생각해 봅시다.
2) 싱가포르항과 홍콩항의 정책적·제도적 장점을 알아봅시다.
3) 부산항과 광양항을 잇는 항만물류망 운영과 유사한 다른 국가들의 성공사례를 살펴봅시다.

2 RFID-물류정보시스템의 진화

세계 물류시장이 격변하고 있다. 이는 경쟁 범위 확대, 다양한 물류서비스 요구, 물류정보 시스템발전 등의 외부 요인에 의한 공급망관리(SCM)의 혁신 요구로 까지 이어지고 있다. 전자무역·전자물류의 필요성에 대한 지적도 어느 때보다 강하다. 글로벌 공급망이 확대됨에 따라 물류에서 발생하는 비용도 점점 증가하고 있다. 물류의 최적화 운영(물류리드타임 단축 및 재고비용 절감)이 요구도 그 어느 때보다 높아지고 있다. 대기업은 물론 중견급 물류업체들이 앞 다퉈 시스템 개선을 서두르는 배경도 여기에 있다. 물류기업의 움직임이 최근 어느 때보다 분주해진 것이다.

국내 제3자 물류 부문 1위 업체인 글로비스는 RFID를 활용한 u-GLI(유비쿼터스 글로벌 로지스틱스 인포메이션) 네트워크 시스템을 구축했다. 이 시스템은 해외 자동차 공장의 주문에서 생산계획수립·발주·입고·생산·운송·보관·출하까지의 글로벌 SCM상의 부품 정보를 실시간 관리할 수 있는 정보 네트워크다. 이를 통해 글로비스는 생산이력 및 각 구간별 재고의 투명성을 실현, 계획변동 및 긴급 주문에 대해 사전 판단함으로써 적정재고를 관리하고 있다.

글로비스는 RIFD를 기반으로 입고 및 출고관리를 진행한다. 납품차량에 RFID 태그를 부착해 협력사의 출하 정보와 CKD(완성차 단위별 조립용 부품세트를 수출하는 형태)센터 도착정보를 실시간으로 확인할 수 있는 협업 생산성 향상 시스템도 구축했다. 이 시스템은 컨테이너 출하시 433㎒ RFID 태크를 컨테이너에 부착함으로써, 부산항·해외망·현대자동차 미국공장 물류센터까지의 거점별 위치도 파악할 수 있는 종합 트래킹 시스템이다. 글로비스는 글로벌 u-GLI 네트워크 시스템을 운영함으로써, 효율성 면에서 큰 성과를 거뒀다. 가장 큰 변화는 납입평준화 및 협력업체로 파급된 RFID 이용 출하관리다. 이를 통해 글로비스는 입고율을 크게 향상시켰다.

입하 처리를 부품 단위로 진행하던 기존 시스템에도 변화를 주었다. 새로 도입된 시스템은 RFID를 이용해 묶음단위로 입하 처리를 진행가기 때문에, 처리시간을 대폭 단축할 수 있다. 케이스 단위 실적처리와 컨테이너 적입 보고에도 곧바로 RFID를 이용할 수 있다. 기존에는 PDA를 이용해 수작업으로 처리하던 것을 RFID에 의한 자동 처리로 전환한 때문이다.

긴급 조달이 감소하는 것도 큰 변화다. 긴급조달이란 수요·공급에 대한 예측 잘못으로, 말 그대로 긴급하게 채워 넣어야 하는 것을 말한다. 공급망 전체가 생산 출하에서 컨테이너 적입까지 전 공정을 RFID를 이용해 실시간 재고관리함으로써 안정적인 적기 조달이 가능하기 때문에 긴급조달은 상대적으로 줄어들게 된다.

글로비스는 RFID기반 u-GLI 네트워크 시스템을 구축함으로써, 컨테이너를 이용한 해외 물류 분야에서 상당한 수준의 비용절감을 꾀하고 있다. 이에 따라 글로비스는 적기 출하, 소량·다빈도 운송 사태의 최소화 등을 통해, 연간 78억원의 비용을 절감할 수 있을 것으로 자체 판단하고 있다.

(전자신문 2007/11/20)

생각해 봅시다

1) 물류정보 시스템의 진화가 물류변화에 미친 영향에 대하여 검토해 봅시다.

2) RFID가 가져오는 불편함이나 문제점도 생각해 봅시다.

3 국제물류정보센터 (KLIC) 운영

국·내외 물류 관련 정보를 체계적으로 정리해 한눈에 볼 수 있는 국제물류정보센터(KLIC : Korea Logistics Information Center)가 개설돼 물류관련 기업과 관계자들에게 큰 도움을 줄 것으로 보인다.

해양수산부는 동북아 물류중심 전략을 지원하고 물류 관련 민·관을 비롯한 이용자들이 물류 관련 정책수립에 참고할 수 있도록 KLIC를 구축, 10일부터 정식 운영에 들어간다고 9일 밝혔다. KLIC은 해운·항만관련 기초통계를 비롯해 ▲해운 ▲물류 ▲항만 ▲주요국 물류 현황 ▲해운 시황 ▲동북아 정기선대 현황 등 7개 분야로 정리해 다양한 국내외 물류 관련 정보를 제공한다.

해운분야에서는 국적선사(44개), 정기선사(22개), 벌크선사(15개) 등에 대한 각종 정보와 국내외 화물의 이동경로 등 각 화물별 기종점분석정보를 제공한다. 물류분야는 종합물류업 인증기업(23개), 글로벌물류기업(상위 10개), 글로벌터미널업체(14개)를 소개하고, 외국기업의 국내 투자유치를 위해 항만배후부지, 항만자유무역지역, 해외기업 국내투자 현황 등의 정보를 제공할 예정이다.

항만분야에서는 부산, 광양, 인천 등 7개 항만의 컨테이너 항만과 아시아지역 대표 항만(60개)을 소개하고 있다. 이와 함께 해운시황에서는 국내외 경제전망은 물론 정기선, 건화물선, 유조선 등에 대한 분기별 전망을 분석해 제공한다. 이 밖에 운임 등 각종 통계자료와 동북아 정기선 현황 자료 등도 제공한다.

해양부는 KLIC를 통해 국가물류 실태를 체계적으로 관리하고 데이터베이스(DB)화해 물류 관련 정책을 수립할 때 의사결정 지원 시스템으로 활용하고, 민간 주체들과 협의체를 구성해 이용자 중심의 시스템으로 발전시킬 계획이다. 또한 향후 지속적인 업데이트와 분석 정보 제공을 통해 이용자 수요를 반영한 추가적인 서비스를 개발하고 보완해 나갈 예정이다. 홈페이지(http://www.klic.go.kr)에서 회원으로 가입하면 무료로 정보를 제공받을 수 있다.

(전자신문 2008/01/09)

생각해 봅시다

1) 물류정보센터의 이용실태를 알아보고, 향후과제에 대하여도 생각해 봅시다.

2) 물류정보의 상업화 방안을 검토해 봅시다.

4 PLM, SCM, ERP가 글로벌 경쟁력

국내 제조기업들의 정보화 초점은 △ 제조기업의 특성을 확실하게 반영하면서 경쟁력 향상에 이바지하는 제품수명주기관리(PLM), △ 글로벌 경쟁력 강화의 첨병이라고 할 수 있는 공급망관리(SCM), 그리고 △영원한 화두라고 할 수 있는 전사적자원관리(ERP) 등이 될 것으로 전망된다. 이들 주요 애플리케이션은 선진국은 물론, 한국을 바짝 뒤쫓아오는 중국을 비롯한 신흥국가의 기업들과 힘겨운 싸움을 벌여야 하는 국내 제조기업들의 생산성 향상, 원가절감, 글로벌 표준 구현 등 경쟁력을 높이는데 결정적인 역할을 한다는 점에 주목된다.

기업 전체를 경영자원의 효과적 이용이라는 관점에서 통합적으로 관리하고 경영의 효율화를 기하기 위한 수단인 ERP는 제조업종의 근간이 되는 솔루션으로 일컬어진다. 특히 글로벌 제조기업들의 해외법인 통합, 교체수요의 도래 등이 상승세를 이어갈 전망이다. 제조분야 대기업의 화두 중 하나는 글로벌 ERP 구축이다. 해외 비즈니스가 확대되고 해외법인의 역할이 중요해질수록 본사와 전 세계 현지법인의 시스템 통합이 중요해지기 때문이다. LG전자는 글로벌 ERP 통합작업을 통해 전 세계 모든 법인이 단일한 표준 시스템을 적용할 것"이라고 말한 바 있다.

한편, 대규모 프로젝트로 분류되는 현대·기아자동차의 ERP 프로젝트 추진도 관심거리 중 하나다. 현대·기아자동차는 지난 2000년 착수한 자재명세서(BOM) 프로젝트가 완성단계에 이르러 올해 상반기까지 모든 공장에 이를 적용할 예정이다. BOM은 제품의 생성부터 폐기까지 제품정보와 속성을 공유하고 관리하기 위해 활용하는 제조업의 기간계 시스템이다. 현대·기아자동차는 ERP의 선결과제라고 할 수 있는 BOM 프로젝트가 완료됨에 따라 올해에 본사의 ERP 프로젝트를 본격적으로 시작할 계획이라고 설명했다.

이밖에 제조업종 대기업들의 협력사 ERP 지원사업 역시 계속될 전망이다. 고객사나 파트너사들과의 시스템 연계 강화 필요성이 커지면서 기존 ERP 고도화도 꾸준한 이슈거리다. 또 사용자 편의성 차원에서 ERP를 접점으로 다른 애플리케이션에 접근할 수 있도록 통합을 추진하는 움직임도 나타나고 있으며, SCM 등 확장 솔루션 도입을 검토 또는 추진하는 것도 ERP 도입 기업의 주요 현안으로 떠오르고 있다.

PLM은 올해 대부분의 제조업체를 아우르는 화두가 될 전망이다. UGS코리아 권경렬 사장은 "지난해는 생산분야에 많은 PLM 시스템이 요구된다는 것을 확인한 해였다"며 "한국의 산업분야는 다양하고 균형이 잘 잡혀 있으며, 발전에 대한 욕구도 큰 편이어서 올해는 이 분야에서 두 배의 성장이 예상된다"고 말했다. PLM은 제품의 기획 단계에서 개념 설계, 상세 설계, 생산 서비스에 이르는 전체 수명주기에 걸친 제품정보를 관리하고, 고객, 협력사에 협업 프로세스를 지원하는 제품 중심의 연구 개발 지원 시스템이다.

현대·기아자동차는 "경쟁력에 한계를 느껴 해외로 나가고 있는 국내 기업들이 제조분야에서 핵심 경쟁력을 갖기 위해 PLM을 적극적으로 도입, 적용해야 할 필요성이 커지고 있다"며 "PLM은 앞으로 ERP를 앞지르는 중요도와 시장을 형성할 것"이라고 말했다. 이와 관련, 지난달 초 설립된 PLM 컨소시엄의 움직임이 주목된다. 한국을 대표하는 대기업인 현대·기아자동차, 삼성전자, LG전자와 협력사가 참여한 PLM 컨소시엄은 유사조직과 연계, 국제 PLM 관련조직과 연계 등을 통해 국가산업 경쟁력 향상을 도모할 계획이다.

한편, 중소 제조기업 역시 제품 개발 경쟁력이 중요해져 PLM의 중요성에 대해 관심을 갖기 시작하면서 이들 기업에 대한 벤더들의 공략이 강화되고 있다. 국산 PLM 기업인 이놉스는 중소기업용 협업적제품데이터관리 솔루션(플렉스원)을 출시했고, 다쏘시스템코리아가 중소기업용 PLM 패키지(스마팀 디자인 익스프레스)를 지난달 선보였으며, PTC, UGS, 오토데스크 등 주요 업체들도 중소기업 시장에 대한 공략을 강화하고 있다.

올해 제조기업들의 SCM 분야는 삼성전자, LG전자, 포스코, 현대·기아자동차 등 선도적으로 SCM을 구축한 글로벌 대기업들이 꾸준히 고도화하는 가운데, 중견기업들의 SCM 구축이 늘어나기 시작하면서 본격적으로 개화하는 시기가 될 전망이다. 원가 중 물류비 비중이 높은 것이 한국 기업들의 경쟁력을 떨어뜨리는 주요 요인이라는 게 업계 관계자들의 진단. 이에 대한 대안이 제품생산을 위한 프로세스를 부품조달에서 생산계획, 납품, 재고관리 등을 효율적으로 처리할 수 있는 관리 솔루션인 SCM이라는 인식이 중견기업에까지 점차 확산되고 있다.

(디지털타임스 2007/01/02)

생각해 봅시다

1) e-business와 디지털 경영의 개념에 대해 생각해 보세요.
2) 기업에서 e-business 도입하여 성공한 다른 사례를 찾아보세요.
3) 각 소프트웨어의 주된 활용분야의 사례를 찾아봅시다.

5 ERP, SCM, CRM 솔루션의 경계가 무너진다.

웹을 매개체로 삼아 전사적자원관리(ERP)·공급망관리(SCM)·고객관계관리(CRM) 등 기업용 솔루션의 경계선이 사라지고 있다. 각각의 솔루션이 웹으로 기능을 확장하고 모바일에 연계되면서 새로운 미래를 열어가는 것이다. 이는 웹서비스, B2B 통합을 구현하기 위한 ERP·CRM·SCM의 협업솔루션화 과정이기도 하다. 구체적으로는 ERP상의 전산자원을 웹에 올려놓고 개인휴대단말기(PDA)와 휴대폰을 통해 구현되는 모바일 CRM으로 언제 어디서나 데이터를 추출해 영업에 활용하며 온라인 SCM으로 연계해 즉시적인 생산·물류·판매 정보를 공유하기 위한 작업이다.

특히 특정 기업의 ERP시스템을 원자재 수급·생산·판매·저장·사후지원 등 물류흐름 최전방으로 확장해 타 기업과 협업하기 위한 열쇠로서 온라인 SCM이 빠르게 부상하고 있다. 정부(산업자원부)도 글로벌 SCM 시스템 개발을 G7 프로젝트 과제에 포함시키고 포스트 3만개 중소기업 IT화 사업예산인 700억원의 40%를 협업적 IT부문에 투입키로 하는 등 기업용 솔루션의 웹 기능확장을 독려하고 있다. 이에 따라 ERP를 중심으로 하는 기업용 솔루션 업계의 웹 기능확장을 위한 발걸음도 분주하다.

더존디지털웨어는 최근 합병한 뉴소프트기술의 웹 ERP를 중심으로 기능확장 작업을 서두르고 있으며 향후 SCM·CRM을 웹 ERP에 연계하기로 했다. 또한 이 회사는 선우정보시스템과 함께 2차원 바코드 기술을 응용한 전자문서교환 및 통합을 위한 솔루션, 변조방지솔루션을 개발해 웹 ERP에 연동키로 하는 등 웹 솔루션 관련사업을 다각화할 계획이다.

SCM 업계도 웹서비스 대중화에 대응, 웹을 통한 ERP와의 경계선 허물기에 돌입했다. 이넥션은 웹 기반으로 개발한 'e포트 SCM'을 내세워 고객 요구에 부합하는 커스터마이징서비스를 펼치고 있다. 이 회사는 장기적으로 SCM의 웹 기능확장을 통해 SCM을 출발점으로 하는 기업포털을 개발, 중견·중소기업을 대상으로 하는 IT아웃소싱 사업을 펼칠

계획이다. 자이오넥스도 SCM 솔루션인 'T3'의 아키텍처를 웹에 연동함으로써 ERP와 SCM을 묶어내 생산기획·제품개발·자재구매 등에 필요한 전자상거래시스템을 구축하는 사업을 전개하기로 했다.

(전자신문 2002/09/06)

생각해 봅시다

1) 각 소프트웨어 특성의 공통점과 차이점에 대하여 알아봅시다.

6 이마트의 스마트 카트, 스마트 선반

서울 강남 수서동에 사는 주부 K씨는 쇼핑가기 전 대형마트 인터넷 사이트에 접속해 미리 쇼핑목록을 작성해 올려 둔다. 그런 다음 마트에 도착하면 스마트 카트를 대여해서 카트에 부착된 LCD화면으로 자신이 올려놓은 상품목록을 확인한다. 이어 상품 찾기 서비스를 이용해 쇼핑하려는 상품 위치를 그림으로 살펴본다. 덕분에 두리번거리거나 직원에게 묻지 않고 곧바로 쇼핑할 수 있다. 무엇보다 쇼핑목록을 확인하면서 카트에 담을 수 있어 사야 할 물건을 깜빡 잊는 실수도 없고 필요하지 않은 물건을 사는 충동구매도 없다. K씨는 주말에 열리는 파티를 위해 와인 코너로 갔다. 스마트 선반에 진열돼 있는 와인 한 병을 집어 들자 진열대에 있는 대형 모니터에 원산지, 빈티지, 가격, 맛 등 와인에 대한 정보가 뜬다. 마음에 드는 와인을 몇 병 고르고 식료품도 샀다. 카트에는 바코드 입력기도 설치돼 있어 쇼핑하면서 상품 총 구매 금액을 그때그때 확인할 수 있어 편리했다.

특히 쇼핑하면서 무선인식기술(RFID) 리더기로 다양한 상품정보(원산지, 가격, 추천 요리 등)를 확인할 수 있고 필요한 요리정보는 자신의 이메일로 전송할 수도 있다. 계산대에서는 일일이 상품을 꺼내고 다시 담을 필요가 없다. 계산원이 카트번호만 입력하면 바로 총 구매금액이 나온다. K씨는 카트 모니터에 뜬 상품구매 액수와 맞는지 확인한 후 결제한다. K씨 쇼핑 모습은 먼 미래 일이 아니다. 신세계이마트가 RFID를 토대로 스마트 카트, 스마트 선반 등을 도입한 '퓨처 스토어'를 16일부터 수서점에 적용했기 때문이다. 스마트 카트는 기존 쇼핑카트에 RFID 리더기와 바코드 리더기, LCD 모니터를 장착한 것으로, 집에서 미리 작성한 쇼핑목록대로 매장 내 상품 위치와 상품정보를 제공할 뿐 아니라 할인행사 정보도 실시간으로 제공해 편리하게 쇼핑할 수 있다. 이마트는 물론 홈플러스, 롯데마트 등도 RFID 기술을 활용하는 쇼핑을 시범적으로 실시하고 있으나 스마트 카트를 도입해 실제 쇼핑에 이용하도록 하기는 이번이 처음이다. 이마트는 7억원을 들여 수서점을 미래 쇼핑을 체험할 수 있는 '퓨처 스토어'로 꾸미고 서비스를 제공하고 있다.

(매일경제 2008/01/17)

생각해 봅시다

1) 첨단 IT기술이나 다른 아이디어를 추가하여 '퓨처 스토어'를 더욱 편리하게 할 수 있는 방법들을 상상해 봅시다.
2) 퓨처 스토어와 유사한 시스템을 적용할 수 있을 다른 업종들에 대하여 생각해 봅시다.

7 先주문 – 後생산 '물류 혁신' … 도요타식 JIT 도입

삼성전자의 지펠 냉장고 '무재고 생산체제' 가동은 국내 가전업계 최초의 도요타식 'JIT (Just In Time) 생산방식' 도입이라는 점에서 주목된다. 그 동안 국내 제조업체들은 도요타식 JIT 생산방식 도입을 서둘러왔으나 완전한 정착을 이루지는 못했다. 무재고 생산체제의 효과는 생산 효율의 극대화, 유통 재고량 최소화, 물류비용 절감으로 요약된다. 생산과 물류시스템에 말 그대로의 '혁신'이 이뤄지는 셈이다.

* 9단계 생산 흐름을 6단계로

삼성전자는 지금까지 지펠 냉장고를 생산할 때 가장 먼저 소비자들의 소비행태를 조사해 수요 예측부터 해야 했다. 이를 토대로 본사가 광주공장이 생산량을 결정해 생산을 지시하고 생산공장은 본사의 지시에 따라 협력업체에 부품 및 자재 납품을 요청해 생산에 들어가는 시스템이었다.

그러나 무재고 생산체제 아래서는 수요예측이 필요 없다. 고객들이 대리점이나 영업점을 찾아 제품 구매를 결정하면 단말기에 입력된 주문 내용이 곧바로 협력업체와 생산공장에 통보된다. 고객이 주문이 즉각 생산으로 이어진다는 얘기다. 고객이 주문을 하고 협력업체가 부품 및 자재를 납품해 냉장고가 조립되기까지 걸리는 시간은 고작 15시간 정도다.

* 재고 제로(0)에 도전

결국 고객의 주문을 받은 뒤에야 부품과 자재가 공장에 유입되는 만큼 부품이나 자재를 재고로 떠안고 있을 필요가 없어졌다. 생산된 제품도 마찬가지. 과거에는 적정재고 수준으로 제품을 생산해 이를 중앙 물류센터에 쌓아두고 지역물류센터에 물건이 빌 때마다 제품을 옮겨놓는 시스템이었다.

고객이 주문이 들어오면 지역물류센터에서 제품을 골라내 고객에게 배송해 왔다는 얘기다. 그러나 이제는 고객이 이미 주문한 제품이므로 지역물류센터가 없어도 된다. 중앙물류센터에서 한 단계의 분류만을 거친 뒤 곧바로 고객의 가정으로 해당제품을 배송하면 되기 때문이다.

이런 과정에 걸리는 시간은 길어야 24시간. 과거 고객이 대리점이나 영업점에서 제품을 구매해 배송까지 걸리는 시간과 다를 게 없다. 따라서 이 방식은 고객에게 아무런 불편을 주지 않는다. 오히려 어제 주문한 제품이 밤새 공장에서 생산돼 이튿날 배달되는 것을 보고 더 큰 만족을 느낀다는 게 삼성전자 관계자의 설명이다. 몇 달씩 전 시장이나 물류센터에 보관돼 있던 제품과는 다른 이미지라는 얘기다.

*** 고객 만족도 제고에도 한 몫**

삼성전자는 현재 이 시스템을 광주공장이 있는 광주 및 호남지역에서만 시행하고 있으나, 단계적으로 전국으로 확대할 계획이다. 또 지펠에 이어 다른 고급 가전 브랜드인 파브(TV)와 하우젠(김치냉장고 에어컨 드럼세탁기)에도 적용키로 했다. 고급 가전 브랜드를 주요 타깃으로 삼은 것은 주문생산방식에 따라 소비자들이 느끼는 색다른 만족감이 일반 가전에 비해 프리미엄 가전에서 더욱 크게 나타날 것이란 계산에서다.

(한국경제 2003/09/26)

생각해 봅시다

1) 도요타 생산방식이 성공 가능한 조건을 생각해 보세요.
2) 도요타 생산방식을 원재료 또는 부원자재 공급업체 입장에서도 이점이 있는 것인지 생각해 보세요.
3) JIT 시스템 도입에 있어 유의해야 할 점을 생각해 봅시다.
4) JIT Ⅱ의 개념과 활용사례를 살펴봅시다.

8 삼성테스코, 역발주시스템 (VMI) 성과

삼성테스코가 역발주 시스템을 도입, 성과를 보고 있다. VMI (Vendor Managed Inventory)로 명명된 이 시스템은 통상 유통업체가 제조업체에 필요한 물품을 주문하는 것과는 달리 삼성테스코가 제공하는 점별 판매정보와 재고정보를 기반으로 공급업체가 발주하는 자동화된 상품공급 프로세스다.

삼성테스코는 지난 4월 동양 최대인 충남 천안의 목천물류센터 오픈을 전후해 농심켈로그, LG생활건강, 유한킴벌리, 풀무원, P&G, 코카콜라 보틀링 등 9개 메이저급 공급업체와 VMI시스템을 운영하고 있다.

삼성테스코 L사장은 "꾸준한 물류 선진화 투자로 결품 및 과다 재고를 방지할 수 있는 VMI시스템을 전점에서 운영하고 있다"며 "상품공급에서 최종판매에 이르는 과정상의 비효율적인 프로세스를 개선, 지속적인 가격투자 정책인 '프라이스 컷'을 지원할 것"이라고 말 했다.

실제 VMI 시행 전인 올해 초 11일에 달했던 재고일수는 현재 8.3일로 줄었고 발주 후 납품율도 시행 전 83%에서 현재 97.4%로 개선됐다. 회사 측은 연말까지 재고일수 7일을 목표로 시스템을 보완운영해 나갈 계획이다.

또 삼성테스코는 기존 9개 협력회사를 비롯해 현재 CJ, 동원F&B, 애경산업과도 시스템 도입을 논의 중으로 연말까지 20개 업체를 대상으로 시스템 도입을 확대하고 2004년 50개 업체와 함께 그로서리 총 매입물량의 75%를 VMI로 처리할 방침이다.

(헤럴드경제 2003/10/09)

생각해 봅시다

1) 역발주 시스템이 기존의 주문 방식과 어떻게 다른지 자세히 설명해 보세요.
2) 역발주 시스템을 도입할 경우 재고일수를 줄일 수 있는 이유에 대해서 설명해 보세요.
3) 성공적인 역발주 시스템의 활용을 위한 전제조건을 생각해 봅시다.
4) 역발주 시스템의 활용에서 납품업체들이 얻을 수 있는 이익은 무엇인지 생각해 봅시다.

9 롯데건설, 전자조달시스템 구축으로 윤리경영

롯데건설은 지난 2005년 모든 임직원이 업무와 관계되는 일체의 금품과 향응은 주고받지 않겠다는 서약서를 제출했다. 이는 윤리경영을 실천하겠다는 의지의 표현이기도 했다.

롯데건설은 자체적으로 '윤리경영 홈페이지' (http://ethics.lottecon.co.kr)를 운영하며 회사가 정한 '6대 윤리강령 행동규범'을 직원들이 준수토록 하고, 윤리경영을 지원하는 전담부서 (윤리사무국)도 별도 설치했다.

특히 명절 때는 윤리사무국 산하에 '선물 반송센터'를 운영, 직원들이 업무와 관련된 선물을 받을 경우 이를 통해 다시 돌려주고 있다. 반송이 불가능할 경우에는 불우이웃을 위한 성금이나 물품으로 사회에 환원하기도 한다.

협력업체와 상생도 빼놓을 수 없는 윤리경영의 성과로 꼽힌다. 롯데건설은 조달 업무의 온라인화를 통해 불필요한 부조리 발생 요인을 차단한 데 이어, 협력사에 대한 현장연수와 교육에도 역량을 집중해 동반 성장의 기틀을 마련하고 있다. 특히 조달 업무를 효율적으로 진행하기 위해 만든 웹 기반의 '전자조달 시스템'은 동종 업계가 벤치마킹할 정도로 커다란 반향을 일으켰다.

그 결과, 롯데건설은 지난 5월 건설교통부 주관으로 열린 건설혁신 우수사례 시상식에서 '건설 조달 프로세스 혁신을 통한 상생협력체계 구축'부문 대상을 수상하기도 했다.

(한국일보 2007/12/20)

생각해 봅시다

1) 현재 기업들이 실시하고 있는 각종 전자조달 시스템에는 어떤 것이 있는지 알아보고 그 밖의 e-business 추진 현황도 조사해 보세요.

2) 비즈니스의 전산화가 윤리경영을 불러일으키는 구체적인 예를 생각해 봅시다.

10 중소기업 SCM구축 정책

기업과 기관의 정보화가 내부 조직의 ERP 구축단계에서부터 시작, 대기업을 중심으로 한 B2B 단계의 SCM으로 확대되고 있다. 따라서 어떻게 중견·중소기업의 B2B간 SCM 구축정책을 수행해야 하는가 하는 과제는 개별기업 뿐만 아니라 국가 정책입안자 등 직간접으로 관련 있는 모든 이의 관심사일 수밖에 없다.

현재의 SCM 구축 주류는 대기업이 발주하는 입장과 중견·중소기업이 1차 혹은 2차 협력업체로서 구축과정에 수동적인 형태로 참여하는 입장으로 분류할 수 있다. 그러나 중견·중소기업도 일반적으로 수 십 개의 협력업체와 거래를 하고 있다. 따라서 중견기업을 중심으로 하는 SCM 구축은 중소기업 정보화의 필연적인 발전단계다.

혹자는 ERP도 제대로 구축되지 않은 중소기업이 SCM 구축에 나서는 것은 시기상조며 현실에 맞지 않는다고 할지 모른다. 또 중소기업에 ERP를 구축한 후 순차적 시스템 구축이 이뤄져야 한다는 말도 있다. 그러나 ERP와 병행해 SCM을 구축하면서 상호 보완적인 역할을 수행하는 것도 중기정보화에 좋은 대안이 될 수 있다.

현장경험에 입각, 현시점에 중소기업 SCM 구축을 활성화해야 하는 이유를 설명하면 다음과 같다.

첫째, SCM 구축은 ERP 정보 정확성을 한 단계 더 높여주는 수단이 된다. 혹자는 ERP가 부실하니 이것을 제대로 사용할 수 있도록 수준을 향상시킨 후에 SCM을 수행하자고 주장한다. 그러나 ERP에서 생성된 발주 데이터가 협력업체에 제공돼 물자대금 지불이 금융기관에 자동으로 연계되는 SCM은 정보의 정확성이 생명이므로 이를 통해 오히려 ERP 발주 데이터의 정확성을 높이고 검증하는 순기능 효과를 거둘 수 있다. 즉 SCM을 통해 회사 내에서만 유통되던 ERP 정보의 정확성 유무가 검증되면서 협력회사와 보다 정확한 정보를 공유하게 돼 ERP 활용도를 더욱 높여주게 된다.

둘째, 수발주 업무는 지금도 정보화 구축 유무에 관계없이 수작업으로 진행되고 있다는 점을 감안할 때 SCM은 순차적인 선택의 문제가 아니고 현행 수작업 수행업무를 한 단계 업그레이드하는 차원에서 요구되는 것이다.

셋째, 우리나라는 SCM 구축을 위한 국가 기간정보인프라가 성숙돼 있다. 필자는 어느 외국의 SCM구축 프로젝트에 대한 타당성 조사를 하다가 그 나라의 정보 인프라 구축 미비로 불가하다는 판정을 내린 경험이 있다. 후진국은 중소기업이 SCM을 아무리 의욕적으로 구축하려고 해도 정보망, SCM 구축사례 관련법규 등의 미비로 수행할 수가 없다. 다행히 우리나라는 이 SCM 구축의 전제조건인 모든 정보인프라가 잘 갖추어져 있다.

넷째, 대기업과 중견·중소기업간 균형적인 발전이다. 현재는 대기업의 필요에 따라 발주기업에 SCM이 구축되고 있다. 이제 공급망관리가 중견·중소기업의 대문 앞까지 와있다. 이것을 SCM으로 연계만 하면 공급망상에 있는 국가 전 산업이 서로 디지털 전자상거래로 연계된다.

태평양전쟁 당시 일본군이 오키나와 이남에서 뉴기니 섬까지 남태평양 섬 대부분을 점령하고 있을 때 맥아더 사령부가 선택한 전략(일명 '개구리 점프' 전략)은 지금도 유명하다. 맥아더의 전략은 뉴기니에서부터 일본군이 점령하고 있는 수많은 섬을 하나하나 탈환하고 난 다음에 일본 본토에 상륙하는 것이 아니고, 사이판 등의 중요 거점만 정복(개구리 점프)하자는 것이 골자였다. 이 전략은 미군의 인명피해를 크게 줄이고 상륙일정을 단축시킴으로써 대성공을 거뒀다.

SCM 구축은 단계적으로 ERP부터 시작, 하나하나 순차적으로 할 수도 있지만 ERP를 포함한 B2B간의 중요하고 거점이 되는 기능부터 구축해 앞뒤 검증기능으로서의 순기능도 기대된다. 따라서 이제는 국가정보화 지원정책이 단위 기업정보화에서 SCM을 포함한 B2B간의 전자상거래 지원 쪽으로 그 축이 옮겨가야 할 시점이 오고 있다.

(전자신문 2003/07/03)

생각해 봅시다

1) ERP 구축후 SCM 시스템 구축을 주장하는 '순차적 시스템 구축론'의 타당성에 대하여 생각해 봅시다.

2) SCM구축을 주도할 가장 적합한 주체가 어디인지를 생각해 보고 각 부문별 역할에 대하여 생각해 봅시다.

11 도요타에서 배운다 - 동기생산방식

국내기업 중에서 도요타방식을 가장 철저히 도입한 기업으로는 롯데캐논이 손꼽힌다. 합작선인 일본 캐논의 영향도 있었겠지만 롯데캐논은 일본 캐논보다도 더 완벽하게 도요타 방식을 소화, 자사에 맞게 응용했다는 평가는 받고 있다.

경기도 안산시 반월공단에 있는 롯데캐논의 사무용기기 공장. 이 공장에는 부품 재고가 하나도 없다. 일단 부품이 들어오면 그날 안에 완제품으로 출하돼야 한다. 당일 완제품 출하가 되지 않으면 아예 생산을 하지 않고 부품을 받지 않는다. 당연히 재고부담이 줄어 비용이 감소한다. 롯데캐논이 부품재고를 없앨 수 있는 것은 동기(**同期**)생산방식 "LSPS (Lotte-can on Synchronized Production System)" 덕이다.

LSPS는 도요타의 간방(**看板**)방식을 모델로 삼아 자사 형편에 맞게 재설계한 이 회사 특유의 생산시스템으로 재고를 허용하지 않는다는 게 특징이다. 그날 사용할 부품을 정확히 계산해 그만큼만 생산토록 하는 시스템이다.

수요예측이 정확하지 않거나 생산시스템이 유연하지 못하면 시행할 수 없는 제도다. 롯데캐논은 수요예측 프로그램에 따라 1주일 이상 생산계획이 없으면 집단 연월차를 실시한다. 1~2일 쉴 경우엔 종업원들에게 생산혁신 교육을 실시하는 것으로 근무를 대신한다.

복수기종을 생산할 수 있는 능력을 확보한 각 셀(Cell)은 이러한 탄력생산체제를 지탱하는 원동력이다. 롯데캐논은 일본 캐논의 셀(Cell)생산방식을 벤치마킹해 1999년 컨베이어벨트를 완전 철거했다. 생산직 3백20명중 계약직이 약 20%를 차지할 정도로 노동유연성도 높다. 생산량에 따라 인력을 쉽게 조정할 수 있는 구조다.

"컨베이어벨트 공정에서는 최소 생산단위가 40대입니다. 주문이 10대만 들어와도 어쩔 수 없이 40대를 만들어야 한다는 얘기예요. 당연히 30대는 팔릴 때까지 재고로 남습니다. 반면 셀 방식에서는 재고가 완전히 바닥나더라도 단 하루 만에 주문을 소화할 수 있습니다."- (K 생산본부장)

롯데캐논은 또 도요타의 "간방"과 캐논의 "셀"방식을 결합해 한 단계 진화시킨 "COO (Cell Company Organization)제도"를 만들었다. 지난해 2월 시작된 이 제도는 생산중심의 셀 방식을 자재 검사 물류 등 관리부문까지 확장시키는 것. 관리 지원부문을 생산단위에 편입시킨 단일 컴퍼니 제도다. 6개의 COO는 매달 생산성 품질 제안 혁신활동에 대한 평가를 받는다.

(한국경제 2003/10/27)

생각해 봅시다

1) 도요타의 간판 방식은 어떠한 단점이 있는지 생각해 보세요.
2) 모든 생산영역에서 도요타 방식이 최상의 선택인지 생각해 봅시다.
3) 현재 우리나라에서 도요타의 간판 생산 방식을 적용하고 있는 다른 기업의 사례를 조사해 보세요.

12 신사정장 유통거품 빼고 사자

지난 4일부터 백화점들이 일제히 겨울세일에 들어갔다. 올 겨울 마지막 세일인 만큼 세일폭도 크고 제품도 다양하지만 신사정장의 가격은 여전히 비싸다. 웬만한 브랜드의 신사정장은 30% 할인을 해도 60~70만원을 줘야 살 수 있다. 정상가는 100만원을 훌쩍 넘는다. 큰마음을 먹어야 구입할 수 있다. 신사정장이 세일을 해도 이렇게 비싼 이유는 한정된 유통채널에 높은 수수료까지 제품 가격에 포함되면서 원가보다 더 큰 거품이 끼이기 때문이다.

그렇다면 거품을 빼고 정장을 살 수 있는 방법은 없을까. 쇼핑마니아들은 유행을 고집하지만 않는다면 각 브랜드의 상설할인매장은 거품을 뺀 가격에 살 수 있는 곳이라고 입을 모은다. 특히 겨울 마지막 세일이 끝나면서 브랜드 재고물량이 상설할인점으로 넘어올 시점이 품질 좋은 브랜드 정장을 싸게 구입할 수 있는 절호의 찬스라고 말한다.

◇ 1벌 값으로 5벌을 산다 = 제일모직, LG패션, 코오롱 등 유명 브랜드들의 상설할인매장은 생산단계에서 남은 제품이나 백화점, 브랜드 매장에서 남은 재고품을 판매한다. 서울 외곽을 다니다 보면 이코노숍, 디스카운트 스토어 등 다양한 이름으로 물건을 팔고 있는 곳들이 짧게는 6개월, 길게는 2년 정도의 재고 상품들을 판매하는 상설할인점들이다. 최근 각 의류 브랜드들은 물류창고 비용 등을 아끼기 위해 백화점에서 팔다 남은 제품들을 물류창고를 거치지 않고 곧바로 상설할인점으로 보내고 있다.

불과 6개월 전에 매장에서 정상가로 판매하던 물건을 상설할인점에서는 40~50% 이상 할인된 가격으로 구입할 수 있다. 여기에 일부 상설할인점들은 계절이 바뀌는 시즌에는 추가 할인을 적용하기도 한다. 실제 가산동 LG패션 상설할인점의 경우 지난해 초 판매됐던 정상가 97만원인 닥스 신사정상 1벌을 반값인 48만5,000원에 추가로 10% 할인해 43만원에 판매하고 있다. 또 죽전에 위치한 상설할인점의 경우 지난해 초 113만원에 판매하던 겨울 코트를 24만원에 구입할 수 있다. 직영이 아닌 아웃렛에 위치한 신사복 할인점에서는 파격적인 가격에 신사정장을 구입할 수 있다. 가산동 마리오아웃렛의 경우 백화점에서 65만원~78만원에 판매하던 캠브리지맴버스 신사정장이 21만~27만원에 판매되고 스타밸리아웃렛의 파격 할인행사에는 제일모직, LG패션 등의 브랜드 신사정장을 9만원에 살 수도 있다.

(서울경제 2008/01/07)

생각해 봅시다

1) 상설할인점의 경쟁우위 전략에 대하여 살펴봅시다.
2) 신사정장과 같이 유통관련 비용이 큰 상품과 그렇지 않은 상품에는 어떤 것들이 있나 조사해 봅시다.

13 e몰 배송만족도 높여라

오픈마켓을 포함한 온라인 쇼핑몰 업계가 '배송 전쟁'중이다.

인터넷 쇼핑몰뿐만 아니라 옥션, 엠플 등 그 동안 사업구조상 균일한 배송서비스를 제공하기 힘들었던 오픈마켓들도 일제히 배송경쟁에 뛰어든 점이 눈길을 끈다.

온라인 쇼핑몰업계 관계자는 "최근 쇼핑몰들이 앞 다퉈 배송서비스를 개선에 나선 것은 배송에 대한 소비자 불만이 큰데 원인이 있다"며 "실제로 지난해 한국소비자보호원에 접수된 전자상거래 관련 소비자 상담 현황에 따르면 온라인 쇼핑몰에 대한 소비자 불만 중 '물품 미인도, 배송지연'이 34.5%로 가장 큰 비중을 차지했다"고 설명했다.

'옥션'은 지난 달 말 오픈마켓 업계 최초로 '퀵배송 인증제도'를 도입했다. 이 시스템은 판매자들이 물품을 구매한 소비자들에게 얼마나 빨리 배송을 하는지를 한 눈에 알아볼 수 있도록 사이트 내에서 개별 판매자의 최근 한 달간 평균 배송일을 명시하는 제도. '엠플'도 사이트 오픈 6개월을 기념해 배송 서비스 향상을 위한 등급별 배송인증제도를 추진, 12월 중 시행할 계획이다. 1등급 및 2등급 등 빠른 배송자별 인증마크를 붙여 등급별 인센티브를 부여한다는 방침이다. '롯데닷컴'은 최근 난방용품 주문 후 3일 이후 물건이 지연 배송되면 물건값을 받지 않는 '안심 배송제' 도입해 운영중이다. 안심 배송제는 최근 기온이 크게 떨어지면서 이용률이 매일 30% 이상 늘어날 정도로 인기를 끌고 있다는 게 회사측 설명. 인터파크도 인터넷 서점 최초로 '하루 배송보장 서비스'를 도입했다. 20만종의 재고 보유 도서에 대해 매일 오후 6시 이전에 주문시 하루 만인 다음날 주문한 책을 받아볼 수 있도록 보장하는 서비스다.

(파이낸셜뉴스 2006/11/9)

생각해 봅시다

1) 배송트러블이 구매행위 자체에 대한 불만으로 이어지는 경우는 어떤 상황들이었는지 개인적인 경험을 토대로 생각해 보자.

2) 배송만족도를 높이기 위한 아이디어를 고안해 보자.

14 첨단물류설비로 새는 돈 60억 잡았다

경기도 시흥시 이마트 시화물류센터. 이마트의 '심장' 역할을 하는 물류센터는 매서운 추위에도 아랑곳하지 않고 바쁘게 돌아가고 있었다. 묵직한 짐 꾸러미들이 입하장으로 들어왔다가 쉴 새 없이 컨베이어를 타고 출하장으로 빠져나가는 '드라이(dry · 공산품)' 센터. 직원들이 따뜻한 캔커피에 차가운 손을 녹이는 것도 잠시, 물품들이 대형 트럭에 실려 오기가 무섭게 이들을 컨베이어 벨트에 내려놓는다. 이때부터는 사람의 손이 필요없이 '척척'이다. 묵직한 짐들이 컨베이어 벨트를 타고 빠른 속도로 움직인다. 박스들이 11개의 컨베이어 벨트를 타고 분류 시스템 앞에 도착하는 것과 동시에 고속스캐너가 박스마다 찍혀 있는 바코드를 읽어낸다. 박스 개봉 없이도 상품과 수량 파악이 가능하다고 한다. 이어 프린터가 '은평점, 생활용품 B' 등의 번호를 박스에 새겨준다. 추운 날씨 때문에 동작이 멈춰질 것을 염려해 기계 앞에는 난로까지 설치됐다. 시간당 평균 6000박스의 상품 바코드를 인식한다고 하니 그 값을 톡톡히 하는 셈이다. 저마다 갈 곳이 정해진 박스들은 컨베이어 벨트를 타고 순식간에 점포별 라인으로 분류된다. 직원들은 해당 라인의 박스들을 정리해 대형 트럭에 싣는다. 박스를 실은 수십 대의 차들이 '안전 배송'이라는 과제를 안고 각 점포를 향해 출발한다.

드라이센터 맞은편에 자리한 '웨트(wet · 신선식품)' 센터. 저온 창고 형식의 이곳은 시베리아 벌판을 방불케 할 정도로 춥다. 물류센터가 자랑하는 저온냉장수송 체계인 콜드 체인 시스템(Cold Chain System)으로 항상 일정한 온도가 유지되기 때문이다. 신인식 물류센터장은 "지금은 일반화한 시스템이지만 이마트가 제일 먼저 도입한 것"이라고 귀띔했다. 포장된 한우가 들어오자 검품 담당 직원이 정교하면서도 빠르게 손을 놀린다. 이들은 도축 증명서, 진공 상태, 유통 기한 등을 확인하는 작업을 한다. 이 같은 검사를 거친 포장 한우는 냉장창고로 직행하게 된다. 창고 앞에는 마산·상봉·월계 등 지역명이 새겨진 노란색 푯말이 줄지어 있다. 담당 직원은 "신선한 상태로 있다가 다음날 새벽 차에 실어서 푯말에 적힌 각 지역 점포로 배송된다"고 설명했다.

2003년 문을 연 시화물류센터는 용인, 광주, 대구에 이은 이마트 4호 물류센터로 건물면적이

6700평이나 된다. 하루 13만 박스를 처리할 수 있는 '드라이센터'와 600t의 신선식품을 처리할 수 있는 '웨트센터'로 구성되어 있다. 이들 물류센터는 국내 최대 할인점인 이마트가 자랑하는 효율 경영의 대표적인 사례다. 이마트는 일찍부터 다점포망 전략을 세워 업계 최초로 물류센터를 지어 첨단 시스템을 바탕으로 한 경영전략을 펼쳐 왔다. 물류센터는 원가를 낮추고, 높은 품질을 유지할 뿐 아니라 지방의 우수상품을 발굴하는 역할을 했다. 또 동종업계 1위를 유지토록 하는 일등공신이기도 하다. 2001년부터 적용한 SCM, 웹 EDIGOT(점발주), DWH(데이터분석관리), EAN-14(물류박스바코드) 시스템 등은 신세계 이마트가 성장하는 중요한 발판이 됐다. 바코드 시스템 도입으로 협력업체의 납품 절차도 간소화되어 납품시간 단축 및 업무 단계 축소로 인한 인건비 절감 효과를 보게 됐다. 물류정보 공유를 통해 상품 수요와 생산량 등을 미리 예측할 수 있게 되면서 제조 경비 및 재고량 감소 등도 실현하고 있다. 신세계 측은 "이마트 물류센터의 바코드 시스템 도입 이후 국내 박스 바코드 사용 등록 업체 수가 10배 이상 증가하는 등 중소기업 물류체계도 획기적으로 발전하게 됐다"며 "그동안의 지속적인 시스템 개발 성공으로 물류 부문에서만 매년 60억원 이상의 비용을 줄이고 있다"고 밝혔다.

(세계일보 2007/12/24)

생각해 봅시다

1) 각 유형의 물류센터를 운영하는 기업들의 전략을 살펴봅시다.
2) '드라이'와 '웨트'의 구분처럼, 업종별로 어떠한 제품구분이 필요한지 확인해 봅시다.

15 주문은 인터넷에서 배송지는 편의점으로

요즘은 인터넷 쇼핑몰에서 물건을 많이 사게 됩니다. 편리하다는 장점도 있지만 물건을 싸게 살 수 있다는 매력을 빼놓을 수 없겠죠. 그런데 인터넷 쇼핑몰을 이용하다 보면 배보다 배꼽이 더 큰 경우가 있습니다. 2만원도 안 되는 물건을 사면서 배송료 2, 3천원을 내야 할 때가 있죠. 이럴 때는 조금 아까운 생각이 드는 게 사실입니다.

배송료를 크게 줄일 수 있는 아이디어 한 가지 알려 드릴까요 인터넷 쇼핑몰에서 주문한 뒤 물건을 편의점에서 받으면 됩니다. 이렇게 하면 적게는 1천 원에서, 많게는 3천원까지 배송료를 할인 받을 수 있습니다. 하지만 모든 상품이 다 할인되는 건 아닙니다. 인터넷 서점 알라딘 (aladdin.co.kr)이나 모닝365 (morning365.com)에서 책이나 음반을 사서 엘지25, 훼미리마트, 바이더웨이에서 배송을 받으면 됩니다. 또 있습니다.

롯데닷컴 (lotte.com)에서 책이나 음반, 화장품을 사면 세븐일레븐에서 무료로 배송을 받을 수 있습니다. 비교적 가벼운 물건을 사는 거라면 괜찮은 선택이겠죠. 편의점을 이용해 할인을 받을 수 있는 비장의 방법이 한 가지 더 있습니다. 엘지텔레콤 019 휴대전화를 이용하시는 분들은 엘지25에 갈 때 멤버십 카드를 꼭 챙겨 가세요. 구매 금액의 15%를 늘 깎아 주거든요. 할인된 구매 금액 기준으로 한 달에 최대한 5만원까지 살 수 있답니다. 하지만 술과 담배는 할인 대상이 아니에요. 혹시 깎아 주지 않는다고 싸우지 마세요.

이 뿐만이 아닙니다. 편의점을 이용해 공과금 연체료도 줄일 수 있습니다. 공과금을 처리하다 보면 연체 스트레스가 만만치 않지요. 스트레스를 없애는 가장 좋은 방법은 은행이나 신용카드에 자동이체 신청을 해 놓는 겁니다.

하지만 이사를 자주 다녀 아예 자동이체를 하지 않는 분도 있거든요. 이럴 땐 편의점을 이용해 보세요.

편의점에선 갖가지 공과금 수납을 대신해 주고 있습니다. 엘지25, 세븐일레븐, 훼미리마트에서 전기료나 전화료, 이동통신 요금과 같은 공과금을 대신 받아줍니다. 24시간 늘문이 열려 있는 편의점답게 은행문이 닫힌 뒤에도 공과금을 낼 수 있다는 게 장점입니다. 날짜 기준으로 처리를 하기 때문에 납부 마감일 밤 12시까지 내기만 하면 연체료를 물지 않을 수 있답니다.

편의점과 친해지면 또 하나의 '보너스'가 있습니다. 택배를 보내야 할 때 택배회사에 전화 걸고, 기사를 기다리고, 물건을 전달하는 과정이 복잡해 머뭇거리신 적 많지요 시간도 많이 들고요. 그럴 때 가까운 편의점에 택배를 맡기면 간편합니다. 가격도 1kg 이하일 때 5천원 수준으로, 일반 택배회사 운임과 똑같습니다.

(한겨레 2003/06/23)

생각해 봅시다

1) 편의점 택배를 통해서 편의점과 택배사가 얻을 수 있는 장점과 단점에 대하여 생각해 봅시다.
2) 인터넷 쇼핑을 편의점 택배사의 제휴 결정 시 유의해야 할 부분에 대하여 생각해 봅시다.

16 대기업소유, 물류 자회사 너무 많다

최근 국내 기업들의 사업 다각화 전략과 맞물려 물류산업에 대한 관심도가 그 어느 때 보다 높아지고 있는 가운데, 이들 기업들이 정작 글로벌 물류 경쟁력 확보 보다는 물류사업 진출을 통해 손쉬운 수익에 더 애착을 갖는 것이 아니냐는 지적이 제기되고 있다. 반면 각 그룹별로 지향하는 물류사업 전략이 다른 만큼 각각의 대기업이 소유한 물류 자회사가 새로운 시장 확대와 글로벌화를 가져 올 수 있다는 의견도 대두되고 있다. 우선 손쉬운 수익에 대한 의구심은 선진 물류국가들과 비교해 현재 물류산업에 관심을 보이는 기업들 대부분이 물류서비스를 통한 수익 다각화 보다는 자사가 운영하는 대형 제조 및 유통물량을 통해 물류비를 잘라 먹는 사업구조를 갖고 있기 때문이다. 결국 이들 기업들이 물류사업에 뛰어드는 배경이 물류사업을 차세대 사업으로 키워 경쟁력 갖기 보다는 자사 물량을 남에게 주기 싫다는 식의 고루한 우리 정서에서 벗어나지 못하는 것처럼 비춰져 우리 물류산업 발전에 저해가 될 수 있다는 지적을 받고 있다. 물론 전통적인 기업과 몇몇 굴지의 非 물류 기업들이 시장에 뛰어든 배경이 전체 물류업계의 선순환 구도를 만들 것이라는 희망을 갖게 하지만, 여전히 대다수 대기업이 소유한 물류 자회사를 의혹의 시각은 이들 기업들의 행보에 따라 쉽게 해소되지 못할 것이라는 전망이다. 문제는 선진 물류국가들의 70%에 달하는 물류 아웃소싱 비율이 우리의 경우 여전히 확대되지 못하고 개별적인 자회사로 편입해 끌어안고 간다는 점이다. 결국 가장 큰 문제점으로 지적 받고 있는 대기업들의 3PL 폐쇄적 구조가 다단계로 이어지면서 그 원인이 대기업 소유 물류자회사 때문이라는 지적은 피해 갈 수 없을 것으로 보인다. 그렇다면 과연 국내를 대표하는 기업들이 생각하는 물류산업은 이들에게 새로운 블루오션이 될 수 있을까? 2008년 새해를 맞아 국내 대표 기업군이 소유하고 있는 물류 자회사의 현황을 살펴보고, 향후 이런 현상이 국내 물류산업에 어떤 영향을 미치며, 글로벌화로 전환되고 있는 물류시장에 어떤 결과로 나타나게 될 지 알아 보았다.

■ 국내 기업들의 물류 자회사 소유 현황과 향후 진출 의지

- 삼성, LG, 롯데, 한화 등 대부분 대기업, 물류자회사 소유

우리 물류산업계에 최근 들어 중견그룹들을 중심으로 물류사업 강화 또는 신규 진출 움직임이 활발하게 진행되고 있다. 우선 물류사업을 새로운 그룹의 성장엔진으로 키우겠다는 기업 군을 보면 금호아시아나그룹을 포함해 동부그룹, STX그룹, C&그룹, 동원그룹, 동국제강, 유진그룹 등이다. 이들 기업들은 최근 그룹의 중장기 비전을 새롭게 표방하면서 한결같이 물류사업 강화를 강조하고 있다. 현재 국내를 대표하는 50대 그룹의 물류 자회사 소유 현황을 살펴보면 국내를 대표하는 삼성그룹의 물류자회사 '삼성로지텍'을 시작으로 LG그룹의 범한 판토스, 하이로지스틱스, 현대자동차 그룹의 글로비스, 롯데 그룹의 롯데 로지스틱스, CJ그룹의 CJ GLS, 신세계 그룹의 신세계드림익스프레스, 한화그룹의 한 익스프레스, 웰로스 드림파마, 한진그룹의 (주)한진, 한진해운, 대한항공, 두산그룹의 세계 물류, 하나로 택배, 동원그룹의 동원 로엑스, 동원택배, 현대그룹의 현대택배, 현대상선, 금호그룹의 한국복합물류, 아시아나 항공, 한솔그룹의 한솔 CSN, 동부그룹의 동부 익스프레스, 동아제약의 용마로지스, 유진그룹의 로젠택배, 한국통운, 한국 GW 물류 등 재계 상위권에 속해 있는 대기업 중 물류 자회사를 소유하고 있지 않는 기업은 손에 꼽을 정도다. 이밖에도 표현만 조금 다를 뿐 '물류사업을 미래 성장 동력으로 삼겠다'는 전략을 발표한 그룹을 살펴보면 STX그룹의 경우 대한통운 인수전에 적극 나서고 있으며, C&그룹 역시 해운물류를 바탕으로 수직계열화를 통해 종합물류기업으로 변신을 꾀하고 있다.

- 금호, 현대중공업, GS 등 대한통운 인수로 시장 적극 진출

동국제강 역시 계열사인 국제통운과 동국통운 등을 중심으로 종합물류 기업으로 발돋움한다는 계획을 갖고 있으며, 현대중공업, 농협, LS전선, 효성, GS그룹 등도 대한통운 인수를 통해 물류사업에 진출하겠다는 의지를 표명하고 있다. 여기다 최근 심심치 않게 들려오는 SK그룹의 물류사업 진출 설은 본인들의 적극적인 부인에도 불구하고, 여전히 시장 진출이 초읽기라는 의혹이 유효 하다는 인식이어서 대기업 = 물류기업 소유 공식은 점차 확산되고 있는 국면이다. 이에 따라 시가 총액으로 100위권 기업 중 몇몇 공기업과 포스코, 코오롱과 금융그룹을 제외하고 대부분의 제조 및 유통그룹을 갖고 있는 기업들은 물류회사를 소유하고 있거나, 향후 소유할 계획이 있는 것으로 나타났다.

■ 기업들의 물류산업 진출 배경과 함정

– 물류, 외형 매출 높고, 개선여지 많아 매력적으로 보여

국내를 대표하는 기업들의 물류사업 진출에 가장 큰 배경은 기존 사업의 한계로 새로운 성장 에너지 사업을 찾는 과정에서 최근 각광 받고 있는 물류산업에게 귀결되고 있다는 평가가 우세하다. 일부에서는 대외적으로 매출과 외형을 확대할 수 있을 것으로 보이게 해 매력적인 사업이라는 것이 가장 큰 요인으로 지적 받고 있다. 여기다 일반적으로 우리나라는 제조업 경쟁력에 비해 물류 경쟁력이 훨씬 뒤처져 있어 개선의 여지도 많다는 점을 들 수 있다. 이밖에도 매출액 대비 물류비용이 높아 이를 줄일 경우 충분한 이익률을 만들 수 있다고 인식하고 있다. 하지만 전문가들은 “바로 여기에 물류산업 진출의 함정이 있다”고 지적한다. 세계적인 컨설팅사인 에이티커니 조상욱 부사장은 “국내 전체 3PL 규모는 약 70조원에 달하지만, 이 중 공개된 경쟁을 통해 전문화된 기업이 확보할 수 있는 시장은 극히 한정되어 있다”며, “물량기반 물류기업과 자산기반 물류기업간의 상호 영역 침투가 어려워 실제 공정한 경쟁이 이루어지는 시장은 10%에도 못 미치는 독특한 구조를 가지고 있다”고 말했다. 조 부사장은 “문제는 대기업 소유의 물류 자회사들이 그나마 자체적인 물류 합리화를 통해 서비스를 개선하면서 글로벌 경쟁력을 갖는다면 별 문제가 없지만, 현재의 상황은 모기업에서 지불하는 비용을 자회사가 다단계 형태로 잘라먹는 수준을 못 벗어나고 있다”고 꼬집었다. 해외사례의 경우를 보면 현재 우리나

라의 대기업 = 물류자회사 소유의 물류서비스 환경 왜곡 현상이 다시 한 번 증명된다. 미국을 대표하는 글로벌 물류기업 UPS의 한국 지사장을 역임한 정명수 씨는 "유럽과 미국의 시장을 봐도 우리나라처럼 대기업이 개별 물류 자회사를 소유하고 있는 곳은 드물다"고 지적했다. 포춘 500대 기업의 물류아웃소싱 비중을 살펴보면 1991년 38%에서 2004년 80%로 증가했으며, 미국의 3PL시장 역시 연평균 10.8%씩 지속적인 성장을 유지하고 있다. 하지만 대형 제조기업이 물류 자회사를 소유하고 있는 기업은 거의 없다.

- 물량확보 기업과 서비스 기업 상호 영역침투 막아 폐쇄적 시장

한편 국내 제조산업의 생산 원가나 품질 경쟁은 어느 정도 한계에 도달했지만 물류산업은 투자 대비 개선 효과도 그만큼 커 성과가 나타날 수 있다. 반면 향후 단순히 대기업 소유의 물류자회사를 통해 비용을 잘라 먹는 식의 아웃소싱은 한계를 보이며, 글로벌화에 가장 큰 장애요인으로 작용할 것이라는 것이 전문가들의 지적이다. 일각에서는 "아직까지 국내 기업들의 자가물류 비중이 월등히 높지만 점진적으로 3자 물류 시장이 확대되는 변화를 맞게 될 것"이란 전망이다. 하지만, 실제 국내 물류산업 추이를 보면 "국내 상위 50대 그룹이 소유하고 있는 자가물류(2PL) 영역은 더욱 확대 될 것으로 보이며, 위탁 시장의 접근은 더욱 제한될 것으로 예상된다. 결국 고객들의 요구가 전통적으로 비용절감에만 초점에 맞춰지면서 A 대기업 자체 물량=A 대기업 물류자회사에게 아웃소싱하는 공식이 해결되지 않는 한 우리 시장에서 글로벌 물류회사 탄생은 당장 어려울 것으로 보인다. 특히 정부의 종합물류기업 인증제 역시 현재와 같은 시장구조가 변하지 않을 경우 별 뾰족한 성과를 얻을 수 없을 것이라는 것이 대다수 물류전문가들의 지적이다.

■ 현 구조 무엇이 문제인가

- 대기업 물류자회사 소유, 물류 통합 어려운 장벽으로 작용

글로벌 물류시장을 북미와 유럽으로 나눠 볼 때 이들 시장은 적대적 M&A를 통해 대륙을 대표하는 물류기업 탄생으로 전세계 물류시장을 속속 점령하고 있다. 따라서 국내 물류시장도 하루 빨리 규모화 된 물량과 재무성과를 한꺼번에 아우를 수 있는 글로벌 물류기업 출현이 시급한 실정이다. 하지만 물량확보와 서비스 실행 역량 확보의 장벽이 구조적으로 가로 막혀 있어 이를 쉽게 넘지 못하고 있다. 그 벽이 바로 대기업이 소유한 물류 자회사라 따가운 지적이다. 대부분의 물류회사들은 이와 같은 구조적인 문제를 알고 있으면서 대형 제조기업들의 눈치를 살피느라 제대로 문제를 제기하지 못하고 있다. 정부가 야심차게 추진해 왔던 종합물류기업 인증제 역시 최근 들어서는 대규모 물량을 움직이는 제조기업들의 물류자회사가 속속 인증을 받아 이미 제도 그 자체에 의미는 퇴색되고 있다. 한진의 신환산 3PL영업 담당 상무는 “글로벌 물류기업으로 성장하기 위해서는 규모화를 이뤄야 함에도 불구하고, 우리의 경우 물량을 확보하고 있는 대기업 대부분이 물류자회사를 소유하고 있어 이를 통합한 물량을 확보하지 못하고 있다”고 말했다. 이 같은 지적은 결국 규모의 경제와 맞춤 물류서비스 제공이 동시에 이루어지지 못하는 결과를 낳게 되면서 전문 글로벌 물류기업 등장에 걸림돌로 작용하게 됨을 의미한다. 물론 현대차그룹의 물류전문 자회사 글로비스, 신세계그룹의 자회사를 통한 택배사업 진출은 그룹 내 시너지 창출과 물류 서비스 강화에 나서고 있다고 말 한다. 하지만 현실은 3PL 물류 시장이 여전히 물류 자회사를 통해 자체적인 물류에 집중하고 있는 데다 3자물류가 이와 같은 자가물류 시장에 대해 갖는 경쟁력도 제한적일 것이라는 분석이다. 이미 우리 물류시장에서 고성장 물류 기업은 대기업 군 계열사 물량을 기반으로 단시간에 집중적으로 성장했다. 금융감독원 물류상위 15개 기업 재무제표를 살펴보면 운송업 전체 성장률 6.6%와 비교해 지난 5년 간 LG그룹 범한 판토스의 경우 61.76%, 현대차 그룹의 글로비스가 46.03%, 삼성전자의 삼성전자 로지텍이 45.16%가 성장했다. 실제 삼성전자는 삼성로지텍, 현대차는 글로비스, LG전자는 범한판토스 등 특수 관계에 있는 회사들이 물류서비스를 맡고 있는 상황이다.

- 3PL 확대 대명제지만, 현 구조 글로벌 기업 출현 어려워

익명을 요구한 모 증권사 운송, 물류산업 애널리스트는 "3PL 시장 확대가 기정사실로 보이지만 3자 물류 시장의 수익성은 규모를 이룰 수 없는 구조로 기대보다 훨씬 낮아질 전망"이라며, "현재와 같은 구조로는 DHL 혹은 UPS와 같은 글로벌 물류기업 출현은 불가능하다"고 전망했다. 문제는 이들 급성장한 대기업 물류자회사들 대부분이 운영하는 물량이 모기업 물량 없이는 운영이 안 될 만큼 절대적이라는 점이다. 따라서 우리나라를 대표하는 글로벌 기업 출현을 위해서는 현 시점에서 무엇이 올바른 물류기업 육성 정책인지를 선택해 하루 빨리 선택과 집중을 통한 기업 키우기에 집중해야 할 것으로 보인다.

(세계일보 2008/01/04)

생각해 봅시다

1) 현재 우리나라 대기업들의 전략적인 물류자회사 소유에 따른 문제점을 지적하고 개선방안을 생각해 봅시다.

2) 대기업들의 물류산업 진출이 갖는 장점과 문제점을 생각해 봅시다.

17 전략물자 수출통제는 국제무역 규범

미국, 수출하다 적발되면 최고 20년간 무역제재

국내 첫 전문기관 … 인식제고 · 시스템 구축 절실

"100개 기업을 창업하는 것보다 우수기술을 갖춘 중견기업 1개사가 국제시장에서 무역제재를 받는 것이 우리나라의 선진국 도약에 더 큰 걸림돌입니다." 심성근 전략물자관리원장의 말이다. 전략물자관리원은 한국무역협회 부설기관 형태였던 전략물자무역정보센터를 확대·개편, 14일 창립행사를 가졌다. 이 자리에서 심 원장은 "우리나라는 수출진흥을 우선시하는 정책 · 경영방침이 깊이 자리 잡고 있어 전략물자에 대한 인식과 효과적인 통제가 미흡하다"고 진단했다. 이어 "전략물자에 대한 수출통제는 국제사회에서 선택이 아니라 반드시 지켜야하는 무역규범"이라며 "무역진흥을 통해 국가발전을 추구하는 우리나라가 선진 통상대국으로 진입하려면 반드시 갖춰야할 무역 인프라다"고 강조했다.

전략물자란 핵무기 · 생화학무기 · 미사일 · 재래식 무기 등 대량파괴 무기의 개발이나 제조에 사용 가능한 품목을 말한다. 전략물자를 수출하다가 적발되면 징역 벌금 수출금지 등 엄격한 제재를 받는다. 특히 미국은 적발기업 물품에 대해 최고 20년간 수입을 금지토록 규정했다. 이에 따라 전략물자관리원은 전략물자 해당여부 판정, 수출입 기업에 대한 교육, 자율적 수출통제기법 도입 등 정부업무 위탁사업과 기업 컨설팅 등을 담당할 예정이다.

초대 원장인 심 원장은 전략물자 수출통제 분야의 전문가로 꼽힌다. 지난 2003년 5월 산업자원부 수입과장(현 전략물자관리팀장)으로 부임한 이후 2006년 6월까지 3년간 재직하면서 전략물자 수출통제 제도를 정착시키는 성과를 거두었기 때문. △전략물자 수출통제 온라인시스템 개발 △전문인력 없이 방대한 통제품목을 확인할 수 있는 도구(HS와 통제번호 연계표, 식별 문답지) 개발 △국내 기업 임직원 대상 국제전문가 초청 세미나 개최 △훈련용 교재 개발 △수출통제학회 조직 등은 그의 작품이다. 또 산자부 내 전략물자관리과·전략물자제도과·전략물자운영과 신설을 제안해 현실화시켰고, 영세한 중소기업이 준수할 수 있는 쉽고 편리한 원스톱 이행프로그램 설계도 추진했다. 이러한 노력은 곳곳에서 결실을 맺었고, 공로를 인정받아 외교통상부 장관 표창, 감사원장 표창을 수상하기도 했다.

심 원장은 "전략물자에 대한 중요성을 국내 기업의 최고경영자(CEO)들에게 알리고, 기업들이 최소비용으로 전략물자관리시스템을 구축할 수 있도록 돕겠다"고 말했다. 이어 "개성공단 생산제품에 대한 전략물자통제대책을 마련했지만 대북 반출물자에 대한 투명하고 종합적인 해법을 마련, 남북경협의 튼튼한 기반을 구축하겠다"고 강조했다.

(내일신문 2007/06/15)

생각해 봅시다

1) 국제무역거래에서 전략물자관리가 필요하게 된 이유를 성각해 봅시다.

2) '포괄수출허가제도'에 대하여 조사해 봅시다.

18 관세청, 전자통관시스템 구축

각종 수출입 화물신고 등 통관절차를 인터넷으로 할 수 있는 시대가 열렸다.

관세청은 15일부터 종전 전자상거래시스템(EDI)으로만 신고할 수 있었던 보세화물 반출입신고, 선기(선박이나 항공기에 물품을 적재, 하역하는 경우)용품 적재 신고, 보세 판매장 판매신고 등 각종 수입화물 신고를 인터넷으로 할 수 있는 '인터넷 화물관리 시스템'을 구축, 본격 운영에 들어간다고 14일 밝혔다.

이에 따라 화물신고인은 이 시스템을 통해 전국 어디에서나 시간 제약 없이 편리하게 인터넷 전자통관시스템(UNI-PASS)에 접속, 각종 수입 화물 신고내용을 입력함으로써 신고를 마칠 수 있다. 특히 신고 진행결과도 조회가 가능하고 화물신고인이 시스템에서 작성한 여러 건의 신고를 한꺼번에 전송할 수 있다.

관세청은 사용자 환경에 따라 선택적으로 이용할 수 있도록 인터넷 화물관리 시스템과 EDI 방식을 병행, 운영할 예정이다. 관세청 관계자는 "시스템 이용이 활성화될 경우 언제 어디서나 각종 화물신고가 가능해져 수출입 물류 신속화는 물론 신고비용 절감을 통해 수입화주 및 물류업체 등의 물류 경쟁력에 도움이 될 것"이라고 말했다.

(전자신문 2007/11/16)

생각해 봅시다

1) 통관절차에 있어서 애로사항에 대하여 살펴보고, 이것의 해결에 인터넷을 통한 전자통관시스템의 활용이 미치는 영향에 대하여 생각해 봅시다.

19 싱가포르항 세계1위의 비결

싱가포르항은 올 상반기 컨테이너 처리실적 1천137만TEU로 홍콩항을 제치고 세계 1위에 등극한 데 이어 9월 현재까지 홍콩을 앞서고 있다. 이는 싱가포르항이 태평양과 인도양을 잇는 말라카해협 입구에 위치, 허브항만의 지리적 조건을 바탕으로 고도의 항만 운영기법과 전략적인 마케팅 정책을 시행한 데 크게 힘입은 것이다. 전략적 요충지라는 강점을 살려 세계의 허브로 우뚝 선 싱가포르항의 비결과 동북아의 전략적 거점에 위치한 부산항이 싱가포르항에서 배워할 점은 무엇일까.

△ 최고의 원스톱서비스 제공 = 싱가포르항에 들어간 선박은 화물을 내리고 올리는 하역작업을 마치고 난 대기시간에 급유와 선용품 공급을 동시에 실행한다. 이때 선원들은 자유롭게 돌아다니며 개인시간을 즐길 수 있다. 모든 것이 원스톱으로 이뤄지는 것이다. 부경대 하명신(국제통상학부) 교수는 "싱가포르항이 환적화물을 주로 처리하며 성장하고 있지만 정말 인상적인 장면은 하역작업과 각종 부대작업이 등시에 이뤄지는 원스톱 시스템을 갖추고 있는 데 있다"고 말했다. 새로 개발된 파시르 판장 터미널에서 케펠 터미널까지도 긴밀하게 연결돼 있다. 현재 싱가포르항은 항내 모든 터미널을 잇는 컨테이너 전용도로 건설작업이 막바지에 있다. 또한 전세계 123개국, 600여개 항만에서 연결된 대형 모선과 피더선이 싱가포르항에 들어와 가장 빠른 시간 내에 환적작업이 이뤄지고 있다. 싱가포르항이 내세우는 최고 모토가 '연결(Connectivity)'인 점을 상기하면 이 항만의 시스템을 쉽게 이해할 수 있다. 선석을 유동적으로 사용할 수 있는 데다 선박 1척당 하역용 크레인을 최대 7개까지 붙일 수 있어 어떤 배가 들어오더라도 하루 안에 작업을 끝낼 수 있다. 싱가포르의 대표적 물류기업인 어코드 익스프레스의 임오규 대표는 "싱가포르는 케펠에서 파시르판장을 잇는 컨테이너 전용도로를 통해 싱가포르의 모든 부두를 통합관리하고 있다"면서 "부산도 북항과 신항을 원활하게 연결하는 시스템을 마련해야 한다"고 충고했다.

△ IT(기술정보)로 승부한다 = 싱가포르항을 세계 최고의 항만으로 만드는 데 IT가 숨

어있다. 포트넷(PORTNET)과 트레이드넷(TRADENET)으로 수출입 기업과 항만이 직접적으로 연결되어 있다. 또한 CITOS 및 CIMOS 등의 각종 물류정보시스템을 이용, 선박이 항구에 들어오기 전에 이미 컨테이너 화물의 정보를 전달받아 최적의 연결지점을 확보해 놓고 하역되는 즉시 다른 배와 연결되도록 하고 있다. 도로에서 터미널로 들어오는 게이트도 자동화돼 있어 트럭이 게이트를 통과하는 순간 모든 화물정보가 관제센터에 입력되고, 이후 작업은 프로그램에 따라 진행된다. 싱가포르항만을 개발·관리하는 PSA의 인력지원 및 조직관리 CEO인 캐롤라인 림씨는 "자체 개발한 전자문서 정보교환시스템인 시토스(CITOS)로 세계 7천여 해운·항만물류업체들과 온라인으로 연결해 컨테이너의 출발과 도착 등 이동경로 정보를 실시간에 제공할 수 있고, 이 시스템으로 부두내 화물 운송시간을 단축시키고 있다"고 설명했다.

그러나 싱가포르항은 무인 완전자동화 시스템 도입에는 반대하고 있다. PSA의 박종만 한국지사장은 "완전자동화는 긴급한 사고가 일어났을 때 효율적으로 대처하기가 쉽지 않고, 자동화에 들어가는 인력과 비용도 적지 않아 오히려 효율성이 떨어진다"고 진단했다.

(부산일보 2005/09/28)

생각해 봅시다

1) 싱가포르항의 성공에서 우리나라 항만들이 배우고 개선해야 할 사항들을 정리해 봅시다.
2) 항만을 비롯한 여러 시설물들에 있어서, 무인 완전자동화 시스템이 갖는 장단점을 생각하여 봅시다.
3) 우리나라 수출입 물류 정보 시스템의 운영현황에 대하여 살펴보고 발전방안에 대하여 고찰해 봅시다.

20 shipping-auction.com의 선복 경매

shipping-auction.com은 지난해 10월부터 영업을 개시했는데, 운송사들의 빈 공간(Space)을 구매하고자 하는 화주들에게 경매방식을 통하여 제공하고 있다. 이 개념의 성공여부는 운송사가 자사의 항로에서 어느 정도의 공석을 판매할 수 있는지를 아는 것과 이 웹사이트가 적절한 가격으로 공석을 판매할 기회를 제공하는가에 달려 있다. 언제부터 경매를 시작하고 어느 기간 동안 유지하는가를 선사들은 선택하여야 하는데 대개 30일전부터 마감 한 시간 전까지를 선택할 수 있다.

현재 동 사이트에 가입하고 있는 회사들은 300개 이상인데 90%이상이 포워더이고 10%가 선사들로서 선사들의 경우 보통은 20%의 선석을 공석으로 운영하고 있는 것으로 알려지고 있다. 이 회사는 선복 외에 항공권, 트럭운송 등도 경매로 판매하고 있으나 실제 경매가 성사된 경우는 많지 않은 상황이다.

한편 동사의 경쟁사로 등장한 Cargosphere.com은 이해당사자들이 직접 참여하여 가격을 제시하고 서로 협상을 통하여 가격을 결정하는 시스템을 서비스하고 있다. 예를 들어 제시가격이 너무 높다고 판단되면 당사자들은 협상에 들어갈 수 있으며 경매와는 달리 빠르게 서로가 만족하는 수준의 가격을 결정할 수 있다.

이 때문에 Cargosphere는 직접 협상에 필요한 전화나 팩스의 수요를 대체하는데 효과적이며 2개월간의 무료사용기간을 주기 때문에 시험 사용해 볼 수도 있을 것이다. 지난해 9월부터 서비스를 제공하기 시작한 eRaterequest.com은 운송사와 화주를 연결하여 가격을 결정하는 방식으로 사용자들을 끌어 모으고 있다. 즉 화주들이 수송물량이나 조건들을 제시하면 운송사들이 적절한 가격을 제시하는 일종의 경매시스템으로 이를 통하여 운송계약 및 화물예약이 시작되는 것이다. 온라인상에서 서로 조건이 일치하면 이들은 오프라인 상으로 이동하여 전화나 팩스 등 전통적인 방식에 의하여 최종적인 운송계약을 체결한다.

따라서 아직 선적서류의 발급이나 화물추적 같은 서비스는 제공하지 못하고 있고 항공화물이나 트럭킹 및 철도화물에 대한 서비스도 아직 이루어지지 않고 있는 상황이다. 즉 현재는 컨테이너화물 중심의 서비스를 제공하고 있는데 4월말 현재 가입된 이용자들은 화주가 2,052개사, NVOCC를 포함한 운송사가 492개 등이다.

[김수엽(2000), 해운물류분야의 전자상거래 도입 현황, 월간 해양수산 2000년 4월호, 한국해양수산개발원.]

생각해 봅시다

1) Shipping-auction의 활용이 하주와 운송회사 중 어디에 더 유리할지 생각해 봅시다.

2) Tariff제와 Shipping-auction의 장단점을 운송사 측면에서 생각해 봅시다.

Chapter 15

관련 인터넷 사이트

인터넷은 네트워크의 네트워크(Network of Network) 또는 서로 연결된 네트워크의 모임이라고 정의할 수 있다. 인터넷은 전 세계를 연결하는 네트워크, 네트워크를 이용하는 사람(Netizen), 네트워크를 통해 얻게 되는 정보(Information)로 구성되는 가상공간(Cyber Space)이다. 이러한 인터넷의 상용화와 정보통신기술의 발달에 따라 인터넷을 통한 전자상거래(EC; Electronic Commerce)가 활발히 진행되고 있다.

미국 상무부는 이미 인터넷을 포함한 정보·기술부분은, 그것의 성장속도가 다른 산업분야 성장률의 2배 이상으로 사실상 미국 경제를 주도하고 있다고 분석하였다. 미국에서 5천만 청취자 및 시청자 확보에 라디오는 38년, TV는 13년이 걸렸으나, 인터넷은 단 4년만에 이를 달성했으며, 1994년말 고작 300만명에 불과했던 인터넷 이용자가 불과 3년후인 97년말에 1억명을 돌파했다고 상무부는 밝혔다.

우리 국민 중 인터넷 인구는 2464만명으로 전세계 국가 중에서 여섯 번째로 인터넷 사용자가 많은 것으로 나타났다[69]. 미국의 인터넷 기업인 콤스코어 월드 메트릭스(comScore World Metrix)의 발표에 따르면, 2006년 3월말을 기준으로 세계에서 인터넷 인구가 가장 많은 국가는 미국(1억5204만명)이었으며, 그 다음은 중국(7472만명), 일본(5210만명), 독일(3181만명), 영국(3019만명) 등의 순이었다. 이 조사에서 전세계 인터넷 인구는 6억9426만명으로 조사돼 5년 전의 4억2900만명에 비해 비약적인 증가가 지속되고 있는 것으로 나타났다.

닐슨-넷레이팅스(nielsen-netrtings.com)의 다른 조사에 따르면, 대륙별로는 북미지역(미국·캐나다)이 전세계 인터넷 인구의 39%를 차지하며, 유럽·중동·아프리카 지역은 27%, 아시아·태평양 지역은 22%를 차지한다고 한다.

또한, 전세계의 인터넷 이용자들이 집에서 인터넷을 쓰는 시간은 1주일 평균 3시간36분이었는데 직장에서 인터넷을 사용하는 시간은 주당 평균 7시간1분인 것으로 나타나 가정에서의 사용시간에 비해 두 배에 달하는 것으로 나타났다.

---

69) 경향신문, 2006년 5월6일자.

이하에서는 물류 및 로지스틱스와 관련된 인터넷 사이트를 소개함으로써 인터넷을 통한 학습을 할 수 있는 기회를 제공하고자 한다. 이 사이트들의 주소(URL)는 일부 변경이 있을 수 있으며, 대학의 PC실 등에서 학생들이 이하의 홈페이지뿐만 아니라 다른 사이트를 스스로 직접 방문하여 현실감 있는 연구에 도움이 되기를 바란다.

1 로지스틱스의 의의와 관리

1. 한국물류협회 : [http://www.kola.or.kr]

국내 유일의 물류전문기관으로 건설교통부의 위탁업무 등을 하고 있으며 물류관리사와 같은 시험정보 및 각종 물류에 관한 정보 및 교육에 관한 자료를 제공하고 상담해준다.

2. 한국물류정보통신(주) : [http://www.klnet.co.kr]

물류정보통신관련 시스템 및 프로그램 개발업체인 KL-Net의 홈페이지이다.

KL-Net은 95년 7월부터 상용화한 수출입화물 관련 EDI서비스를 필두로 해양수산부(구: 해운항만청)의 PORT-MIS, 철도청의 KROIS, 세관 및 보세장치장에서 보세화물 반출입신고에 대한 EDI서비스를 선사 및 대리점, 화주, 포워더, 운송사 등의 물류업체에 제공하고 있다. 한국물류정보통신(주)이 제공하는 EDI서비스는 PORT-MIS EDI서비스, KROIS EDI서비스, 컨테이너 전용터미널 EDI서비스, 수출입화물 EDI서비스, 관세청 EDI서비스 등이다.

홈페이지 메뉴는 What's New, KL-Net소개, KL-Net서비스, 종합물류정보전산망, 사보KL-Net, 자료실, 고객만족, 방명록으로 이루어져 있다.

3. KAIST물류연구실 : [http://ie1.kaist.ac.kr/~mflab]

각종 생산 체계의 설계, 분석 도구 및 사회조직체의 기획관리와 최적화를 통한 생산성 향상의 수단을 제공하는 것을 주된 연구내용으로 하고 있다. 산업공학의 역할에 따라 물류/생산관리 분야의 설계, 분석 및 운용 전략에 관한 기초 이론 및 응용 기술을 개발하고 이를 산업체에 전수함으로써 기업경쟁력 강화에 이바지함을 목적으로 하고 있다. 관련 웹페이지들도 연결시켜준다.

4. 산업연구원 : [http://www.kiet.re.kr]

물류관련 자료를 종합적으로 수집·관리하는 시스템을 구축하여 기업의 물류개선 활동과 정부의 물류정책수립에 실질적인 도움을 줄 수 있는 정부를 무료로 제공하며, 이를 통해 물류개선과 산업경쟁력 제고에 기여하고 있다.

5. 교통개발연구원 : [http://www.koti.re.kr]

우리나라 교통계획 및 교통정책의 수립, 시행에 관한 조사, 연구와 교통기술의 연구, 개발을 위하여 도시교통정비촉진법 제 24조에 의거하여 1987년 8월 25일에 설립된 정부출연연구기관이다. 주요기능은 교통계획 및 교통정책에 관한 조사·연구와 교통기술의 연구·개발 등이다. 이 사이트에서는 해외교통정보, 교통정책 및 교통통계 등을 입수할 수 있을 뿐만 아니라 인터넷 링크를 통해 세계 각 국의 교통부 및 교통관련 연구소의 홈페이지로 갈 수 있다.

6. 한진물류연구원 : [http://www.hli.re.kr]

한진물류연구원은 지역별, 국가별 경제 및 물류 산업의 동향과 종합물류 전략 및 물류산업의 제 문제와 중장기 대책을 분석한다. 또한 기업물류의 실태를 조사하여 합리적인 방안 및 국제물류활용의 전략을 연구하여 국제적 경쟁력을 도모하고 있다.

이 사이트에서는 물류공동화, SCM, 국제물류, EC시대의 물류전략, 물류비, 물류정책 및 법률, 물류정보, 통계자료, 물류연감, 최신정보 등을 검색할 수 있다.

7. LOGISTICS 21 : [http://www.logistics21.com]

물류포탈사이트로 물류에 관한 최근소식과 물류용어, 물류관리사와 같은 물류관련 시험정보 등 물류에 관한 전반적인 정보를 담고 있다.

8. 한솔 Logis Club : [http://www.logisclub.com/ie/]

한솔CSN에서 제공하는 사이버물류서비스로 화주와 물류업체들의 자발적인 참여를 유도하고 의견 교환을 통해 물류에 대한 각종 니즈를 해결할 수 있도록 서비스를 제공하는 사이트이다.

이 사이트를 통해 한솔CSN에서 제공하고 있는 화주 서비스, 운수회사 서비스를 볼 수 있다. 그밖에 표준운임조회, 자가차량 운영평가, 스케줄 조회, 화물추적, 창고업체, 적하보험, 물류소식, 법령·통계, 최단경로, 용어, 국내 물류 관련 업체 등을 검색할 수 있다.

2 국제물류와 국제운송

1. 한국복합운송협회 : [http://www.kiffa.or.kr]
(KIFFA : Korea International Freight Forwarders Association)

한국복합운송협회의 홈페이지로 복합운송 관련 통계의 작성, 관리와 업무자료 발간, 정기 간행물 발간 등의 일을 하며, 협회소개, 가입방법, 회원사 목록, 협회 소식, 업계의 동정, 공항 및 항공사 정보, 주요 해상 항로별 부대비 현황, 컨테이너 운송 요금, 항만시설 사용료 요율 등의 탐색 서비스를 제공한다. FIATA, IATA 등의 국제단체와 정보 교환, 복합 운송과 관련된 행정 관청(건설 교통부, 해양 수산부 관세청 등)의 정보 등을 수록하고 있다.

2. 국제복합운송업협회 : [http://www.fiata.com]
(FIATA : International Federation of Freight Forwarders Associations)

본부는 스위스 취리히에 있으며, 2년에 한번씩 FIATA 세계 대회를 개최하고 있으며, 전세계 150여개 국가의 4000여 회원을 가지고 있는 국제 조직이다. 회원국에 대하여 정보의 제공 및 출판물의 발간, 연구 보고서의 제공, 증명서의 발급 등의 편의를 제공한다. 이 사이트는 회원 조직, 회원가입의 이점, 사업 내용, 일반 회원, 출판물 및 보고서, Press Releases 등으로 구성되어 있다.

3. 프레이트 월드 : [http://www.freightworld.com]

우리 나라의 국제 복합운송 업자들에게 널리 알려진 세계적인 화물 운송, 물류 관련 홈페이지이다. 홈페이지의 구성은 Airlines, Airports, Forwarders, Intermodal, Logistics Providers, Maritime, Moving & Warehousing, Package Express, Postal Services, Railroads, Seaports, Trucking 등의 정보에 관한 것과 부수 서비스로서 Announcements, Careers & Jobs, Customs Brokers, Finance & Leasing, Government, Law & Regulations, Organizations, Services, Software & Technology, Suppliers, Universities 등의 서비스를 제공한다.

4. 트랜스포트 월드 : [http://www.transportworld.com]

매우 광범위한 화물 운송에 관한 정보 제공 홈페이지이다. 육상(공로, 철도), 해상,

항공 운송 등의 모든 운송 화물에 대한 정보를 제공한다. 운송 주선인, 물류, 보험/금융, 법제도, 분쟁 해결, Hard / Software 기술, 정보 제공, 장비의 공급 및 대여, 보관 등의 물류 관련 모든 부문의 정보를 제공받을 수 있는 사이트이다.

또한 고객 지원 툴과 리소스 제공, fee schedule, 멤버 리스팅, 고용 서비스, 마케팅 서비스, 금융 서비스, 하역 및 운반 서비스 등의 정보를 제공하고 있다.

5. Tramp Data Service Co,.Ltd : [http://www.tramp.co.jp]

건화물 부문을 위주로 한 정보를 제공하는 유료 정보제공 웹사이트로서 Far East Maritime Network 멤버를 상대로 FE-NET 정보 서비스를 제공하고 있다.

이 홈페이지는 Freight Rate Trends, S&P Fixtures, Daily Report, Forecast, TC Fixtures, Misc Fixtures, TC Rate Trends 등으로 구성되어 있다.

6. 한진해운 : [http://www.hanjin.com]

한진해운은 현재 전세계 35개국 70여 항구에 기항하며 6000여 목적지로의 화물 운송 서비스를 제공하고 있는 세계 5위 규모의 종합 물류 업체이다. 그룹사인 대한 항공의 영향을 받아 업무에 정보 기술을 일찍부터 활용함에 따라 선박의 정보화가 세계적인 수준에 올라 있으며, 웹사이트에서도 다양한 정보가 제공되고 있다. 국제해운, 운송론 시간에 이 사이트를 교재로 활용하기 바란다. 한진 해운 홈페이지에서 제공되는 서비스는 주로 스케줄, 예약, 선하증권, 화물 추적, 미주 태리프, 구매(공급업체용), 입출항 스케줄, CFS 입고 조회 등의 E- Serves 등이다.

7. MAERSK SEALAND : [http://www.maersksealand.com]

세계 3위 컨테이너 선복량 보유 회사인 덴마크의 Maersk 사와 세계 2위 컨테이너 선사인 Sealand사가 보다 신속, 정확하고 수준 있는 고객 서비스를 창출하기 위해 M&A를 통해 Maersk Sealand 라는 이름으로 단일 서비스를 제공하고 있다. 현재 Maersk Sealand 사는 덴마크 해운, 오일 그룹인 A.P.Moller 의 자회사이며, 전 세계의 운송 수요를 커버하는 초대형 물류 회사로 자리 매김하고 있다.

이 홈페이지에서는 스케줄, 요율, 예약, 추적, B/L 서비스 등을 제공하고 있으며, job and education 서비스, route maps, 환율, web links, web tools, equipment 정보, local touch 등의 정보를 제공하고 있다.

8. Baltic Exchange Company : [http://www.balticexchange.com]

250년 이상 국제 해운 분야에서 서비스를 제공해 온 Baltic Exchange는 해운관련 대형 국제 조직으로 자리 잡고 있다. 현재 Baltic Exchange는 46개국, 656개 회원으로 구성되어 있으며, 세계 최대의 벌크 물동량을 취급하고 있는데, 특히 두엇보다도 화물선 분야의 중요 지표인 BFI (Baltic Freight Index)와 BIFFE (Baltic International Freight Futures Exchange) 지수를 발표하고 있다.

9. Celarix : [http://www.celarix.com]

상품이동 과정의 자동화 및 단순화를 통해 운송 및 로지스틱스 전문가들이 기업의 매매, 경영 관리, 그리고 모든 로지스틱스 활동을 측정 및 평가함에 있어 단일한 솔루션을 도출하는데 포커스를 맞춘 Celarix 홈페이지이다. 화주에게 있어서는 운송 서비스, 물류 관리 및 수행 평가에 있어 종합적이고 중립적인 솔루션을 제공하고, 서비스 공급자에게 있어서는 사업의 경영 합리화를 위해 고객과의 보다 강도 높은 협력을 가능하게 하는 전자 상거래 베이스를 마련해 주는 서비스를 제공하고 있다.

10. Elogistics : [http://www.elogistics.com]

Collaborative Freight Management (CFM)를 가능하게 하는 통합 서비스와 웹 기반 전략으로써 LSP (로지스틱스 서비스 공급자), 제조업체, 소매업체, 그리고 운송 업체 모두에게 E-solutions를 제공하고자 하는 사이트이다.

주요 제공 서비스로는 Product & Service, Support, Company, Partner 서비스 등이 있다.

11. 대한항공 항공화물 : [http://www.koreanair.co.kr]

대한항공의 항공 화물 사업에 대한 소개, 서비스와 상품, 항공기, 화물 터미널, 스케줄과 화물 추적에 관한 사이트이다.

12. 아시아나항공 항공화물 : [http://www.asianacargo.co.kr]

아시아나항공의 항공화물 사업에 대한 소개, 화물예약, 화물추적, 스케줄조회, 상품안내, 서비스안내에 관한 사이트이다.

카고 닥터라는 섹션이 있어 기종별 특성, 단위탑재 용기, 위험품, 공항코드 조회 등과 같은 실무정보도 게재되어 있다.

13. ICAO : [http://www.icao.int]

국제 민간 항공기구인 ICAO (International Civil Aviation Organization)는 1944년 국제 민간 항공 협정에 따라 1947년 UN산하 전문기구로 설립된 민간 항공의 안전을 위한 국제 협력 기구이다. 이 홈페이지에는 ICAO의 업무, 목표, 체약국, 전략적 행동 계획 및 항공의 안전성 제고 등에 관한 내용이 실려 있다.

14. IATA : [http://www.iata.org]

국제 항공 운송 협회인 IATA (International Air Transport Association)는 ICAO와 같이 국제적인 민간 항공 관계 2대 기구 중의 하나로서 항공 운송의 근간을 이루고 있는 조직이다. 세계 각국의 항공회사의 항공 화물 운송장(air waybill)의 양식, 운임 및 운송조건, 취급방식, 사고 처리 수속, 기타 항공 운송에 관한 사항의 통일화, 표준화를 이루어 국제 항공화물의 원활한 운송을 도모하고 있으며, 현재 130여개국, 230개 항공사가 가입하고 있다.

15. DHL : [http://www.dhl.com]

미국의 DHL사는 1969년에 설립되었다. 이 회사는 미국 최대의 소화물 일관 운송업체로서 고객의 전화 한 통화로써 전 세계 228개국 90,000여개 도시에 단일 조직망을 구축하여 소화물 일관운송 업무(Desk to Desk service)를 수행하고 있다. (서류, 소화물 및 중대형 화물의 특급 송배달 서비스 제공)

이 홈페이지는 Package tracking, customer services, about DHL, your comment, visit a country site 로 구성되어 있다. 한국 DHL 홈페이지 주소는 http://www.dhl.co.kr/이다

3 국제물류기지

1. 한국복합물류주식회사 : [http://www.kift.co.kr]

배송센터, 화물취급장, 철송취급장, 부대시설 등의 이용안내, 물류 관련 정보제공, 입주사 소개, 관리시설 및 장비현황, 터미널 운영정보 시스템 안내, 관련 선사 및 유관 단체 링크, 통계자료 제공, 선박 입항 스케줄 안내 등의 서비스를 제공한다.

2. 한국컨테이너부두공단 : [http://www.kca.or.kr/default.asp] (KCTA: Korea Container Terminal Authority)

한국의 여러 부두의 정보를 제공하는 사이트로, 각 항만별 항만 개발 관리, 관련 사이트, 항만 물류 정보(부산항, 인천항, 광양항, 진해항, 울산항, 평택항) 등을 제공하고 있다.

3. 신선대컨테이너터미널(PECT) : [http://www.pect.co.kr]

신선대부두의 국제적인 홍보와 24시간 대고객 서비스를 목적으로 서비스를 시작한 (주)신선대 컨테이너 터미널(PECT)의 홈페이지이다. 컨테이너 자료 조회 서비스, 본선작업 현황, 야드작업 조회, CFS화물 조회 등의 서비스를 제공하며, 회사소개와 시설 장비 현황, 새소식, 각종 통계정보 등 8개 메뉴로 구성되어 있다.

4. 로테르담 항 : [http://www.port.rotterdam.nl]

14세기경까지만 해도 Rotte강 하구의 작은 어항에 불가하던 로테르담 항은 20세기에 들어서 세계 최대의 항만인 동시에 유럽 대륙에서 가장 중요한 항구가 되었다, 본 홈페이지는 벌크화물 관련 자료, 유통관련 정보, 항만관리 정보 등을 제공하고 있다.

5. IAPH : [http://www.iaphworldports.org]

IAPH (International Association Ports and Harbors)는 1955년에 창립된 세계적인 항만 관련 협회로 일본의 도쿄에 본부를 둔 비영리·비정부 조직이다. 현재 IAPH에는 대부분 공공 항만당국과 기관인 정회원 240곳, 항만관련 제품 및 서비스 제공자인 준회원 100곳 등 세계 85개국 이상에서 참여하고 있다. 이 홈페이지는 Calendar of Events, Links to World Ports, IAPH Maritime Links, Publications, Ports and World Trade, Members Area 등으로 구성되어 있다.

6. 국제공항협회 세계본부(Airports Council International) : [http://www.airports.org]

세계 150여 개국의 12,000여개 공항을 대표하는 ACI의 홈페이지이다. 각 공항의 통계 자료, 공항별 순위를 제공하고 있다.

7. 일본 간사이공항 : [http://www.kansai-airport.or.jp]

인공 섬에 건설된 일본 간사이공항을 소개하면서 관련 사이트와 링크되어 있다. 또한 비행정보, 교통정보, 부속시설과 서비스에 대한 정보를 제공하고 있다.

8. 일본 나리타공항 : [http://www.narita-airport.or.jp/airport_e/index.html]

일본 나리타공항의 홈페이지로, 항공사별 터미널 정보를 제공하며, 각종 서비스 시설, 정보제공, 육상교통 정보 등을 제공하고 있다.

9. 인천국제공항 : [http://www.airport.or.kr]

2001년 3월 29일에 개항한 인천국제공항(Incheon International Airport)으로서 일일 운항 스케줄, 입국·출국·환승안내, 교통·여객터미널정보, 부가서비스로서 환율, 세계시각, 기상실황 등의 정보를 제공하고 있다.

10. 스키폴공항 : [http://www.schiphol.nl/engine]

네덜란드의 암스테르담에 위치해 있는 스키폴공항의 홈페이지이다. 유럽의 중심 공항의 하나로 환적 시설과 양질의 서비스로 유명한 공항이다. 여기서는 비행정보, 교통시설, 여러 서비스 정보, 스키폴 공항 주변의 회사소개 등을 주요 내용으로 하고 있다.

11. BAA : [http://www.heathrow.co.uk]

BAA는 세계적인 항공회사이다. 거의 2억명 가량의 승객이 이용하고 있으며, 영국에 있는 7개 공항을 운영하고 있다 (Heathrow, Gatwick, Stansted, Glasgow, Edinburgh, Aberdeen and Southampton). 각 공항의 제반 정보를 제공하고 있으며, 통계자료, 교통시설, 각종 부가서비스를 제공하고 있다.

영국 이외에도 여덟 개의 공항전부 또는 일부를 관리하고 있다. (Pittsburgh, Indianapolis, Harrisburg and Boston Logan in the USA, Melbourne and Launceston in Australia, Naples in Italy and Mauritius)

4 국제물류와 경영·정보

1. KOTRA의 추천 사이트 : [http://www.kotra.co.kr/main/site/main.jsp]

대한무역투자진흥공사의 추천 사이트에 있는 것으로 무역에 관한 한국과 세계 주요기관과 다양한 무역정보 및 거래알선정보를 제공하고 있다.

2. 일본무역진흥회의 홈페이지 : [http://www.jetro.go.jp]

일본과 기타 국가간의 상호 이익이 되는 무역과 경제관계를 촉진할 목적으로 설립된 일본무역진흥회(JETRO)의 홈페이지이다. 여기에는 특히 일본의 정부기관, 지방정부 및 기타 기관들, 일본경제에 관련된 사이트들이 소개되고 있다.

3. 코리아쉬핑가제트 : [http://www.ksg.co.kr]

국내의 물류종합정보를 DB화하여 물류관련 분야에 제공하는 온라인 물류정보 통신서비스사인 코리아 쉬핑 가제트의 홈페이지이다. 물류에 관한 다양한 뉴스들을 다루고 있으며, 그 뉴스에 관한 메일을 받을 수도 있다.

4. 전략물자관리원의 전략물자관리시스템 : [http://www.yestrade.go.kr]

제공하는 주요서비스로는 전략물자의 수출입과 관련한 확인 서비스와 허가 서비스로 구분되며 확인 서비스는 다시 자가판정과 사전판정 서비스로 구분된다.

2007년 8월 시스템 업그레이드를 통하여 전략물자 관리시스템과 통일부의 남북교류 협력 시스템 및 방위사업청의 시스템이 연결되었다. 이로써 전략물자 관리시스템을 통한 해당 부처 소관 민원업무 처리도 가능하다. 전략물자를 다루는 기업들은 전략물자 관련 업무를 이 시스템을 통해 처리하고 각종 허가서나 증명서도 온라인으로 발급 받을 수 있으며 정부가 발급한 수입목적 확인서 등의 위조 여부를 해외에서 직접 확인하는 것도 가능하다.

5. ExportDoc Worldwide 4.0 : [http://www.exportdoc.com]

수출 및 선적서류 작성을 빠르고 쉽게 하는 소프트웨어 도구를 소개하고 있는 사이트이다.

6. Tradelaw : [http://www.tradelaw.com]

관세 및 국제무역법, 국제무역 사이트, 관세 및 무역에 관한 최근의 전개와 주요 쟁점 등에 대한 정보를 제공하는 사이트이다.

7. 독일의 ISL : [http://www.isl.uni-bremen.de] (Institute of Shipping Economics and Logistics)

1954년에 설립된 독립, 비영리 사단법인인 독일의 ISL(Institute of Shipping Economics and Logistics) 연구소는 물류와 운송 시스템의 경영관리, 운송 들을 연구하며, 해사운송 시스템 기술과 전망연구, 그리고 해사운송 및 물류정보 센터의 역할을 갖추고 있다.

8. 한국무역정보통신(KTNET)의 화물 운송/저장 : [http://www.ktnet.co.kr]

인터넷 무역을 하는데 다양한 정보를 제공하고 있는 곳으로, 무역뉴스, 물류뉴스, 통관뉴스 등을 분류해 제공하고 인터넷 무역을 하기 수월하도록 EDI서비스와 DB서비스 그리고 부가서비스 등을 아주 세세하게 제공하고 있다.

9. Traffic World : [http://www.trafficworld.com]

해운, 트럭, 철도를 포함하여 모든 운송수단 및 물류를 망라하고 있는 로지스틱스 주간지 Traffic World의 홈페이지로서 운송 수단별검색이 가능하다.

10. Market Access and Compliance : [http://www.mac.doc.gov]

이전에는 Global Export Market Information System이었으나, 미국상무부가 98년 2월에 Market Access and Compliance(MAC)로 완전히 수정하여 새롭게 띄운 사이트이다.

이것은 Special American Business, China Gateway, Trade Compliance Center (TCC), Russia and Newly Independent States, Caribbean Basin Initiative, North American Free Trade Agreement (NAFTA), Africa, Office of Japan, Central and Eastern Europe Business Information Center, Northern Ireland and the Border Countries of Ireland, Andean Trade Preference Act, Free Trade Area of the Americas 등으로 구성되어 있다.

11. GT넥서스 : [http://www.gtnexus.com]

미국의 실리콘밸리에 본사를 둔 GT넥서스는 국적선사인 한진해운과 현대상선을 포함한 12개 대형선사들이 연합하여 만든 세계 해운포탈사이트로서 인터넷상에서 화물예약부터 B/L발급, 운송추적에 이르는 사이버 쉬핑을 제공하고 있다.

12. 일본로지스틱스협회 [http://www.logistics.or.jp]

일본로지스틱스협회는 JLA (The Japan Logistics Management Association)과 JCLM (The Japanese Council of Logistics Management)가 합병하므로 인해서 설립되어진 JILS (the Japan Institute of Logistics Systems)는 물류정보를 수집하고 이를 바탕으로 데이터베이스를 구축하며 이와 관련하여 물류산업에 필요한 인적자원을 개발하는 곳이다.

13. 중국물류연맹 [http://www.cflp.org.cn]

중국물류연맹은 중국물류관련회사의 정보 및 교육프로그램을 제공함으로서 중국물류의 현황 및 발간되는 책을 통해 정보를 제공받을 수 있다.

14. European Logistics Association [http://www.elalog.org]

European Logistics Association은 20여개국의 물류협회를 통합하여 이와 관련된 포럼 등을 개최, 관련정보를 제공하는 곳으로 유럽 개별 국가들의 협회들을 링크해 놓음으로서 개별국가들의 물류협회 정보 및 소식들을 접해 볼 수 있다.

5 물류관련언론

1. 운송신문사 : [www.ktpress.co.kr]

운송신문사는 해운 무역 운송 물류 정보를 제공하는 언론사로서 육운, 해운, 항공, 관광, 자동차, 철도, 에너지, 물류분야의 정보를 취재한 보도기사를 제공받을 수 있다.

2. 물류신문 : [www.e-logisbiz.com]

물류관련기사와 현장종사자들의 칼럼이 게재되어 전문물류정보를 다루고 있으며 관련기사 뿐만 아니라 물류전문서적 출판, 물류업체 디렉토리, 종합물류기기 상품안내, 물류용어실무자료/통계 등의 다양한 정보를 제공하고 있다.

참고문헌

국내문헌

구경모 (2005), "물류조직의 인력전문성과 수행능력에 대한 고찰", 한국해운학회지 제44호, 한국해운물류학회.

권오경 (2001), 글로벌 경쟁력과 SCM 전략, 대한상공회의소.

권희화 (2006), "CRM을 통한 전자상거래에서의 효율적인 고객관계구축", 한양대학교 공학대학원, 석사학위논문.

김성근 외 (2005), 「경영정보관리」, 문영사.

김수엽 (2000), 해운물류분야의 전자상거래 도입 현황, 월간 해양수산 2000년 4월호, 한국해양수산개발원.

변의석 외 (1999), "복합운송체제에서의 물류비용 절감을 위한 물류정보시스템간 연계강화 방안 연구", 정보통신부.

박기홍 외 (2000), 디지털경제와 인터넷 혁명, 산업연구원.

박동준 (1999), "SCM기반 핵심기술-EAN시스템의 특징", 한국백화점협회, 월간유통저널, 2월호 통권 129호, 80-83.

박명섭 (2007), 글로벌 무역의 이해, 아카데미프레스.

----- (2003), 국제물류의 이해, 법문사.

----- (2002), 글로벌 운송물류론, 법문사.

----- (1998), 운송물류론, 법문사.

----- (1996), 국제해운론, 법문사.

----- 외 (2001), 알기 쉬운 물류관리론, 우용출판사.

----- 외 (2001), IT혁명과 물류가 만났을 때, 시대의 창.

----- 외 (2000), 전자결제 시스템, 부키.

박우진 (2007), "日本 首都圈의 多空港시스템에 관한 硏究", 성균관대학교 대학원, 경영학박사 학위논문.

----- 외 (2007), "중소기업의 그린마케팅과 국제경쟁력 제고 효과", 「해양비즈니스」 제9호, 한국해양비즈니스학회.

----- 외 (2005), "국제 비즈니스의 친윤리 시스템에 관한 연구", 「해양비즈니스」 제5호, 한국해양비즈니스학회.

박은아 (1998), "인터넷을 이용한 신규사업 전략", 정보통신정책 제10권 6호, 정보통신정책연구원.

박 철 (2005), "중소기업 구매프로세스의 전자상거래화", 「경영교육연구」 제8권 제1호, 한국경영학회.

박철영 (2005), "중소기업의 국제 전자상거래 이용에 관한 실증연구", 「e-비즈니스연구」 제6권 제3호, 국제e비즈니스학회.

박홍균 (2003), 전문물류업체의 웹 활용전략, 해운물류연구, 37호.

박흥수 외 (2006), 크로스마케팅 이론과 실제, 라이트북닷컴.

------ (1998), 마케팅원론(3판), 학현사

송계의 (2000), 인터넷무역과 인터넷물류의 발전, 부경대학교 국제통상포럼 세미나 자료.

------ (1998), "소화물 일관수송업(택배업)의 경쟁력 강화", 「로지스틱스연구」, 한국로지스틱스학회.

------ (1998), "EDI 활용과 항공물류의 경쟁력 강화", 「무역학회지」, 한국무역학회.

------ (1998), 「물류경영론」, 문영사.

신황호 외 (2002), 무역계약론, 동성사.

심창용 (2003), 국제특송업체의 글로벌 전략에 관한 연구, 성균관대 석사학위논문.

이위식 외 (2007), "글로벌 로지스틱스 환경하에서 e-logistics 발전방안에 관한 고찰", 「관세학회지」 제8권 제1호, 한국관세학회.

이재규 외 (2006), 전자상거래 원론, 법영사.

왕숙희 (2007), 전자상거래: 이론과 시스템 구축의 실제, 글로벌.

장용남 (2002), 전략적 물류관리론, 두남.

전 무 (2000), "사이버 물류시장의 동향과 전망", 「KLNet」.

전한건 외 (1998), "정보서치와 EC 수용", 한국유통학회 1998년도 춘계학술발표대회발표논문집.

조갑진 (2006), "전자상거래시대에서 SCM 채널내 물류성과 향상에 관한 연구", 「e-비즈니스 연구」 제7권 제3호, 국제e비즈니스학회.

진형인 외 (2002), 국제물류의 이해, 박영사.

최석범 (2005), "동북아지역 전자상거래 현황분석을 통한 문제점과 해결방안", 「무역학회지」 제30권 제2호, 한국무역학회.

최태창 (2000), "전자상거래와 물류혁신", 「KLNet」.

최형림 외 (2000), "항만운영정보시스템의 데이터전송방식 개선에 관한 연구", 「2000춘계학술발표대회논문집」, 한국항만학회.

추창엽 외 (1997), 물적유통론, 형설출판사.

황중서 (2000), 「인터넷과 무역자동화」, 형설출판사.

허남일 외 (2004), 마케팅, 무역경영사.

건설교통부, 국가물류기본계획 (2001~2020).

대한무역투자진흥공사 (1997), 인터넷라운드와 전자상거래- 논의 동향 및 주요국 현황.

대한상공회의소 (1995), 물류효율화를 위한 당면과제와 개선의견.

산업자원부 (1998), 전자상거래 종합대책 세부시행계획.

전략물자관리원 (2007), 전략물자 수출통제

KSA한국표준협회 (2002), 물류관리론.

한국경제연구원 편역 (1999), 『전자상거래혁명 (The Emerging Digital Economy)』 미국상무성, 21세기북스.

해운무역신문사 (2000), 「항공비즈니스」.

국외문헌

American Electronics Association (1997), Cybernation: the Importance of the High-Technology Industry to the American Economy.

Arthur M. Keller (1997), "Smart catalogs and Virtual Catalogs", Reading in Electronic Commerce, Addison-Wesley, 259-271.

Ashish Agarwal & Ravi Shankar (2003), On-line trust building in e-enabled supply chain, Supply Chain Management, Vol. 8 Issue 4.

Bakos, Yannis (1998), The Emerging Role of Electronic Market Places on the Internet, Bayus.

Bailey (1998), 한국전산원 역, "중간 매개 기능과 전자상거래 (Intermediation and Electronic Commerce)", OECD.

B.A. Wagner; Ian Fillis & U Johansson (2003), e-business and e-supply strategy in small and medium sized businesses (SMEs), Supply Chain Management, Vol. 8 Issue 4.

Benjamin R. and Wigand, R.(1995), "Electronic Markets and Virtual Chains on the Information Superhighway", Sloan Management Review, Winter.

Evan I. Schwartz (1998), 고주미, 강병태 역, 『웹 경제학』, 세종서적

Lieb, R. C. and H. L. Randall (1996), "A Comparison of the Use of Third-party Logistics Services by Large American Manufacturers, 1991, 1994, and 1995", Journal of Business Logistics, Vol. 17, No. 1

Kambil, A.(1995), "Electronic Commerce : Implications of the Internet for Business Practice and Strategy", NYU Stern School of Business.

Leebaert, Dereck (ed) (1998), The Future of the Electronic Marketplace, The MIT Press.

McKnight, W., and Bailey, J.(1997), Internet economics, The MIT Press, Cambridge, Massachusetts.

Michael Quayle (2003), A study of supply chain management practice in UK industrial SMEs,

Supply Chain Management, Vol. 8 Issue 1.

Rhonda R Lummus & Leslie K Duclos; Robert J Vokurka (2003), The impact of marketing initiatives on the supply chain, Supply Chain Management, Vol. 8 Issue 4.

Tapscott, Don (1996), The Digital Economy: Promise and peril in the age of networked intelligence, McGraw-Hill, New York.

Taylor, Paul (1997), “Electronic Revolution in the Retailing World”, The Financial Times, 3 September.

World Trade Organization (1998), “Electronic Commerce and the Roles of the WTO”, March, Geneva.

Barlett, C. A. and Ghoshal, S., 「Managing across Borders : New Strategic Requirements」, Sloan Management Review, Fall, 1987.

Christopher H. Lovelock, 「Managing Services」, Prentice Hall, Englewood Cliffs, New Jersey, 1988, p.61.

Cooper, M. C. and Ellram, Lisa M., 「Characteristics of Supply Chain Management and Implication for Purchasing and Logistics Strategy」, The International Journal of Logistics Management, Vol.14.

Coyle, John J. et al., 「The Management of Business Logistics.」, St. Paul : West Publishing. Co.

Gardner, R. W. and Johnson, C. L., 「Third-party Logistics」, New-york: The Free Press.

Gilman, S., 「The Competitive Dynamics of Container Shipping」, Liverpool University. England, 1984.

Goldsmith, M., 「Outsourcing plays a role in corporate strategies」, Transportation and Distribution, October, 1998.

Holstein, William J., 「The Stateless Corporation」, Business Week, May 1

Koh, S. C. et al, 「Measuring uncertainties in MRP environments」, Logistics Information Management, Vol. 13, No. 3.

Lieb, R. C. and H. L. Randall (1996), "A Comparison of the Use of Third-party Logistics Services by Large American Manufacturers, 1991, 1994, and 1995", Journal of Business Logistics, Vol. 17, No. 1.

Maltz, A, B., 「Outsourcing the warehousing function : economic and strategic considerations」, Logistics and Transportation Review, Vol. 30, No. 3, 1994, pp.245~265.

Michael A. McGinnis, 「The Relative Importance of Cost and Service in Freight Transportation Choice : Before and After Deregulation」, Transportation Journal, Fall 1990.

Michael Hugos (2003), Essentials of Supply Chain Management, John Wiley & Sons, Inc.

Ohmae, Kenichi (2000), The Invisible Continent, Nicholas Brealey.

Paul R. Murphy and James M. Daley, 「International Freight Forwarder Perspectives on Electronic Data Interchange and Information Management Issues」, Journal of Business Logistics, Vol. 17, No.1, 1996.

Paul R. Murphy와 James M. Daley, 「A Preliminary Analysis of the Strategies of International Freight Forwarders」, Transportation Journal, Summer 1998.

Perry, Marcia and Sohal, Amrik, 「Quick response practices and technologies in developing supply chains」, International Journal of Physical Distribution & Logistics Management, Vol. 30, No. 7/8.

Peters, M. J., R. C. Lieb and H. L. Randall (1998), "The Use of Third-party Logistics Services by European Industry", Transport Logistics, Vol. 1, No. 3.

Richard Grey and Gilsoo Kim, 「Logistics and International Shipping」, IIMA, Korea Maritime University, 2001.

Sheffi. Y., 「Third party Logistics : Present and Future Prospects」, Journal of Business Logistics, Vol, 11, No. 2, 1990.

Sink, H. L. and C. J. Langley, Jr.(1997), "A Managerial Framework for the Acquisition of Thid-party Logistics Services".

일본문헌

阿保榮司 (1996), 「物流からロジスティクスへ」, 稅務經理協會.

上野裕子 (1998), 「物流を變えるサ-トバ-ティロジスティクス」, 三和總合研究所.

寺前秀一 (1998), 「經濟構造改革と物流」, 日通總合研究所.

羽切德行 (2006), 「世界一わかりやすいマ-ケティングの本」, イ-ストプレス.

宮川　明 (2006), 「起業革命」, ユウメディア.

宮下正房·中田信哉 (2004), 「物流の知識(第3版)」, 日本經濟経新聞社.

색인

숫자 및 영문색인

국문색인

저자약력

【박명섭】

- 성균관대 경영학부 교수, 대학원 무역학과장
- 한국해양비즈니스학회 회장
- 한국무역학회 회장
- 한국무역상무학회 부회장
- ‣ 성균관대학교 무역학과 학 · 석 · 박사과정 수료
- ‣ 영국 리버풀대학 박사과정 수료 (경제학박사)
- ‣ 일본 코베대학, 후쿠오카대학,
  나카무라 가쿠엔대학 외국인 객원연구원
- ‣ 부산수산대 무역학과, 부경대 국제통상학부 교수
- ‣ 건설교통부 물류개선기획단 자문위원

▶저서◀

- 글로벌 무역의 이해 (아카데미프레스 2007)
- 무역계약 이론과 실무 (우용출판사 2006)
- 국제물류의 이해와 사례 (법문사 2005)외 다수

【박우진】

- 동성E&C 대표이사 사장
- 강남대학교 경영학부 겸임교수
- 연세대학교 경영연구소 전임연구원
- 한국해양비즈니스학회 이사
- ‣ 일본 호세이[法政]대학 (학사)
- ‣ 미국 캘리포니아주립대학교 대학원 (MBA)
- ‣ 성균관대학교 대학원 박사과정 (경영학박사)
- ‣ 대한재보험 (현, 코리안리재보험) 해외정산총괄
- ‣ AMERICAN MARKETING ASSOCIATION 회원
- ‣ 숭실대 경상학부, 성균관대 대학원 강사